CB024741

CÓPIA NÃO AUTORIZADA É CRIME
ABDR
ASSOCIAÇÃO BRASILEIRA DE DIREITOS REPROGRÁFICOS
RESPEITE O DIREITO AUTORAL
EDITORA AFILIADA

Dados Internacionais de Catalogação na Publicação (CIP)
(Câmara Brasileira do Livro, SP, Brasil)

Viscott, David Steven
Liberdade emocional / David Steven Viscott ; [tradução de Sonia Augusto]. — São Paulo : Summus, 1998.

Título original: Emotionally free.
ISBN 85-323-0632-2

1. Auto-aceitação 2. Auto-realização 3. Emoções I. Título.

98-3521 CDD-152.4

Índices para catálogo sistemático:
1. Liberdade emocional : Sentimento : Psicologia 152.4

David Viscott

Liberdade Emocional

Deixando o Passado Para Viver o Presente

summus editorial

Do original em língua inglesa
EMOTIONALLY FREE – Letting Go of the Past to Live in the Moment

Tradução:
Sonia Augusto

Capa:
Teresa Yamashita

Direitos para a língua portuguesa
adquiridos por
SUMMUS EDITORIAL LTDA.
que se reserva a propriedade desta tradução
Rua Cardoso de Almeida, 1287
05013-001 — São Paulo, SP
Telefone (011) 3872-3322
Caixa Postal 62.505 — CEP 01214-970
http://www.summus.com.br
e-mail: editor@summus.com.br

Impresso no Brasil

Para Matt Small

Agradecimentos

O autor deseja agradecer a:

Elizabeth Viscott Sullivan por sua contribuição organizacional. Ela ajudou a manter o foco do trabalho e a coerência do manuscrito.

Christine Benton e Julie Walski pela editoração e por sua ajuda para que o manuscrito ficasse mais claro e mais direto.

Debra White-Christensen e Craig Underwood por sua assistência no preparo de incontáveis versões do manuscrito, ouvindo-me lê-lo em voz alta, vezes seguidas, e por parecerem interessados mesmo quando já o haviam ouvido doze vezes no mesmo dia.

Harvey Plotnick por acreditar neste projeto e ter a coragem de enfrentar os extensos estágios iniciais do manuscrito, sem perder a fé na finalização.

Minha mulher, Katharine Random, por sua leitura do manuscrito, contínua, amorosa e cheia de apoio, sem mostrar-se cansada nem entediada, e por sua ajuda em manter tudo isso num nível humano.

E um agradecimento especial a meus pacientes e ao grande números de pessoas que ligou para os meus programas, e que me deu o privilégio de compartilhar, em primeira mão, dc sua vida.

Sumário

Sumário

Nota do Autor

Este livro pede que você olhe para aspectos de si mesmo dos quais pode ser que não se orgulhe.

Ele lhe pede que examine sentimentos que podem fazer com que se sinta incomodado.

Ele lhe pede que olhe para o rumo de sua vida e questione se está vivendo a vida correta.

As teorias e os conselhos contidos aqui são baseados em 25 anos de prática clínica e em entrevistas com mais de dez mil pessoas. Tentei compartilhar toda uma vida de experiência nestas páginas, para ajudá-lo a encontrar o seu caminho e a viver o melhor de sua vida.

Para fazê-lo, você precisará olhar de uma forma única para si mesmo, e descobrir em que pontos ainda pode crescer, e como dar o próximo passo em direção à liberdade emocional. Neste processo, irá descobrir algumas forças e habilidades novas, e desenvolverá uma fé maior em si mesmo. Eu sei, a partir de minha experiência, que aquilo que eu vou compartilhar com você é verdadeiro. Sei que isto pode fazer diferença em sua vida. Meu objetivo é ajudá-lo a tornar-se livre e motivado para contribuir com seu talento para o mundo.

Nunca houve um momento em que a sua contribuição fosse tão necessária quanto agora.

Introdução

A liberdade emocional é o estado de sentimento natural de uma pessoa amadurecida. Ela constitui a sua habilidade de reagir honestamente aos acontecimentos do presente, sem as interferências dos preconceitos do passado; reflete a sua capacidade de agir no seu melhor interesse, sem buscar aprovação ou permissão; é o resultado da resolução de conflitos da vida à medida que eles ocorrem, em vez de evitá-los ou deslocá-los.

Como a liberdade emocional nasce da auto-aceitação, quando você está livre emocionalmente, você não tem nada a provar. Além disso, você está consciente de um senso de comunidade com as outras pessoas de modo que, quando age livremente, não compromete os direitos dos outros, mas permite que eles também sejam livres. Em última instância, a liberdade emocional engloba o sonho de paz mundial e de uma comunidade global na qual viver como uma pessoa livre e contribuir para um mundo melhor são situações inseparáveis.

Para ser emocionalmente livre você precisa remover os obstáculos que o mantêm em débito emocional. Um débito emocional é qualquer acumulação de antigos sentimentos não-resolvidos que fazem com que você distorça a sua visão do presente. Esses sentimentos não-resolvidos podem ser tão antigos quanto um tratamento injusto na infância ou tão recentes quanto uma multa de estacionamento injusta, recebida nesta manhã. Quando você está em débito emocional, você consome tanta energia tentando ocultar os sentimentos antigos, que fica com energia insuficiente para trabalhar efetivamente ou para amar com compromisso. Os sentimentos não expressos têm também um grande poder para distorcer o seu julgamento e torná-lo supersensível, fazendo com que você tome como pessoal alguns acontecimentos inocentes, reaja exageradamente a eles, perca o controle, e, ao agir assim, perca a fé em si mesmo.

A primeira fonte de débito emocional são as restrições emocionais que o seu tipo específico de caráter lhe impõe. Essas limitações incluem suas defesas, pontos cegos, preconceitos e fraquezas, que interferem em sua habilidade para encarar e resolver os seus sentimentos conforme eles acontecem, fazendo com que você retenha os sentimentos internamente, em débito emocional. Esta couraça representa o legado de sua experiência inicial de vida. Você acumulou a sua mescla específica de defesas para se proteger dos perigos à medida que crescia. Conforme você amadureceu, foi se tornando mais seguro e pôde arriscar ser mais aberto e menos defensivo. Se num período específico de desenvolvimento você encontrou estresses graves, as defesas que adquiriu durante esse período terão naturalmente se desenvolvido mais profundamente e serão mais duradouras, e o seu caráter provavelmente refletirá o estilo defensivo daquele período específico.

Ao longo dos anos, descobri que cada pessoa é uma mescla, em graus variáveis, de três traços básicos de personalidade: dependente, controlador e competitivo. Cada um desses traços se origina num estágio correspondente do desenvolvimento da personalidade. O traço dependente, de necessitar de outra pessoa para ser completo, vem do período mais inicial da vida, quando você era um bebê totalmente dependente de seus pais. O traço controlador, de ter de cuidar de tudo, origina-se do estágio em que você lutava para dominar as habilidades de linguagem e o controle sobre o seu corpo. Finalmente, o traço competitivo, de precisar ser melhor do que os outros, desenvolveu-se nos seus primeiros anos escolares, quando você se definia ao se comparar com as outras crianças. Algumas pessoas têm um período tão fortemente marcado que podemos chamá-las de dependentes, controladoras ou competitivas; mas sob certas circunstâncias todas as pessoas são capazes de dar todas as três respostas, pois cada pessoa é uma mistura única de todos os três tipos. É importante tornar-se consciente das limitações de traços de personalidade que o prendem, para que você possa agir espontaneamente, em vez de ficar limitado a um padrão de resposta rígido.

Embora todos compartilhemos um caminho comum de desenvolvimento, o mundo que você experimentou durante a infância foi diferente do mundo de qualquer outra pessoa. Até mesmo irmãos, que vivem na mesma casa, são cuidados de formas diferentes e desenvolvem estilos únicos para lidar com os desapontamentos e mágoas da vida. O seu caráter representa o escudo de defesa que você construiu e se tornou o seu estilo de perceber a realidade e expressar as emoções. O seu caráter não só foi formado pelo estresse, como continua a determinar o modo como você reage *ao* estresse. As suas falhas de caráter representam as fraquezas que o impedem de lidar com o mundo de uma forma honesta e direta. Para alcançar a liberdade emocional — e quebrar o ciclo do débito emocional — é importante compreender as suas fraquezas de caráter e o modo como elas continuam a distorcer a sua percepção. O seu objetivo é crescer e se tornar tão aberto quanto possível.

A primeira fonte de débito emocional são as restrições emocionais que o seu tipo individual de caráter impõe; a segunda fonte é a pressão distorcedora que os sentimentos não-expressos exercem em suas percepções e em sua experiência. Emoções não-expressas em relação a acontecimentos do passado requerem expressão no presente, freqüentemente de modo inadequado. Quando você está em débito emocional, distorce o presente com os seus assuntos emocionais antigos. Para libertar-se do débito emocional, você precisa entender o significado de seus antigos sentimentos e aprender a expressá-los diretamente. O objetivo é resolver os sentimentos do presente, lidando com eles conforme aparecem e liberando-os, para que eles possam passar. Esta é uma chave essencial para a liberdade emocional que não só impede que os sentimentos não-expressos cresçam, mas também permite que você libere mágoas antigas.

A terceira fonte de débito emocional resulta do fracasso em descobrir os seus dons. O que pode ser mais doloroso do que saber que você não descobriu nem desenvolveu o seu talento, que perdeu a oportunidade de deixar a sua marca no mundo? Com freqüência, as pessoas se justificam por não assumir os riscos corretos, insistindo que não têm talento, que não podem se dar ao luxo de arriscar, ou que é tarde demais, ou que têm coisas demais investidas em sua vida atual para poder mudar. Que pesadelo pode ser pior do que viver com a consciência de que você está infeliz por que está vivendo a vida errada?

A vida certa é aquela em que você é livre para dizer e sentir o que quiser, e para dar a sua contribuição ao mundo. Descobrir o seu dom verdadeiro e segui-lo são coisas essenciais para ser feliz. É necessário usar o seu talento para que você possa sentir que a sua vida tem significado. Embora neste momento este possa parecer um objetivo distante ou até mesmo inacessível, este é o único objetivo que lhe permitirá ter a vida que você merece. A jornada em direção à liberdade emocional dura a vida inteira, mas as recompensas começam assim que você se compromete a empreendê-la.

Este livro o ajudará a compreender os padrões criados pela sua reação a seu ambiente emocional inicial. Você verá como contribui para as suas próprias dificuldades e voltará a ter controle sobre sua direção e seu objetivo. Este livro também explicará como funcionam os seus sentimentos, o que bloqueia a expressão deles, e como ser emocionalmente aberto no presente e preservar a sua habilidade de fazer as escolhas corretas. Liberar-se das reivindicações que o passado tenha sobre você, o ajudará a expressar mais completamente os sentimentos a cada momento e reduzirá o seu débito emocional. Como resultado, você ficará livre das distrações do passado, conseguirá concentrar-se no presente, e, portanto, será mais capaz de decidir o que é melhor para você.

Ser livre emocionalmente é ser capaz de fazer aquilo que quer no momento em que você quer fazê-lo. Ser livre emocionalmente também significa que você escolhe fazer aquilo que é melhor para você por que isto lhe agrada. Quando você está emocionalmente livre, acredita em sua própria bondade e age para aumentar o seu valor. Você entende que qualquer coisa que interfira com esta crença é falsa, e busca excluir esta interferência.

Liberdade emocional vai até o ponto de ser livre para acreditar em si mesmo e em sua unicidade, e ser livre para fazer o melhor com isso. Para isto, você precisa acreditar que é bom. Tudo isso exige que você seja livre para expressar suas emoções, pois se retiver a dor, se tornará uma criatura cheia de raiva não-expressa. Quando você está repleto de ressentimento, é difícil sentir-se bem a respeito de si mesmo. Você pensa que não merece o sucesso. Torna-se difícil agir positivamente a seu favor.

Entretanto, tenha consciência de que junto com a liberdade emocional vem a responsabilidade emocional. Você não pode separá-las. Você só pode ser livre emocionalmente se assumir a responsabilidade por si mesmo, não como uma dívida ou uma obrigação, mas como um direito e um privilégio.

Você é a soma total de tudo que já lhe aconteceu. Foi necessário tudo de bom e tudo de mau que você já experimentou para que chegasse até o ponto de estar lendo esta frase. Uma parte importante da jornada para a liberdade emocional vem de aceitar a responsabilidade por tudo em sua vida. Isto pode parecer severo demais, mas é também libertador. É verdade que muitas coisas que aconteceram a você não foram culpa sua, mas em cada um dos casos você escolheu *reagir* do seu próprio modo. Mesmo que você fosse muito jovem para se proteger, soubesse muito pouco, confiasse muito pouco, ou estivesse aterrorizado pela ameaça de retaliação ou de rejeição, você ainda é responsável pelas suas reações, e por libertar-se dessas mágoas do passado.

Aceitar a responsabilidade por suas reações aos acontecimentos diminui a culpa que você coloca nos outros, mas também lhe dá poder para mudar e seguir adiante. Pois, segundo um ditado Swahili, não é o nome pelo qual os outros o chamam que importa, mas o nome ao qual você responde que determina quem você é.

O segredo da vida é que não existe segredo na vida. É tudo trabalho árduo. E assim, você deve encontrar o trabalho correto e ser livre para escolher a direção que seja a melhor para você.

O propósito da vida é descobrir e desenvolver o seu dom.

O significado da vida vem de compartilhar o seu dom com os outros.

Este livro é oferecido com amor e encorajamento. Você pode ser estimulado pelo que você ler, ou discordar do que estiver escrito. Seja paciente. Este trabalho foi feito para ter muitas leituras e ser um companheiro para a vida. Você vai descobrir que o material nestas páginas parece mudar à medida que você cresce.

Não há um curso predeterminado aqui. Ao contrário, tomei o cuidado de deixar espaço para que cada um de vocês possa mapear seu próprio caminho pela vida, fazendo os ajustes conforme as situações da vida exigirem. Mas no centro deste livro está o núcleo comum do espírito humano, que anseia por ser libertado, e reclama o seu direito de nascimento: ser livre.

Eu o convido a dar o primeiro passo.

Parte I
De onde você veio

1
Identificando suas forças e fraquezas

Você nunca poderá libertar-se do seu modo de ser. Tudo o que pode fazer é compreender a si mesmo, saber que tipo de pessoa é, e ter consciência de suas forças e fraquezas. Se você compreender suas fraquezas, pode reconhecê-las e levá-las em consideração, em vez de ficar subitamente bloqueado quando elas aparecem. Suas fraquezas se tornam mais aparentes no exato momento em que podem lhe causar mais dano: quando você assume riscos. Usar efetivamente as suas forças depende do conhecimento que você tem de suas fraquezas.

Se há alguém que pode ficar no seu caminho e feri-lo, esse alguém é você mesmo. Portanto, sua maior força é a admissão de suas fraquezas.

Não estar consciente de suas forças e fraquezas é como ser um prisioneiro que não compreende nem os laços que o prendem nem como pode lutar para libertar-se deles. Ninguém muda realmente. As pessoas ficam melhores, mais saudáveis, mais abertas e mais honestas. E também ficam piores, mas continuam sempre sendo basicamente as mesmas pessoas, com as mesmas defesas e as mesmas inclinações para iludir a si mesmas. Quando dizemos que alguém mudou, queremos dizer que aquela pessoa cresceu em direção ao melhor de si mesma. Quando você age a partir do melhor de si mesmo, tem menos necessidade de esconder a verdade, e assim sua defensividade diminui. Quanto menos você usa suas defesas mais você se torna uma pessoa honesta. É claro que, quando o estresse é intenso, até as pessoas mais saudáveis tendem a se tornar defensivas. Entretanto, o que as salva é que conhecem as suas fraquezas e como estas fraquezas as afetam, elas podem levá-las em consideração e voltar ao caminho correto tão rapidamente quanto possível.

Compreender uma força é dar um passo à frente. Por exemplo, se uma das suas forças é ser aberto, você pode admitir facilmente como se sente a respeito de seus sucessos e fracassos. Você está aberto para ouvir críticas e conselhos.

Compreender uma fraqueza é um pouco mais complicado. Sua fraqueza pode se manifestar ou como o oposto de sua força ou como sua força levada a extremos. Por exemplo, se sua força é ser aberto, sua fraqueza se manifesta ou como uma tendência a ocultar dos outros o que sente ou como uma tendência a mostrar muito suas falhas, revelando-se demais. Em outras palavras, sua fraqueza ou é uma subafirmação ou uma superafirmação de sua força. Tipicamente, você superafirma um traço de caráter porque se sente rígido ou tenta se proteger, e subafirma um traço de caráter quando quer evitar um conflito ou por submissão. Seus pontos positivos e negativos sempre coexistem, e se originam do mesmo traço de caráter básico.

Se sua força é a honestidade, sua fraqueza é ser tão desonesto quanto honesto em relação a uma falha. Se você se orgulha de sua honestidade, pode querer se considerar uma exceção, se doer com esta afirmação e querer apontar o quanto é honesto. Mas se você considerar aqueles momentos em que não esteve no melhor de si mesmo, quando se meteu em apuros e sofreu mais, irá descobrir que a sua desonestidade teve um papel significativo em suas dificuldades. Se você for verdadeiramente honesto, terá consciência de suas desonestidades e as admitirá com a mesma facilidade com que se reconhece um velho amigo.

Todo mundo tem diversas forças. Pense na força da qual você mais se orgulha, aquela que demonstra quando está dando o melhor de si mesmo. A qualidade oposta a esta força é a sua fraqueza, o modo como tende a agir quando está sendo defensivo ou está evitando algo doloroso.

Quando você é uma pessoa madura, conhece intimamente as suas fraquezas.

O traço de caráter ao qual você dá mais valor é manchado pela própria característica que você mais despreza e mais reluta em admitir. A fraqueza que o envergonha é parte do mesmo traço do qual você se orgulha. Não é de admirar que freqüentemente as pessoas oscilem entre uma auto-imagem elevada e uma auto-imagem desprezível. É importante perceber que o seu traço negativo ainda continua existindo mesmo quando você está agindo a partir de sua força. Aceitar esse paradoxo de traços opostos permite que você examine a sua vida e cresça. Por outro lado, o fracasso em compreender a coexistência de seus pontos fortes e fracos, leva a sentimentos de instabilidade e insegurança. Você se torna especialmente desalentado pelo reaparecimento de características negativas que buscou ocultar, pois não existe nada tão desencorajador quanto descobrir que você não mudou e ainda está cometendo os mesmos velhos erros.

Quando você aceita apenas as suas forças, as fraquezas que nega vão acabar limitando aquelas forças. Aceitar as suas fraquezas permite que você se torne flexível. Você pode ouvir, ver e sentir sem censurar as informações que possam ameaçar a sua auto-imagem. Você quer saber. Você quer deixar entrar a informação a seu próprio respeito.

O mais provável é que as fraquezas se revelem aos outros no exato momento em que você tenta ocultá-las. Até mesmo uma pequena fraqueza oculta pode manchar a reputação de uma pessoa poderosa. Os jornais focalizam essas falhas, especialmente porque estavam ocultas. A fraqueza que você admite é a sua proteção. A fraqueza que oculta o desonra e é a causa de sua queda.

O oposto — aceitar apenas as suas fraquezas — causa seus próprios problemas. As pessoas que não querem aceitar a responsabilidade por si mesmas, com freqüência depreciam suas forças. Temem ser jogadas para fora do ninho se revelarem que podem voar. Todos duvidamos de nossa força, embora muitos o neguem. Essas dúvidas ocultas tendem a emergir exatamente no momento de assumir um risco. Aqueles que são imaturos usam o medo como uma desculpa para não agir; aqueles que são maduros o usam como um guia para assumir o risco. O medo é a desculpa do covarde e o mais sábio conselheiro do valente.

A lista de traços de caráter e de suas forças e fraquezas, que é apresentada na p. 23, não pretende ser completa, mas dar-lhe uma idéia de como as fraquezas e as forças se relacionam umas com as outras. Isso será discutido amplamente no Capítulo 2, no qual os traços de caráter, as forças e as fraquezas serão relacionados aos três tipos básicos de caráter mencionados na Introdução.

Enquanto você estiver examinando a lista, tente identificar aqueles traços positivos que se aplicam a você. Se escolheu de forma precisa, uma reflexão breve sobre os seus sucessos passados irá revelar o papel importante que foi desempenhado por esses traços.

Mantenha-se aberto ao examinar as fraquezas ligadas a esses traços positivos. Ao fazê-lo, considere os erros e as falhas mais difíceis que você experienciou. Você irá perceber que as fraquezas correspondentes a esses traços tiveram um grande papel em sua dificuldade. É comum que a pessoa sinta que essas fraquezas são estranhas e nada lisonjeiras e deseje negá-las. Tente ser aberto e aceitar a possibilidade de essas fraquezas correspondentes existirem em você, mesmo que seja desgostoso fazê-lo. O domínio sobre as suas forças depende disso.

Repetindo, se você não tiver consciência do modo como as suas fraquezas funcionam, por certo ficará aprisionado por elas. Felizmente, cada erro que você comete lhe dá outra chance de aprender essa lição. O trabalho que precisa ser realizado para libertar-se é admitir os erros. Embora você precise conhecer a sua fraqueza, é importante também entender que a maneira de superar uma fraqueza não é se opor a ela, mas agir por meio da força. Você não se torna honesto ao odiar a desonestidade, mas por amar a honestidade.

O amor à sua força lhe dá o *insight* e a sensibilidade especiais necessários para desenvolvê-la. Por exemplo, o dom musical baseia-se em ouvir, e ser capaz de dizer quando soa bem. O impasse do dom de ouvir é saber quando algo não soa bem. O objetivo é tornar-se o seu próprio juiz e definir os seus próprios padrões. É difícil agradar a você mesmo, se o seu dom é elevado. Você pode ser um artista incapaz de sentir o prazer de receber o aplauso porque não alcançou o efeito que queria — uma falha que mais ninguém notou. A sua sensibilidade, a força que o impulsiona para a frente, também o compara incansavelmente a um padrão que continua a crescer e está sempre um passo a sua frente.

O propósito de tudo isso é encorajá-lo a reconhecer o seu dom e a usar a sensibilidade especial que ele lhe dá para revelar a sua fraqueza, não para obscurecê-la. Esse é um desafio difícil, pois os padrões que um dom impõe a você são mais elevados do que os padrões que os outros lhe aplicam. É mais fácil agradar aos outros do que a si mesmo. As pessoas honestas se atormentam até mesmo com as pequenas imprecisões que cometem, enquanto os outros as consideram "mentiras brancas" sem importância.

Por mais frustrante que isso possa parecer, um dom está incompleto sem o conhecimento da fraqueza e, num certo sentido, falta-lhe significado. O dom que não está em contato com sua própria imperfeição, está sem contato com sua humanidade e assim não pode se relacionar às outras pessoas. Uma força de caráter tem de existir num equilíbrio dinâmico entre os seus extremos fracos, para que possa se tornar universal e para que você possa chegar a seu potencial de grandeza. Todos os grandes personagens da literatura incorporam essa luta entre a força e a fraqueza, enquanto as imitações da grande arte tomam a forma de caricaturas, pois imitam os extremos e não captam esse senso de equilíbrio. A vida é a luta entre a força e a fraqueza.

Traços de Caráter

Força	Amplitude de Fraqueza	
	Subafirmada	**Superafirmada**
Crente	Cheio de dúvidas	Deixa de lado o julgamento
Justo	Injusto	Todos são tão iguais que ninguém é tratado justamente
Clemente	Vingativo	Capacho
Generoso	Mesquinho	Mártir
Leal	Traiçoeiro	Seguidor cego
Aberto	Fechado	Revela-se demais
Paciente	Impaciente	Apático
Confiante	Desconfiado	Crédulo
Sustentador	Crítico	Bajulador
Analítico	Adivinhador	Detalhista
Claro	Confuso, não consegue enxergar	Sem foco, enxerga demais
Determinado	Iludido	Apegado
Frugal	Esbanjador	Avaro
No controle	Fora de controle	Rigidamente controlado
Inteligente	Faz-se de tolo	Pedante
Sábio	Ignorante	Sabe tudo, mas não age
Comedido	Impulsivo	Não arrisca
Sistemático	Desorganizado	Tem regras demais
Corajoso	Covarde	Temerário
Encantador	Irascível	Fingido
Criativo	Mecânico	Tem idéias demais
Bom vendedor	Cético	Vende-se facilmente
Original	Imitador	Tem de reinventar a roda
Poético	Prosaico	Dá mais importância ao estilo do que ao significado
Autoconfiante	Duvida de si mesmo	Insistente
Sincero	Impostor	Dono da verdade
Visionário	Sem visão	Sonhador irrealista

A arte e a compreensão de seus sentimentos, forças e fraquezas se encaixam, pois um homem, em sua essência, é um artista criativo. Tudo o que foi tocado por mãos humanas é o resultado direto da criatividade de alguém. Toda a criatividade, toda a arte é a celebração de algum sentido perceptual. A música celebra a audição. A pintura nos instrui como ver. A dança nos mostra como nos movimentar e dominar o nosso sentido de posição, o dom da propriocepção. A arte culinária refina o nosso sentido do paladar. Algumas artes combinam movimento e visão, outras combinam visão e som, outras ainda, compreensão e *insight*, mas todas exigem a celebração de uma força, um dom que é revelado pelos sentidos, e o domínio sobre uma fraqueza, a imperfeição que é iluminada pelo próprio talento.

A sua vida é a sua criação. Como o artista de sua própria vida, o seu papel é criar o conjunto mais propício de circunstâncias em que você possa florescer em seu melhor modo. Você precisa entender e desenvolver o seu caráter, pois ele tem o potencial para a grandeza.

Os capítulos a seguir discutem os três tipos básicos de personalidade e caráter. Embora cada indivíduo seja complexo e único, e num grau maior ou menor todas as pessoas tenham traços típicos dos três tipos, é possível identificar cada pessoa como *geralmente* de um dos tipos. A base para esse sistema de classificação é o caminho do desenvolvimento humano inicial. O modo pelo qual passamos por um dos três estágios específicos do início da vida determina em qual dos três tipos de caráter nos enquadraremos. Cada tipo de personalidade tem forças e fraquezas inerentes. Cada força engloba uma capacidade especial para compreender e agir, e também um lado negativo que dificulta assumir riscos. Você sempre deve buscar o equilíbrio, pois a força que revela o seu potencial para a verdadeira felicidade também permite que você veja as suas falhas e se convença de que não é tão especial assim. Não se desespere. Seu propósito é aceitar as suas fraquezas e libertar-se.

Cada um dos três tipos de caráter tem sua própria noção preconcebida a respeito do mundo, e esta visão é distorcida de acordo com a força ou a fraqueza de cada tipo. É importante compreender qual é o seu tipo de caráter pois você só pode realmente ver a verdade se souber como a distorce.

A verdade é a verdade, independentemente de qual parte dela você escolha aceitar. Lembre-se da história dos homens cegos que tocaram um elefante pela primeira vez. Um tocou a cauda, outro, o tronco e outro, o marfim. Cada um descreveu o elefante de uma forma diferente, e cada um dos relatos estava correto, mas a verdade que cada observador percebia estava incompleta. Da mesma forma, o seu tipo de caráter específico o leva a focalizar uma parte da verdade e assumir que o todo é como aquela parte. Se você não tem consciência de como a distorce, será incapaz de corrigir aquela distorção e agir de modo efetivo.

O modo como sua personalidade particular foi formada o leva a esperar que o mundo o trate de um modo específico. Por exemplo, se você foi criado numa família crítica, pode ser especialmente sensível à crítica e enxergar o mundo como cheio de julgamento. Essa visão pode parecer verdadeira, mas mesmo que possa citar exemplos que provem que está certo, a sua visão ainda será uma distorção.

Os seus traços de caráter o fazem exagerar ou minimizar a realidade, ver um mundo que é unicamente seu e, por isso mesmo, distorcido de uma forma única. Só quando você compreende que tipo de pessoa é e como se tornou assim é que pode começar a reconhecer a forma como distorce a sua visão de mundo.

2
Conhecendo a si mesmo: um livro de exercícios

Definindo o seu tipo de caráter

O tipo de personalidade que você tem representa a herança emocional de sua criação familiar. O seu tipo de caráter determina as suas reações emocionais, aquilo a que você é sensível, que temas você considera emocionalmente provocativos, aquilo que vê como assustador ou doloroso, e o modo de lidar com a dor. A sua personalidade determina o seu jeito de ver o mundo.

Os três tipos básicos de personalidade, que foram mencionados anteriormente, são o dependente, o controlador e o competitivo. Você é uma composição única que inclui traços de cada um dos tipos, mas sob estresse tende a agir num estilo característico. Este livro de exercícios o ajudará a definir que tipo de pessoa você é. Mais adiante examinaremos como você chegou a essa forma, e examinaremos em profundidade as implicações de seus traços de caráter específicos.

É importante perceber que ter um tipo específico de caráter não é necessariamente uma coisa ruim, mas apenas reflete um estilo de reação. Por exemplo, ter um caráter dependente não significa que você é fraco ou carente, mas que as influências mais profundas na formação de sua personalidade aconteceram durante o seu período de desenvolvimento dependente, e o torna especialmente sensível a questões de dependência, em você mesmo e nos outros. Embora seja moda atualmente pensar numa personalidade dependente apenas em termos de fraqueza e vulnerabilidade, na verdade ser bem cuidado e amado na infância — o período dependente — desenvolve uma forte capacidade nutridora. É claro que alguém que sempre precisa de outra pessoa para se sentir confortável é um tipo dependente deficiente, mas pessoas fortes e amáveis também desenvolveram seus traços de caráter positivos a partir do mesmo período de desenvolvimento. Portanto, chamar tais pessoas de personalidades dependentes pode criar mal-entendidos a menos que você se lembre de que este termo pode se referir a forças e a fraquezas.

Os dois extremos, dependente e independente, representam a personalidade dependente em suas posições fraca e forte. A pessoa dependente pode continuar a crescer para ser mais independente, e sob estresse pode sentir-se ou agir de modo dependente. De forma semelhante, as personalidades controladora e competitiva devem suas forças positivas especiais ao mesmo período que instilou nelas as suas vulnerabilidades, e têm também o potencial para crescimento e regressão sob estresse. Vamos definir mais claramente o seu tipo de caráter.

Definindo suas forças e fraquezas: um inventário

O seu caráter é a soma total de suas forças e fraquezas. Vamos examinar as suas forças uma a uma. A lista de forças e fraquezas que você avaliou no Capítulo 1 está presente novamente aqui, mas agora dividida em três partes. Por enquanto, não se preocupe com o significado dessa divisão. E também não se preocupe em avaliar as suas fraquezas. Estas ainda são importantes, mas como todos nós temos mais facilidade em identificar prontamente nossas forças, dê atenção apenas a elas. Avalie cada força de acordo com a seguinte escala:

0 — não se aplica a você;
1 — aplica-se muito pouco a você;
2 — algumas vezes se aplica a você;
3 — normalmente se aplica a você;
4 — quase sempre se aplica a você.

Use todo o tempo que você precisar e seja o mais honesto que puder. Tente dar uma resposta interior, aquela resposta que você teria dificuldade em admitir para os outros.

Traços de caráter

Força	Amplitude de Fraqueza	
	Subafirmada	Superafirmada
	Parte I	
Crente	Cheio de dúvidas	Deixa de lado o julgamento
Justo	Injusto	Todos são tão iguais que ninguém é tratado justamente
Clemente	Vingativo	Capacho
Generoso	Mesquinho	Mártir
Leal	Traiçoeiro	Seguidor cego
Aberto	Fechado	Revela-se demais
Paciente	Impaciente	Apático
Confiante	Desconfiado	Crédulo
Sustentador	Crítico	Bajulador
	Parte II	
Analítico	Adivinhador	Detalhista
Claro	Confuso, não consegue enxergar	Sem foco, enxerga demais
Determinado	Iludido	Apegado
Frugal	Esbanjador	Avaro
No controle	Fora de controle	Rigidamente controlado
Inteligente	Faz-se de tolo	Pedante
Sábio	Ignorante	Sabe tudo, mas não age
Comedido	Impulsivo	Não arrisca
Sistemático	Desorganizado	Tem regras demais
	Parte III	
Corajoso	Covarde	Temerário
Encantador	Irascível	Fingido
Criativo	Mecânico	Tem idéias demais
Bom vendedor	Cético	Vende-se facilmente
Original	Imitador	Tem de reinventar a roda
Poético	Prosaico	Dá mais importância ao estilo do que ao significado
Autoconfiante	Duvida de si mesmo	Insistente
Sincero	Impostor	Dono da verdade
Visionário	Sem visão	Sonhador irrealista

Contando os pontos de seu teste

Agora some os seus pontos para cada uma das três partes. O número máximo de pontos para cada parte é 36.

Parte I: Seu Perfil Dependente

- 25 a 36: sua personalidade é fortemente influenciada por necessidades dependentes, o que influencia muito a maneira como você toma decisões e como se sente.
- 13 a 24: existem preocupações dependentes, mas elas têm menos impacto na tomada de decisões.
- 0 a 12: você não é impulsionado por preocupações dependentes e pode até mesmo isolar-se dos outros.

Talentos da personalidade dependente: Aqueles que têm pontuação elevada nesta categoria são excelentes jogadores em equipe, educadores, professores e profissionais de cura porque têm personalidade terapêutica.

Prejuízos da personalidade dependente: Aqueles que têm pontuação elevada também podem exagerar o valor das opiniões das outras pessoas e a importância de ser querido.

Parte II: Seu Perfil Controlador

- 25 a 36: sua personalidade tem muitas características controladoras que influenciam as suas decisões. Na verdade, estar no controle é tão importante que provavelmente preferirá permanecer no controle do que fazer o melhor para você.
- 13 a 24: o controle é importante para você mas não é a sua preocupação principal. Suas forças controladoras o auxiliam a organizar eficiente e economicamente o seu trabalho.
- 0 a 12: você convida as pessoas a controlarem os seus assuntos pessoais.

Talentos da personalidade controladora: Aqueles que têm pontuação elevada nesses traços são administradores, organizadores, diretores, advogados e planejadores eficientes.

Prejuízos da personalidade controladora: Aqueles com pontuação elevada também podem ter uma necessidade exagerada de ordem acima de conteúdo, de obediência acima de iniciativa e rotina acima de compreensão verdadeira.

Se você teve uma pontuação baixa na Parte II e uma pontuação elevada na categoria dependente, provavelmente tem sentimentos de insegurança e inadequação em relação a si mesmo.

Uma pontuação elevada na categoria controladora combinada com uma pontuação elevada na categoria dependente revela que o seu comportamento controlador pode ter-se desenvolvido como um meio de se proteger do abandono ou do controle por parte dos outros. Assim, você deve se considerar como uma pessoa dependente que usa meios controladores para se proteger.

Parte III: Seu Perfil Competitivo

- 25 a 36: você tem uma personalidade competitiva. Uma pontuação superior a 30 é particularmente típica de pessoas muito motivadas que desejam o sucesso e procuram atividades que aumentem sua auto-estima e buscam obter a apreciação e a aprovação dos outros.
- 13 a 24: você pode ser competitivo se a situação o exigir, mas não tem forte necessidade de vencer apenas pelo prazer de vencer.
- 0 a 12: você preferiria não competir nem se expor. A segurança é atraente para você. Arriscar o deixa gelado.

Talentos da personalidade competitiva: Uma pontuação elevada é típica de artistas, atletas, vendedores, líderes e inovadores.

Prejuízos da personalidade competitiva: As pessoas com pontuação elevada podem também ter uma necessidade exagerada de vencer pelo prazer de vencer, uma tendência de se apegar aos pontos altos da vida e de desanimar demais com os pontos baixos. Podem se iludir facilmente com o prazer da vitória e se voltar para fora buscando a aprovação externa em momentos nos quais deveriam estar perguntando a si mesmas o que as faria felizes.

Uma pontuação elevada nesta categoria combinada com uma pontuação elevada no aspecto controlador indica que sua competitividade pode ter uma qualidade compulsiva, isto é, você pode parecer dirigido ou obcecado pelos outros. Pode também refletir alguma falta de liberdade em sua expressão criativa por causa da baixa auto-estima causada pela autocrítica típica da personalidade controladora.

Uma pontuação elevada nesta categoria acompanhada por muitos pontos na categoria dependente indica que você é um grande realizador, mas que sua necessidade de obter a aprovação dos outros pode ser uma forma de sentir-se melhor a respeito de si mesmo, e que agradar aos outros pode ter importância demais em sua vida e pode inibir o seu trabalho. *Grandes* professores e curadores estão nesta categoria.

Pontuações Equilibradas

Uma pontuação de 20 a 25 nas três categorias indica equilíbrio emocional.

Uma pontuação acima de 26 nas três categorias sugere que você é uma pessoa emocionalmente amadurecida.

Uma pontuação acima de 32 nas três categorias sugere que você manipulou o teste por estar inseguro quanto a se revelar. O mais provável é que sua pontuação mais elevada esteja na categoria controladora, sugerindo que você é uma pessoa controladora, com capacidade para manipular os outros.

Uma pontuação de 11 a 19 nas três categorias sugere reserva, falta de espontaneidade ou preocupação. Seria positivo refazer o teste, respondendo da forma mais aberta possível.

Uma pontuação abaixo de 10 nas três categorias reflete baixa autoestima e depressão. A validade de seu teste pode ser questionada, mas é provável que a sua personalidade esteja na categoria dependente.

Definindo o seu tipo de caráter pelas fraquezas comportamentais

Todos nós temos o potencial para agir de modo imaturo em determinados momentos, e agimos como uma criança agiria num estágio de desenvolvimento específico. Veja com qual coluna da próxima tabela você mais se identifica. Mais adiante examinaremos em detalhes esses elementos negativos. Por enquanto é importante apenas que você identifique que elementos de cada tipo fazem parte de sua personalidade.

Três retratos de caráter

Até agora você já deve estar tendo alguma idéia de qual é o seu tipo básico de caráter. Se você for como a maioria das pessoas, identificou alguns traços dependentes, controladores e competitivos em si mesmo. Os retratos seguintes definem os três tipos básicos de caráter em detalhes. De novo, você verá alguma parte de si mesmo em cada um deles, mas provavelmente um tipo é mais parecido com você do que os outros.

A pessoa dependente

Você se preocupa com o pertencer a alguma pessoa. É ligado em pessoas, preocupado com sentimentos, compartilhar e se identifica com o sofrimento e a luta dos outros. Simpatiza com condições humanas como fome e falta de lar. É um membro sensível da humanidade, que chora facilmente com a condição das crianças famintas e provavelmente envia uma contribuição para ajudá-las. Você coloca sua fé nos outros e no divino. Quando se encontra em situações problemáticas, tende a buscar ajuda por intermédio da intercessão dos outros.

Você representa a massa da humanidade, tentando manter a família unida, encontrando o amor onde pode, procurando segurança e proteção, lutando para cuidar dos seus. Você é a coluna vertebral de todas as forças de trabalho, o soldado da infantaria do exército, a pessoa que faz o trabalho sujo. É aquele que faz as coisas acontecerem, enquanto os outros inventam e planejam.

Em seu melhor aspecto, você é leal, afetivo, caloroso, generoso, receptivo, amoroso, doce, sincero, emocional, toca as outras pessoas e se importa com elas. Você é o fã de esportes que sofre, mas vaia todos os jogos, mesmo numa temporada de derrotas. É um bom amigo, um marido devotado, um pai cuidadoso e um cidadão motivado. A sua herança dependente o torna humano e acessível aos outros. Um gerente controlador, sem nenhum senso de necessidades dependentes em si mesmo e nos outros, pode tornar-se insensível, frio e até mesmo cruel. De modo semelhante, alguém que luta competitivamente para ser o número um, sem nenhum senso de compaixão pelos sentimentos dos outros, tem um impacto frio e sem coração no mundo.

Em seu pior aspecto, você tende a ser "agarrado", incapaz de se arriscar, aprisionado na situação em que nasceu, igual a seu pai, igual a sua mãe, ou tolerante a maus-tratos porque não pode arriscar-se por si mesmo. Você se sente mal com separações, ciumento pela falta de atenção, tem medo de silêncios, entra em pânico com rejeição, e fica arrasado quando é abandonado. Tende a reprimir aqueles que ama e tenta possuir aquelas pessoas cuja liberdade deveria permitir. Você pode ficar passivo e paralisado quando tem de encarar algum perito, e tende

Estresse	Resposta dependente	Resposta controladora	Resposta competitiva	Resposta madura
Quando você é rejeitado por alguém que ama	Você fica desesperado, suplica implora, se agarra.	Você persegue, tenta bloquear a saída do outro, manipula e exige, argumenta e explica, e expõe seu caso sem parar.	Você faz de conta que na verdade não está envolvido, que a outra pessoa nunca significou muito para você, que nem se importa se ela for embora.	Você fica triste e ferido. Tenta entender tudo o que aconteceu. Pede para conversar, mas aceita o inevitável, busca paz e um ponto final.
Quando o seu pai ou sua mãe é injusto	Você quase não consegue conter o seu ressentimento; pode ficar amuado ou de mau humor, ou ser autodestrutivo para obter a simpatia deles.	Você aponta as fraquezas de seus pais, analisa a motivação deles, fica frio e distante enquanto age assim.	Você pode ficar ferido e conter o seu ressentimento por orgulho, e depois fazer uma grande cena para envergonhar ou ferir seu pai ou sua mãe.	Você redefine os limites. Diz que se sentiu tratado injustamente, e pergunta o motivo. Você não alimenta o fogo.
Quando você fere alguém	Você pede um monte de desculpas e age mais por medo de perder o amor da outra pessoa do que por arrependimento de tê-la ferido.	Você aponta como a outra pessoa provocou tudo o que aconteceu.	Você faz de conta que foi um acidente, um engano, ou que estava apenas brincando.	Você pede desculpas, assume a responsabilidade pela mágoa que causou, diz "Me desculpe" e *realmente quer dizer isto*.

Estresse	Resposta dependente	Resposta controladora	Resposta competitiva	Resposta madura
Quando os seus esforços começam a dar errado	Você entra em pânico. Tem medo de que os seus erros façam com que os outros não o amem. Antecipa a rejeição e busca apoio cegamente onde puder.	Você esconde o que está acontecendo e insiste em que os seus métodos funcionam. Tem medo de mostrar fraqueza. E culpa os outros por estragar as coisas.	Você faz de conta que as coisas estão acontecendo exatamente da forma como queria.	Você reexamina os seus procedimentos e crenças. Quer saber por que e como falhou, de modo a evitar a repetição dos erros.
Quando você é preterido para uma promoção, recompensa ou um reconhecimento	Você corre para os seus iguais para buscar apoio e pede que eles validem a sua crença de que você foi tratado injustamente. Você pode agitar os outros.	Você se torna vingativo e obstrutivo. Quer ficar quites. Elabora um plano para consegui-lo e fica preocupado com isto. Guarda rancor.	Você fica profundamente ferido. Pode ficar arrogante e recusar-se a ouvir explicações ou a aceitar conselhos, e pode demitir-se impulsivamente, dizendo que não precisa de seu patrão.	Você reavalia o seu desempenho. Pode pedir uma reavaliação de seu trabalho, reconsiderando os seus objetivos, esforços e sinceridade. Questiona e examina os seus métodos.

Estresse	Resposta dependente	Resposta controladora	Resposta competitiva	Resposta madura
Quando você falha	Você espera que os outros lhe digam que ainda é bom apesar de suas imperfeições. Se convence de que não é bom e de que ninguém gosta de você.	Você tenta provar que foi culpa de outra pessoa. Além disto, não tem tanta certeza assim de que falhou, especialmente se outra pessoa está conferindo as *suas* anotações e cálculos.	Você fica secretamente abalado, mas faz de conta que não estava de fato se esforçando, que nunca quis realmente vencer, ou que, tudo era apenas um jogo.	Você fica entristecido, mas não desmoralizado. Busca compreender as suas fraquezas e aplica-se em corrigi-las.
Quando alguém ganha de você	Você diz que não era muito bom.	Você culpa seu equipamento/instrumentos, ou afirma que sua agenda ocupada o deixou fora de forma, ou afirma que foi enganado.	Você exige outra chance imediata ou afirma que não estava tentando a sério.	Você agradece o seu oponente pela oportunidade de participar.

fortemente a entregar o controle a alguém que ofereça a perspectiva de salvá-lo do abandono ou da solidão. Você parece ser governado pela crença de que precisa de outra pessoa para poder dar o melhor de si mesmo.

A pessoa controladora

Você se preocupa com detalhes de gerenciamento, criar ordem, criar sistemas, direcionar procedimentos, colocar tudo em seu lugar adequado, criar sistemas de segurança, avaliar, analisar, formar um caso, verificar a lei, assegurar-se das regras, dos números e dos fatos. Você trabalha nos bastidores, regulamentando, organizando, medindo, reestruturando, indicando o que deve ser feito, por quem e quando. Você não gosta de explicar as suas ações e espera que as pessoas sigam as suas orientações.

Em seu melhor aspecto, você é justo, equilibrado, assume as coisas e é responsável, antecipa as falhas dos outros e as corrige por eles. Você também é obstinado e tem grande capacidade dedutiva e analítica. É o grande pesquisador, o estudioso meticuloso, o mágico das finanças que conhece todos os macetes dos impostos, o médico chefe, o advogado brilhante, o supermecânico, o historiador, o gerente, o líder de grupo. Você adora relatórios, estudos, mapas, cartas, grandes folhas de papel e gráficos porque eles lhe dão o controle sobre o seu ambiente.

Em seu pior aspecto, você pode ser mesquinho, ter consciência dos custos mas ignorar os valores, e estar interessado no dinheiro pelo poder que ele lhe dá sobre as outras pessoas. Pode ser vingativo, guardando rancor por falhas que os outros consideram como ninharias não-intencionadas. Fica ferido quando é rejeitado e sente-se desanimado por causa de enganos. Um fracasso pode *tirar o vento de suas velas*, pois ele revela uma falha no seu sistema. Algumas vezes você nem percebe os efeitos emocionais que suas ações causam nos outros, mas quando você não é levado a sério reage fortemente e fica ressentido. Pode culpar os outros mesmo quando está claro que você é a pessoa errada. Sua ética pode oscilar em face de um ganho potencial ou de um risco de perda de poder.

A pessoa competitiva

Você se preocupa em desempenhar bem, vencer, ser o primeiro, ser o melhor, conseguir, ser notado, famoso, receber o crédito e ser recompensado. Mais do que qualquer outro tipo de personalidade, você dirige a sua energia para fora no mundo. Enquanto uma pessoa dependente necessita de amor e a pessoa controladora precisa de obediência, você procura a apreciação. Esta busca do elogio o impulsiona. Você quer tanto agradar quanto ser agradado.

Em seu melhor aspecto, você é o grande realizador, a celebridade em seu próprio círculo, o atacante da empresa, o supervendedor, o grande ator, o cientista brilhante, a estrela dos meios de comunicação, o artista popular, o político correto, o herói de guerra e o governante da nação.

Em seu pior aspecto, você pode ser presunçoso, egoísta, mesquinho, insensível aos sentimentos alheios e "exibicionista". Como se preocupa apenas em ser o número um, tem uma tendência para a crueldade e uma ética questionável quando está desesperado, isto é, quando está "cavando" o seu caminho para o topo.

Você tende a importar-se muito com sua aparência, a sentir-se inseguro a respeito de falhas físicas e especialmente incomodado em relação ao envelhecimento. E embora às vezes utilize a sua boa aparência, ressente-se de ser reconhecido apenas por ela. Você deseja aparecer, embora ao mesmo tempo fique um pouco embaraçado quando o faz.

O tipo composto

Não existe um tipo de caráter puro. As pessoas mais dependentes conseguem as coisas ao usar seu desamparo de uma forma controladora. Os indivíduos mais controladores têm uma forte tendência dependente, pois se agarram a seus métodos e precisam governar os outros do mesmo modo que uma pessoa dependente precisa segurar-se em outra pessoa. O atleta automotivado ainda depende de um treinador e usa a disciplina controladora para treino e prática. Ninguém seria um ser humano completo sem uma mistura de traços dos três tipos de personalidade. Um traço de caráter específico torna-se um fardo apenas quando as suas ações se tornam rígidas e você sente-se impelido e inflexível. Você tem sempre escolhas, e ao exercitar livremente cada escolha, você cresce.

Você é o seu tipo único. E precisa descobrir o seu próprio caminho na estrada da dependência para a independência, do controle para a permissão da liberdade aos outros, e de ser melhor que os outros para simplesmente dar o seu melhor. A sua personalidade reflete a sua jornada particular, pelas importantes questões de cada estágio de desenvolvimento. E, como todas as outras pessoas, você está carregando alguma bagagem desnecessária do passado. Saber o que você está carregando e por que lhe permitirá soltar essa bagagem e continuar o seu caminho.

Vamos agora examinar a jornada e o legado que ela lhe deixou.

3
O legado emocional da infância: como o seu caráter se desenvolveu

Por que uma onda de desamparo infantil se abate sobre você quando é subitamente desapontado? Você duvida de si mesmo nos momentos em que suas fraquezas vêm à tona. Por um momento sente-se novamente como uma criança. A sua percepção infantil — que com freqüência é um sentimento vago, um distante eco emocional — vem à tona e o subjuga à medida que o antigo sentimento é revivido. É difícil dizer se você está revivendo a dor de seu passado ou se realmente está sofrendo apenas pela experiência presente. Por esse motivo, todas as experiências avassaladoras podem fazer com que você duvide de si mesmo e sinta-se como uma criança.

Sem dúvida, você seria um ser humano raro se, quando fosse confrontado com a perda de uma pessoa amada, não sentisse uma sensação infantil de pânico, desespero e vazio desabando sobre o seu ser, mesmo que apenas por um momento. É claro que como você é maduro e mais experiente agora, entende racionalmente por que a outra pessoa está indo embora e pode assegurar a si mesmo que logo tudo estará bem. Mas, ainda assim, em seu coração você experiencia agitação, perda, a confusão de não saber o que fazer e o desamparo absoluto daquele instante. A reativação de antigos ferimentos faz com que você se sinta a mesma pessoa que era anos atrás, quando as suas fraquezas eram predominantes e o seu sentido de eu era menos seguro.

Por causa de sua vulnerabilidade, as crianças estão expostas diariamente a acontecimentos que podem interpretar como privação, isolamento, perda e fracasso. É verdade que sentir-se amado por um pai ou mãe cuidadosos tende a diminuir o impacto desses ferimentos cotidianos, mas mesmo assim eles ocorrem e dão forma a seu caráter e a seu padrão de resposta. Então, não importa o quanto a sua infância foi segura, você ainda pode olhar para trás e encontrar momentos de terror absoluto, perda avassaladora, profundo abandono e fracasso que esmaga o espírito.

No entanto, não importa realmente o que lhe aconteceu, mas o fato de ter sido exposto a mágoas que tiveram um impacto duradouro em você. Todo o dano que você sofreu foi graduado para mais ou para menos e se interiorizou na sua vida. A perda de um dos pais para uma criança, e a perda de um amigo após uma mudança para outra criança, facilmente podem ter o mesmo impacto sobre ambas. Conheci um homem que perdeu os pais durante a guerra enquanto era criança e saiu dessa situação com uma determinação renovada; e vi também uma mulher que foi reprovada injustamente no segundo ano escolar e perdeu inteiramente sua vontade de trabalhar.

Os seus traços de caráter originaram-se e foram reforçados nos três períodos de desenvolvimento infantil — dependente, controlador e competitivo. Em cada um desses períodos você experienciou perdas, ameaças, desafios, vitórias e fracassos, todos com capacidade para dar forma a sua atitude. A sua atitude é a persistência de traços de caráter que você usou para encarar esse estresse.

Este capítulo explica como os seus diversos traços e atitudes foram formados. Compreender o contexto em que eles apareceram pela primeira vez o ajudará a entender o estresse que reaviva suas lembranças e o estilo de sua resposta a estresses específicos, e assim você será mais capaz de modificar essas respostas.

Em nossos primeiros anos todos seguimos um caminho particular para superar a dependência, desenvolver o controle e aprender a competir no mundo. Compreender o mapa dessa jornada, os seus perigos e desafios comuns, irá ajudar a revelar onde as suas forças e fraquezas se originaram e como você se tornou quem é.

De onde vêm as suas atitudes

Existem três períodos-chave de desenvolvimento que formaram o seu caráter e lhe ensinaram um conjunto de atitudes. O contexto em que essas atitudes se originaram determina qual o tipo de situação que as evoca e a qualidade emocional que elas trazem para o presente quando são ativadas.

O período dependente ocorreu quando as habilidades de linguagem estavam ausentes. A sua confiança nos outros era absoluta; as necessidades que você não podia expressar em palavras não seriam notadas sem a atenção amorosa das outras pessoas. Portanto, a herança dependente persiste como estados de sentimento que são evocados novamente pela rejeição e pelo abandono. Quando esses estados de sentimento emergem, trazem junto toda a força da dor original e freqüentemente fazem com que você sinta uma antiga necessidade de outra pessoa, o que complica o problema atual: faz com que você duvide de si mesmo e rouba a sua coragem.

As habilidades de linguagem eram rudimentares durante o período controlador. O poder estava ligado quase de modo mágico às palavras, e as questões críticas desse período se referiam a regras, posse e submissão. Os sentimentos do período controlador provavelmente são evocados por questões de certo e errado e quando vêm à superfície tendem a superimpor rigidez, teimosia e uma necessidade de estar certo no presente, fazendo com que uma questão menor se transforme numa guerra.

Durante o período competitivo, as suas respostas eram dominadas pela necessidade de manter as aparências e ter um bom desempenho para os outros. Quando as questões competitivas do presente reativam as atitudes competitivas iniciais, você experiencia o medo do fracasso, a necessidade de agradar e a necessidade infantil de vencer a qualquer custo.

O período dependente

Você não quer ficar sozinho!

Você quer a aprovação e a aceitação dos outros e quer ser considerado digno de amor e de cuidados. Se desenvolveu-se até o seu eu mais independente, maduro e auto-suficiente, você assume a responsabilidade por conseguir o que quer e satisfazer as suas próprias necessidades. Quando não está em seus melhores momentos e não se sente forte, é governado por suas necessidades e depende dos outros para realizar-se.

As necessidades, e não o que você quer, é que determinam o que você é.

Uma pessoa que *quer* outra pode ser feliz sem mais ninguém.

Uma pessoa que *necessita* de outra não pode ser feliz sozinha. Essa é uma pessoa dependente.

Precisando de outra pessoa

Pense naquilo que você espera de seus relacionamentos amorosos como adulto, e de que modo é mais desapontado por eles. Você descobrirá que as questões dependentes têm um papel importante. As concessões feitas em nome do amor normalmente violam a liberdade pessoal e substituem a independência pela dependência. Embora alguma dependência seja natural e boa, para construir um relacionamento completo é necessário arriscar que cada um possa ser independente e livre para crescer. Infelizmente, as pessoas que precisam de um relacionamento para se sentir completas costumam deixar de lado uma parte de si mesmas para fazer com que o relacionamento funcione. As questões de dependência que afetam um relacionamento não vêm subitamente à tona quando você começa um relacionamento, mas têm sido parte de você desde os seus primeiros dias de vida.

O seu medo de ficar sozinho é uma boa medida de sua dependência. Mas se você olhar honestamente para a vida, perceberá que está sempre sozinho. Mesmo que você esteja com alguém que ame intensamente, poucos momentos preciosos são passados juntos, e mesmo quando vocês estão juntos você ainda está sozinho.

O mais próximo que você pode chegar de outra pessoa é estar sozinhos juntos. Nos melhores relacionamentos você é livre para ser você mesmo, para ser a mesma pessoa quando vocês estão juntos ou quando estão separados. Na verdade, um parceiro que reclama de solidão sente-se realmente sozinho pela parte de si mesmo que teve de sacrificar para estar no relacionamento. O ressentimento por esse sacrifício compromete gradativamente o relacionamento e é uma fonte de conflito nos anos vindouros. Aquilo de que você desiste é sempre aquilo de que no fim você mais necessita.

Compreendendo os seus vínculos dependentes com o passado

A dependência é um sentimento profundo, mais do que algo que você possa colocar em palavras, pois se desenvolveu no início de sua infância. Você era uma criatura feita puramente de sentimentos, tudo o que conhecia era dor e prazer, e não tinha habilidade alguma de julgar se algo estava sendo lembrado ou imaginado. Você aprendeu a distinguir o real do imaginário pelas experiências dolorosas, em especial pela dor de estar separado de seus pais. Poucos de nós estão totalmente livres de reexperienciar aquela antiga ansiedade que vive profundamente em nós e pode ser ativada por um sentimento de separação ou de rejeição. Quando esses sentimentos de terror arcaico são ativados, tememos perder o controle e, do mesmo modo que um bebê, acreditamos que precisamos de outra pessoa para nos sentirmos inteiros. O primeiro passo para o autodomínio é lembrar a si mesmo que pelo menos parte do terror é apenas uma memória. Esses sentimentos são o nosso legado de dependência.

Os bebês não nascem inteiramente sem contato anterior com o mundo externo. Lembro-me, na época de meus primeiros dias no rodízio clínico em pediatria, de estar no berçário dos recém-nascidos completamente perplexo com um bebê de três semanas, superirritado e que não podia ser consolado. O mais leve barulho o fazia gritar e debater-se violentamente sem parar. A única coisa que o acalmava era um aparelho eletrônico que imitava o som do sangue passando pelos vasos uterinos. O aparelho foi colocado próximo à cabeça dele e em poucos segundos ele parou de gritar, sua respiração se acalmou e ele dormiu. Aparentemente, ouvir o som do ambiente intra-uterino reacendeu outras memórias de paz. Isto ilustra que um importante vínculo é criado antes do nascimento.

Quais são as forças sensoriais que contribuem para a formação desse vínculo? No útero, o bebê está em escuridão total, flutuando numa bolsa de fluido. A visão não contribui em nada para a experiência, nem o sentido de posição, pois a flutuação anula os efeitos da gravidade. Do mesmo modo, os receptores que informam sobre gosto, cheiro e fome estão adormecidos. Os sentidos de toque e temperatura estão constantes e não transmitem informações para a memória da criança. As sensações internas da atividade visceral ainda não estão ativadas. Contudo, o sentido da audição está intacto e, na verdade, como o som transmitido por fluidos é muito amplificado, o som é intensificado tanto em intensidade quanto em predominância de um modo como nunca mais o será.

O som do sangue passando pelos vasos uterinos está sempre mudando. Quando a mãe dorme, a sua freqüência cardíaca cai para sessenta batidas por minuto. Quando a mãe fica com raiva ou assustada, a sua freqüência de batimentos sobe para mais de cem batidas por minuto. A impressão que isso causa no feto é indelével.

Como o seu sentido de conforto se desenvolveu

Imagine o impacto traumático do nascimento, em que uma criança é lançada do conforto total para um ambiente estranho e novo. Os sentidos que estavam adormecidos são assaltados pelo impacto pleno da realidade. Os sons que eram previsíveis e organizados são substituídos por uma cacofonia de estímulos estridentes. A luz é cegante. O sentido do tato é ativado abruptamente. O ar parece frio. A gravidade, que não tinha efeito no útero, agora torna-se um amigo, mantendo o bebê junto ao travesseiro e com o conforto de uma superfície firme. Na verdade, este efeito inicial positivo da gravidade forma a base de nosso conceito vitalício de ter os pés no chão, sentir-se em casa, estar centrado.

As condições que simbolizam o conforto antes do parto podem ser reforçadas mais tarde. Por exemplo, o admirável efeito calmante de ser pego no colo estimula a lembrança da condição de gravidade zero ao estar flutuando no saco amniótico. A mãe que segura e embala o seu bebê não está apenas dando amor, mas, num certo sentido, está ajudando a criança a lembrar do conforto do ambiente intra-uterino. A criança também é acalmada quando é segurada próximo ao seio materno onde a batida do coração da mãe relembra, mais uma vez, os sons do estado calmo.

A atitude da mãe e o nível de conforto durante a alimentação são também importantes, além do efeito de sua proximidade física. É possível que a mãe seja traída por uma freqüência alterada de batimentos cardíacos que provoca uma amamentação agitada. Um bebê pode sentir o desconforto e a frustração da mãe, e ser incapaz de encontrar conforto. Não é de espantar que a criança seja altamente sensível aos sentimentos de sua mãe, pois ela foi exposta ao som do batimento cardíaco de sua mãe e respondeu aos hormônios de estresse maternos que cruzavam a barreira da placenta. Apenas ser mantido fisicamente próximo a uma mãe ansiosa pode reforçar um tipo de resposta condicionada na criança, e fazer com que o bebê comece a produzir os seus próprios hormônios de estresse se a mãe for uma pessoa atormentada pela ansiedade.

Como o recém-nascido depende totalmente dos outros para sobreviver, a criança que é bem atendida e constrói uma memória de ser cuidada, desenvolve a capacidade de suportar a dor de separações e desconforto inevitáveis. Uma mãe feliz, contente com a sua condição de mãe, dá muito a seu bebê apenas por estar se sentindo feliz. Por outro lado, se a mãe tem necessidades dependentes insatisfeitas, pode se tornar distante ou superprotetora e assim prolonga a experiência dependente da criança. Em vez de ser um estágio, pelo qual a criança passa facilmente, pode se transformar num período de dependência forçada e de mimo extremado em que o egocentrismo natural da criança é exagerado. A criança pode se tornar tão dependente e exigente que até mesmo sua própria mãe sente vontade de rejeitá-la.

Entretanto, é freqüente que as mães que tiveram um relacionamento difícil com suas próprias mães tentem corrigir simbolicamente a experiência, mantendo um relacionamento saudável com os seus próprios filhos. A dor que essas mães sentem ao ter de soltar a criança é aprofundada por sua memória de terem sido soltas "cedo demais", ou seja, antes de terem sido suficientemente cuidadas. Os cuidados maternos que uma criança recebe, quando o amor é genuíno e a mãe está confortável com o seu papel, têm um impacto-chave no desenvolvimento do nível de conforto da criança e nos traços de caráter dependente.

A facilidade com que as crianças lidam com a descoberta de sua separação dos pais depende do cuidado amoroso que elas experienciaram. As origens de seu medo de separação vêm desse período em que você percebeu pela primeira vez a diferença entre eu e não-eu. Poucas pessoas estão livres das dificuldades que persistem desse período de diferenciação entre eu e não-eu. Nosso senso de conforto emocional, bem como nossa capacidade de pensamento irrealista e de nos afastarmos do mundo brotam deste período. Nenhum outro período é mais importante do que este para definir o sentido de si mesmo.

De onde vêm os seus sentimentos de pânico

Tivemos as nossas primeiras experiências emocionais mesmo antes de nascer. Quando uma gestante está sob estresse, o seu batimento cardíaco aumenta, bem como os hormônios circulando em seu sangue, e estes cruzam a barreira placentária e entram na circulação da criança. Portanto, quando uma mãe experiencia ansiedade, o feto tem o mesmo sentimento. Este é, provavelmente, o único momento na vida em que compartilhamos completamente os sentimentos de outra pessoa.

Analisei um caso há alguns anos que ilustra como os distantes sentimentos intra-uterinos continuam a nos influenciar. Estava dando um seminário quando um músico da orquestra sinfônica da cidade e sua namorada pediram que o problema deles fosse discutido no grupo. Ela havia deixado o seu marido para ficar com o músico, mas apesar de suas promessas, ele agora estava se distanciando dela.

"Por que você deu para trás?", perguntei.

"Não sei. Não sei como lidar com as emoções dela."

"O que você quer dizer com isto?", pressionei.

""Eu me sinto incomodado quando ela fica emocional."

"Do que você tem medo?"

"Eu não tenho certeza...". Ele olhou para o outro lado, se acalmou e olhou de volta.

"Quando ela fica emocional...", estimulei.

"Eu não gosto de estar por perto."

"Quem morreu ou abandonou você quando era criança?", cutuquei.

"Ninguém. Mas a minha mãe nunca estava presente emocionalmente para nós. Ela esteve em instituições durante a maior parte de sua vida."

"Por qual motivo?", perguntei.

"Crises graves de ansiedade. Ela era a mulher mais ansiosa do mundo. Eu não podia ficar com ela sem ficar incomodado com isto. Meu pai disse que o meu nascimento havia sido o acontecimento traumático que a fez piorar."

"Bem, ela deve ter ficado ansiosa quando estava esperando você."

"Hum, hum" — ele sorriu — "acho que este é um bom chute."

Olhando para esse músico sensível, amedrontado de se comprometer com uma mulher que o amava, pensei a respeito do mundo que ele deve ter experienciado antes do nascimento. "Você sabe como soa o batimento do coração da mãe para o bebê antes de nascer?", eu perguntei.

Ele balançou a cabeça.

Eu segurei o microfone perto da minha boca e imitei o som que eu havia ouvido ao auscultar o útero grávido. "Uoosh-uoosh..., uooshuoosh..., uoosh, uoosh...," eu entoei lenta e suavemente.

Ele olhou intrigado para mim.

"Mas quando você estava dentro do útero de sua mãe e ela estava perturbada, era isto o que você ouvia." Eu repeti o mesmo som, mas agora mais rápido e mais alto, imitando um batimento cardíaco de mais ou menos 130 batidas por minuto. "Uoosh-uoosh! uoosh-uoosh! uooshuoosh!" Depois de aproximadamente dez segundos, o músico subitamente agarrou o seu peito, cheio de medo, e começou a suar. Eu tinha precipitado um completo ataque de ansiedade ao recriar o ambiente sonoro que tinha dado forma à sua primeira experiência de pânico.

Ele tinha "lembrado".

A atitude ressentida de sua namorada dissolveu-se totalmente, e quando ela colocou os seus braços em volta dele, o medo dele diminuiu. Ele entendeu que ela não queria feri-lo e, embora o compromisso fosse um pouco ameaçador, ele não era tão incapacitante quanto a ansiedade que ele "lembrava" ao estar perto de sua mãe. Até aquele momento, ele não tinha entendido esses poderosos sentimentos iniciais, e então foi capaz, finalmente, de separar aquelas memórias do estímulo que as tinha despertado.

Quando uma memória desse tipo é acordada, a antiga emoção é experienciada como se fosse real e estivesse acontecendo de fato no presente. Ela não é reconhecível como uma memória. Não é de admirar que quando você é subjugado pela lembrança de uma ansiedade grave não pense que seja uma memória, mas que é uma nova experiência.

Sem dúvida nossa capacidade emocional para distorcer está profundamente enraizada. A persistência de memórias dolorosas do início da infância pode nos deixar confusos quanto a se algo é real no presente ou está sendo lembrado do passado. Isto pode nos inundar com sentimentos de pânico e desamparo.

As próximas seções discutem outros laços que nos ligam a sentimentos e atitudes iniciais. Quando estamos sob estresse, esses antigos caminhos ocultos podem se abrir mais uma vez, nos colocando em contato com um terror "lembrado" ou provocando uma tendência de agir de modo teimoso ou egoísta.

As origens da negação: a defesa dependente

Esta é uma cena de que a maioria das mães pode se lembrar. São duas da manhã e é hora de amamentar. A criança esteve chorando por alguns minutos. A mãe semi-adormecida finalmente caminha para o quarto do bebê para oferecer-lhe o seio. Para sua surpresa, ela descobre que o bebê não está mais chorando mas que está chupando alegremente, já fazendo o movimento de ser alimentado. Algumas vezes se a mãe chega tarde demais, o movimento de sugar já cessou por completo. O bebê poderá ter voltado a dormir, agindo como se já tivesse sido alimentado.

Considere o que acabou de acontecer. O bebê sentiu fome, acordou e chorou. Depois de algum tempo, ele "lembra" de ser alimentado. A memória de ser alimentado e a experiência real de ser alimentado são indistinguíveis para ele, que ainda não sabe a diferença entre eu e não-eu. Assim a memória e a realidade são inseparáveis. O bebê aceita a memória como real. Num certo sentido, ele alucina o seio e imagina que está sendo nutrido meramente pela memória de ser alimentado.

Quando a criança dá as costas ao mundo externo e encontra conforto em seu próprio processo mental, ela está usando a negação, a defesa psicológica mais primitiva. Este mundo interior, que existe inteiramente pelo comando do sonhador, tem o potencial para se tornar uma fuga total da realidade.

A criança que aprendeu a diferenciar entre o eu e o não-eu percebe também que não tem poder para conseguir o que quer do mundo real apenas pensando sobre isso, e percebe também que está sozinha quando os outros estão ausentes. Assim, a criança ou se retira para seu mundo interior para evitar o desconforto da privação ou dá voz a suas queixas e pede ajuda. Por um processo primitivo de pensamento, a criança pensa que o seu choro criou não só a mamadeira mas também as mãos que a trouxeram, quando o pedido foi satisfeito. Não sabendo como isso funciona, o bebê fica frustrado pelas demoras que encontra no mundo exterior. As recompensas do mundo interior imaginado ou "lembrado" são mais rápidas, mas menos nutridoras!

Se o desconforto persiste, finalmente o bebê irá parar de chorar e se voltará para dentro e para longe da dor, por não ter qualquer outro modo para lidar com ela. Quando somos mais velhos todos nós temos o potencial para negar a realidade de um mundo perturbador ao nos retirarmos para um alívio que "lembramos". As pessoas olham de modo saudoso para álbuns de fotografia que contêm rostos de pessoas que já se foram, tentando agarrar-se àquilo que já passou. Se nos apegarmos demais ao alívio encontrado em reexperienciar um momento passado, perdemos o contato com o mundo real. E quando deixamos passar o conforto que a memória trouxe, então o choque da realidade se abate de novo sobre nós. Portanto, depender demais da negação para encontrar alívio é colocarmo-nos numa situação de perdas maiores. Para as pessoas dependentes que têm dificuldades de soltar-se, encontrar este equilíbrio é uma luta para toda a vida.

Como você aprendeu a confiar

Aprender a adiar o prazer e a tolerar a dor, sem render-se completamente à negação, é a lição que todas as crianças precisam aprender para alcançar o equilíbrio emocional. A tentação de retirar-se para dentro parecerá irresistível se a dor se tornar grande demais, mas o amor da mãe dá um forte incentivo para tolerar as pequenas e inevitáveis frustrações do mundo. Novamente, as recompensas do mundo interior são obtidas rapidamente, mas não são, nem de longe, tão satisfatórias quanto as recompensas do amor materno.

A mãe que dá amor livremente está instilando confiança em seu filho. A criança fez um acordo — agüentar a dor enquanto receber em troca o amor da mãe — e ter este acordo mantido pela mãe faz com que a criança estenda essa confiança aos outros, quando for um adulto.

Diversos resultados podem acontecer quando esse amor não vem. Em alguns casos, o mundo vem em resgate da criança, e a criança é capaz de juntar a "colcha de retalhos" da afeição de diversas pessoas e dar forma a um senso de ser amado e digno de amor. Mas nem todas as crianças têm tanta sorte. A criança dependente, que precisa de amor, é vulnerável a interpretar mal *qualquer* atenção como sendo amor, não importando o quão inadequadas ou danosas essas atenções possam ser, e assim a criança acaba sendo manipulada ou até mesmo abusada.

No mínimo, uma criança cujos pais negam o amor torna-se confusa. Ela é ferida pela rejeição mas sente-se inibida na expressão do ressentimento pelo medo de ser ainda menos digna de amor e de diminuir as chances de ser cuidada. Essa raiva contida logo se transforma em culpa. É freqüente que essas crianças cresçam sem saber se fazem coisas para os pais por culpa ou por amor. Elas tendem a procurar pessoas que possam lhes dar aquilo que lhes foi negado, mas só acabam desapontadas novamente. Essas partidas falsas prolongam o processo de descoberta de sua independência e de sua crença em si mesmas, que são as lições básicas do período dependente.

Seu primeiro débito emocional

O que acontece com os ferimentos não-aliviados que um bebê experiencia nos primeiros meses? Parte de uma necessidade física não satisfeita, como a fome, é aliviada mentalmente. Um método para lidar mentalmente com essa dor é sonhar, e por esse método a criança lida com os problemas não-expressos do dia, durante o sono e por meio de uma forma simbólica, e desse modo processa o resíduo emocional. Isto é especialmente importante durante o início da vida, quando os sentimentos não podem ainda ser expressos simbolicamente pelas palavras.

Mesmo assim, algum ferimento provavelmente permanecerá não expresso. Quanto maior o ferimento, quanto maior a negligência, mais sentimentos ficam guardados. E mágoa guardada tem o nome de *raiva*.

A expressão da raiva necessita de um alvo, cujo conceito depende de um senso mais completamente desenvolvido de eu e não-eu. Essa expressão exige intenção, a habilidade de situar-se em relação à afirmativa "Eu sou". Assim, parece provável que todas as crianças tenham guardado algum ferimento não-resolvido. Este velho ferimento causa irritabilidade, a primeira manifestação da raiva e da frustração contidas. A criança que se torna doentia, que come ou dorme mal, ou que tem cólicas, pode também estar expressando esse ferimento guardado. Uma criança que tenha dificuldades contínuas em lidar com as mágoas irá passar do período de dependência para o período do controle com um depósito de raiva. Essa persistência da raiva explica boa parte da contrariedade do período chamado "os terríveis dois anos". O modo como esta raiva é expressa e como sua expressão dá forma ao caráter serão discutidos adiante.

As origens de sua imaginação

A capacidade da criança pequena de se voltar para dentro para satisfazer as necessidades é tanto a base de todo pensamento irrealista quanto a fonte da criatividade. A criança pode se voltar para a fantasia se a ajuda para aliviar a dor ou para satisfazer as necessidades não vier do mundo exterior. Se os cuidados maternos são inadequados ou se a criança sofre privações graves, ela pode começar a ficar perdida num mundo de fantasia — um padrão que é difícil de quebrar uma vez estabelecido. Isso pode causar efeitos negativos na idade adulta. Quando estamos desesperados, somos capazes de acreditar naquilo em que precisamos acreditar em vez de naquilo que realmente existe.

A necessidade de sermos amados nos torna especialmente suscetíveis ao pensamento baseado em desejo. Quem nunca imaginou encontrar um amor desesperadamente necessário, ou não exagerou a sinceridade ou completude desse amor? Não é de admirar que experienciemos tanto desapontamento mais tarde na vida quando nossas esperanças colidem com a realidade, mas é verdadeiramente admirável que nossa capacidade para imaginar não nos coloque ainda mais expectativas irrealistas e não nos faça sofrer ainda mais. O milagre é que tenhamos a flexibilidade para suportar a privação e a rejeição e ainda sejamos capazes de continuar e arriscar de novo.

Recentemente, vi uma mulher que sobreviveu a Auschwitz com sua mãe. Quando estavam no campo de concentração, a mãe tornou-se obcecada por proteger a sua filha e a envolveu em fantasias complicadas. Em volta dela as pessoas estavam famintas e eram brutalmente maltratadas, mas a mãe insistia em fingir que ia fazer torta de maçã, e enviava a filha em "missões" até a "mercearia da esquina" para buscar os ingredientes, advertindo-a: "Pegue as maiores uvas passas e canela em pau, não em pó. Assegure-se de que ele não a engane e procure bichos nas maçãs". No início, a filha ficou desconcertada por completo, e andava obedientemente pelo campo da morte com as instruções detalhadas de sua mãe passando em sua cabeça. No início, estava relutante em brincar com a mãe, mas aos poucos cedeu, primeiro para agradá-la e depois porque era algo para fazer. "Você sabe que depois de algum tempo eu até conseguia sentir o cheiro e até mesmo o gosto?", ela disse.

É claro que Auschwitz continuou a ser um horror, mas a mãe distraiu a filha de cada percepção horrível. Como resultado, essa mulher saiu do campo sem que sua capacidade de sentir alegria fosse diminuída. No campo, ela se havia unido a sua mãe a ponto de deixar que os sentimentos daquela tivessem precedência sobre os seus, retornando aos vínculos dependentes da infância para ter sustentação. É claro que quando a mãe finalmente morreu, quarenta anos depois, ela foi forçada a lamentar não apenas a perda de sua mãe mas também a perda do escudo que a havia protegido da dor.

O relacionamento que existia entre essa mãe e sua filha antes de Auschwitz não era excessivamente dependente. Era normal em todos os aspectos. Na verdade, se o período inicial de educação tivesse sido superprotetor, seria provável que a regressão que aconteceu em Auschwitz fosse mais parecida com uma psicose, e muito mais difícil de abandonar.

Usamos a nossa habilidade para tomar esse mundo único que percebemos dentro de nós e projetá-lo externamente, dando-lhe forma e substância, num esforço de tornar os nossos sentimentos compreensíveis aos outros. Este é o âmago do ato de criação. A capacidade de ocultar-se da realidade e imaginar a paz interior é a mesma habilidade necessária para sonhar com um mundo melhor, fazer ferramentas, construir civilizações e criar uma ordem social mais justa. A criatividade, o dom mais profundamente humano, nasce da maior fraqueza humana, de seu desamparo absoluto enquanto é criança. Num certo sentido, você passa a sua vida tentando criar uma parte do mundo que lhe dê conforto. A sua motivação para a criatividade vem desse período dependente, no qual você experienciou privação e a compensou em sua imaginação. A sua dor o leva a criar um mundo melhor.

As lições do período dependente

A forma pela qual uma criança pequena aprende a se sentir segura com os seus pais tem um impacto no seu modo de aprender as lições dos estágios posteriores da infância. Felizmente, as crianças demonstram flexibilidade ao se adaptar, reaprender e descobrir por si mesmas a verdade de uma situação. Embora a sua experiência inicial a prejudique, a sua vida ainda tem o potencial para ser uma experiência corretiva de reaprendizagem. A sua experiência dependente lhe ensina o consolo que pode ser trazido pela proximidade com outra pessoa. Ela também lhe revela os perigos — isto é, rejeição e desapontamento. Todas as sementes de crescimento e de evolução de uma pessoa são semeadas no período dependente. Aquilo que se segue apenas refina o desejo dependente.

As questões de dependência permanecem com você por toda a sua vida. Você desenvolve novas habilidades e demonstra novas forças, mas ainda precisa lidar com a sua necessidade de outras pessoas e com a sua solidão. É o desespero de se ver sozinho que provoca a maioria dos enganos na vida adulta, como escolher o parceiro errado, ceder à pressão de colegas e abandonar o próprio julgamento.

Excetuando-se a primeira parte do período de dependência, os estágios do desenvolvimento infantil não são separados, e as questões de dependência aparecerão seguidamente. O período de controle começa assim que você passa a dominar os rudimentos da fala e da mobilidade, quando pela primeira vez impõe sua vontade sobre seu ambiente. As questões controladoras e dependentes coexistem. A criança com necessidades dependentes e controladoras logo se verá no estágio competitivo, disputando o amor e o controle com outras crianças e com os irmãos. Essas necessidades competitivas aparecem, se combinam e se desenvolvem ao mesmo tempo que as outras. Cada criança mostra uma proporção diferente de crescimento nos traços dependentes, controladores e competitivos. Os estágios podem se sobrepor, mas o estágio dependente deixa uma marca indelével em todos nós.

Felizmente, a vida oferece oportunidades contínuas para crescermos e aperfeiçoarmos as nossas forças.

O período controlador

O aspecto controlador de seu caráter provavelmente começou a formar-se muito antes do que se convencionou pensar, em algum ponto entre três e seis meses de idade, quando você desejou pela primeira vez agir para controlar o seu ambiente.

Desenvolver a habilidade de determinar a distância entre o eu e um objeto, alcançá-lo, pegá-lo e colocá-lo na boca pode parecer uma realização modesta, mas assinala o desenvolvimento da habilidade de ter a intenção mental de realizar uma ação e de completá-la no mundo. Essas ações não implicam apenas o desenvolvimento da consciência e de escolha, mas também anunciam o sentido individual de ação pessoal que está se desenvolvendo. Desempenhos como ficar em pé, andar e falar são recebidos pelos pais com entusiasmo e prazer e assim são reforçados. Os pais medem os progressos de seus filhos e os comparam com os progressos de outras crianças. Esta é uma fonte de preocupação paterna bem como de orgulho egocêntrico. Os pais também imaginam o futuro de seus filhos pela sua forma de dominar essas habilidades, e freqüentemente investem suas próprias aspirações frustradas nos progressos realizados por aqueles. Eles percebem as mãos de um cirurgião dissecando um coelho de pelúcia, os dedos de um artista rabiscando com um lápis, as pernas de uma bailarina pulando com uma caixinha de música e os braços de um atleta jogando brinquedos para fora do berço.

Como você aprendeu a controlar os outros

Os desempenhos que produzem as recepções mais calorosas são normalmente aqueles que os pais percebem como fortalecendo os vínculos entre pais e filhos. No início a criança sorri para pessoas, ursinhos e bolas com prazer igual, mas só as pessoas sorriem de volta. Devolver os sorrisos dos pais derrete os seus corações pois o ato sugere um senso de reconhecimento e de pertencimento.

A resposta positiva dos pais fica registrada na memória da criança e reforça o seu uso crescente do domínio físico para afetar a reação de outro ser humano. É claro que como a criança é egocêntrica e tem apenas habilidades rudimentares de teste de realidade, ela acredita facilmente que pode controlar o seu mundo com um sorriso, uma ou duas palavras, ou com um gesto. Quando os seus poderes falham, ela se sente frustrada e pode tentar usar a força física para conseguir o controle.

Cada vez mais a criança se torna uma criatura de controle. Quando ela entra no segundo ano de vida, as habilidades de linguagem estão se desenvolvendo, e cada expressão vocal que ela faz causa tumulto. Ela abre o seu caminho meramente apontando os objetos, fazendo com que as mãos mágicas de seus pais peguem brinquedos das prateleiras e os tragam para mais perto. Não é para se surpreender que anos mais tarde, quando ficamos frustrados ou não conseguimos o que queremos, nós apontemos raivosamente. A mágica de apontar tem raízes profundas, conotando o poder de controlar os outros.

Durante esse período, as necessidades dependentes da criança ainda pressionam por satisfação, ao mesmo tempo que a habilidade de controlar avança. Conforme a criança reúne forças e habilidades, ela ainda mede a responsividade de seus pais a seus pedidos. As pessoas se tornam controladoras para se assegurar de que as suas necessidades dependentes sejam satisfeitas. O controle é a mágica pela qual as pessoas dependentes anseiam para manter o amor.

É natural que uma criança que está aprendendo a conseguir controle, continue a ser tratada de forma dependente por seus pais, e aja às vezes de modo dependente e às vezes de modo controlador. A habilidade de lidar com questões de dependência e de controle ao mesmo tempo indica saúde e fluidez.

Quando e por que você regride

Uma criança que esteja sob estresse, doente, confusa ou assustada por mudanças em seu ambiente, irá apresentar características de uma criança mais nova, tornando-se mais dependente. Todas as crianças caracteristicamente apresentam pequenas regressões ao confrontar medos, o desconhecido, rostos novos, ou situações novas, e isto com freqüência inclui agir de modo agarrado num ambiente novo. Mais tarde na vida, você utiliza o mesmo atalho regressivo, age de modo carente, e procura ajuda nos outros quando acontece uma situação incerta.

Uma criança controladora que pareça bem ajustada mas que tenha negado as suas necessidades dependentes ao crescer rápido demais pode tender a regredir dramaticamente em face de um revés severo mais adiante na vida. Isso é especialmente verdadeiro quando muito do assim chamado crescimento foi na verdade um tipo de fuga para a maturidade a fim de evitar a dependência de um pai ou mãe não confiável. Os delinqüentes juvenis com freqüência molham a cama quando são presos pela primeira vez, como se estivessem sinalizando para os seus carcereiros que não são bandidos, mas crianças desamparadas que ainda precisam de cuidados.

A nossa regressão para um comportamento mais infantil é comum. A defesa controladora de criar uma desculpa exige um processo de pensamento lógico e verbalizado, e o mesmo acontece com a defesa competitiva de "fazer de conta". Por outro lado, a defesa dependente da negação não exige nem lógica nem verbalização. Ela bloqueia a dor em vez de explicá-la. Na vida adulta, quando enfrentamos um estresse avassalador, tendemos a regredir, usando a negação para bloquear a dor e nos pouparmos do fardo da responsabilidade e da explicação. Apenas nos escondemos.

Descobrindo o poder das palavras

Uma criança no estágio controlador pode reagir ao estresse não só regredindo, como tornando-se obsessivamente limpa e tentando ordenar seu quarto, seus pensamentos e suas palavras para afirmar simbolicamente o controle sobre o resto do mundo. Esta é uma extensão da crença infantil na mágica: não só as coisas imaginadas podem ser tomadas como reais, mas as coisas reais podem ser controladas ao se imaginar isto. Um instrumento simbólico é tudo o que é necessário. No mundo do faz-de-conta infantil um revólver de mentira pode matar, uma varinha mágica pode transformar e uma caixa de laranjas pode chegar até a Lua. E as palavras mágicas certas, ditas do modo adequado, podem fazer qualquer coisa. As palavras têm o mesmo poder que as coisas tangíveis.

Por volta de um ano de idade, a criança está desenvolvendo habilidades de linguagem e percebe rapidamente o efeito poderoso de falar o nome de uma pessoa. Ela começa a perceber que pronunciar "mamãe" ou "papai" é a mesma coisa que chamar as figuras paternas e receber o amor delas, tirando-a da solidão. Ao agir assim, a criança está construindo as bases para um sistema de crenças inteiramente falso e para expectativas errôneas quanto a ser capaz de controlar o ambiente. Ela começa a colocar fé na palavra-ação, o conceito pelo qual uma palavra, ao ser dita, inicia ou completa a ação desejada.

O conceito de palavra-ação ajusta-se perfeitamente para a criança faminta de poder, que quer controlar a mágica do universo. É claro que a criança realmente quer o poder para evitar que seja abandonada e colocada numa posição de total dependência. E em cada momento em que buscamos o poder quando somos adultos, somos motivados em parte pelos antigos medos de ser desamparado, impotente, solitário sem amor, e incapaz de melhorar nossa situação ou de nos salvarmos. O adulto faminto de poder é na verdade uma criança amedrontada. E as crianças que são habitualmente rejeitadas quando chamam "mamãe" ou "papai" provavelmente se tornarão adultos famintos de poder, tentando ainda conseguir mais poder para controlar a resposta da pessoa amada e minimizar o risco de serem rejeitados.

Como você aprendeu a se proteger com as palavras

As habilidades de linguagem formam a base para o desenvolvimento do sistema psicológico de defesa da criança. Durante o estágio dependente, ela se voltava silenciosamente para dentro e para longe, para evitar os acontecimentos dolorosos. Essa negação não necessita de qualquer habilidade de linguagem. A criança do período controlador usa as desculpas como uma defesa para explicar a dor e limitar a sua responsabilidade e assim reduzir sua culpa e vergonha. As justificativas necessitam de lógica e linguagem para afastar o ferimento pelo raciocínio. A capacidade de encontrar desculpas se desenvolve no momento oportuno. Afinal de contas, a criança no período controlador está cometendo numerosos, pois inclina-se à exploração, a desmontar as coisas, às reações violentas e à destruição traquinas.

Uma defesa de transição, que a criança utiliza quase imediatamente quando começa a falar, aparece em algum momento entre o estabelecimento da negação e o desenvolvimento da habilidade infantil de criar desculpas. Ela parece desenvolver-se como uma imitação das primeiras tentativas dos pais para estabelecer limites, para ajudar a criança a definir um senso de fronteiras e compreender o certo e o errado. Uma palavra poderosa é introduzida em seu vocabulário. Ela pretende inibir toda atividade, e do ponto de vista da criança tem poder e mágica.

É a palavra *não*.

Não é uma resposta negativa de controle diante de uma realidade desagradável; é um estudo de caso sobre a corrupção do poder. A cena é familiar. A família está reunida para uma refeição e a criança está sendo difícil. Quando a colher se aproxima de seus lábios ela afasta a cabeça. Outro adulto assume a tarefa, confiante em suas habilidades maternais, e converte a colher em um avião aterrissando.

"Não." A criança resiste com uma confiança além de sua idade. A colher se aproxima novamente do campo de pouso, desta vez disfarçada de borboleta.

"Não", é a resposta simpática. Outro adulto, ao lado, tenta persuadir.

"Não." Outra aterrissagem é abortada. Uma discussão começa.

"Vamos!"

"Não!"

"Por favor."

"Não!"

A criança usa o *não* em diversas situações — continuamente — para manter sua vontade contra uma equipe de adultos dedicados. Eles têm habilidades de linguagem, educação, experiência, motivação, querem o bem-estar da criança do fundo do coração, e ainda assim ela os vence com uma única palavra. O poder e a eficácia desta comunicação primitiva não se perde. A criança ganha atenção e poder se ela continua a dizer não. O poder que a criança descobriu é enebriante.

A resistência e a recusa são as primeiras formas com que a criança aprende a controlar verbalmente o seu ambiente. Quando suas habilidades de linguagem aumentarem e ganharem mais poder com esta negatividade, ela desenvolverá justificativas verbais adicionais e isto a transformará num formidável adversário.

As origens do comportamento negativo

O desenvolvimento do poder é sempre acompanhado pelo abuso do poder? Aprender a falar é sempre matizado pela necessidade de resistir? A habilidade de pensar usando palavras sempre resulta em arranjar desculpas e em colocar a responsabilidade nos outros?

Qual é a fonte desta negatividade?

Um bom argumento pode ser o de que a criança está trazendo sentimentos negativos de seu passado dependente. É comum sugerirmos que os adultos têm bagagem emocional. Como os sistemas de defesa das crianças não é nem de perto tão sofisticado quanto os dos adultos, não é incoerente sugerir que as crianças, mesmo as pequenas, tenham emoções não-resolvidas do passado.

Coloque-se na posição de uma. Uma criança de dois anos reage contra quaisquer sentimentos de desamparo, resistindo raivosamente a quaisquer proibições que limitem sua autonomia ou sua habilidade de agir por si mesma, de se movimentar livremente ou de fazer aquilo que quer. Neste período controlador, sua expressão verbal e física espalhafatosa de poder é, em parte, uma expressão da raiva em relação a sua antiga vulnerabilidade dependente, e embora a criança não seja capaz de colocar a antiga mágoa em palavras, ela "lembra" dela com cada célula de seu corpo. A criança de dois anos está declarando a sua liberdade em relação à dependência, quando age de modo obstinado. Está se livrando da antiga bagagem emocional.

À medida que suas habilidades de linguagem se desenvolvem, ela é capaz de colocar as suas exigências em palavras. É capaz de dizer: "Não, não quero". Essas afirmações de poder não deveriam provocar imediatamente sentimentos de conflito no pai ou na mãe. Tenha em mente que aquilo que a criança está dizendo e fazendo de modo tão desafiador também significa: "Quero mostrar que eu não sou tão desamparada".

Esse padrão persiste nas pessoas controladoras até a idade adulta. É por essa razão que quando tentamos nos opor a uma pessoa negativa usando a força bruta só conseguimos que ela se sinta ainda mais como uma criança desamparada e fique mais negativa ainda.

Quando o seu poder é questionado e suas regras são ignoradas, os adultos controladores com freqüência se sentem como crianças teimosas de dois anos. Eles se tornam ativos fisicamente, atrevidos, invasivos e exigem obediência. Eles são motivados pelas mesmas questões que dizem respeito às crianças de dois anos, o medo de ser fraco e isolado, o pavor de admitir a sua vulnerabilidade. Os adultos controladores, agora armados com os poderes formidáveis da lógica, exageram os erros dos outros e os culpam por suas mágoas, justificando sua própria resposta raivosa pelo desinteresse ou pela desobediência da outra pessoa, quase como se fosse um *replay* da "terrível idade de dois anos". Às vezes parece que nada mudou a não ser a idade da pessoa.

Dúvidas sobre si mesmo

Você começa a compreender que existem limites à sua habilidade de controlar, embora nunca desista completamente de seu sonho de poder ou de sua crença na mágica. Você descobre que nem sempre consegue controlar os seus próprios sentimentos. Você aprende que não pode controlar os sentimentos de outra pessoa. Quando você tenta impedir que alguém o deixe, a pessoa o empurra para longe na primeira oportunidade. Então por que tentar controlar qualquer coisa se você não pode controlar nada que realmente importa? Por que você sempre tenta? Porque você não pode aceitar as suas fraquezas e está tentando ocultá-las. Você controla porque quer esconder as dúvidas a respeito de si mesmo.

Essas dúvidas a respeito de si mesmo se originam no período controlador e persistem no inconsciente de todos nós:

- Será que sou digno de amor?
- Será que sou bom?
- Será que sou forte?
- Será que sou inteligente?

Por que damos desculpas: a defesa controladora

Enquanto somos bebês, dependemos de nossa capacidade passiva de despertar amor para sobreviver, mas quando nos tornamos crianças controladoras, devemos agir de modo específico para obedecer e agradar aos nossos pais. Como essa autonomia implica responsabilidade, temos de criar desculpas para explicar nossas falhas e justificar um comportamento "ruim" e assim continuar nas "boas graças" de nossos pais. Queremos assegurar nossa capacidade de despertar amor, nossa maior dúvida sobre nós mesmos.

Conforme crescemos, somos julgados como "bons" ou "maus" de acordo com o que fazemos, enquanto anteriormente éramos considerados bons apenas por sermos nós mesmos. Criamos desculpas para negar a nossa vulnerabilidade e o medo da rejeição, e para provar que não somos culpados, ou seja, que merecemos amor. O objetivo defensivo é corrigir as ações inaceitáveis e assim ajustar uma auto-imagem de não ser digno de amor e nos tornar dignos de amor novamente. Buscamos justificativas para poder aplacar as nossas dúvidas sobre nós mesmos.

O modelo acima mostra como e por que os adultos usam as desculpas controladoras como uma tentativa de administrar a realidade com lógica.

As desculpas vão desde uma simples explicação daquilo que não deu certo até: "Estão querendo acabar comigo". Uma desculpa pode ser um argumento altamente intelectual em resposta à pergunta: "Por que você não quer se comprometer com o casamento?" ou simplesmente colocar a culpa de um trabalho malfeito nas suas ferramentas.

As suas desculpas se originam do momento em que você começou a apontar para as coisas. Ao aprender o conceito de "não-eu" e começar a apontar para aquilo que você queria, você também aprendeu a apontar o dedo e a culpar os outros dizendo: "Não fui eu".

A essência do crescimento é aprender que aquilo que dá uma sensação boa é correto, e aquilo que dá uma sensação ruim é errado, sem precisar criar desculpas. Para fazer isto você precisa confiar em si mesmo e em sua bondade intrínseca, mesmo que às vezes se confunda ou cometa erros.

O desejo de ser perfeito

O desejo de ser perfeito, que um adulto controlador tem, provém do desejo infantil de não ser culpado. As pessoas controladoras correm o grande risco de tornar-se rígidas e falhar por causa de sua insistência em sempre estarem certas, pois o crescimento real significa aceitar as suas falhas e examinar as suas fraquezas. Essas pessoas precisam sentir que estão além da crítica de modo que ninguém tenha uma boa razão para reter aquilo de que elas precisam ou para rejeitá-las. Elas acreditam que precisam ser perfeitas, apenas para estar seguras, e assim mesmo pequenas imperfeições fazem com que elas fiquem desconfortáveis e duvidem de si mesmas. Elas pensam: se podem ser imperfeitas em um aspecto,

Auto-imagem não digna de amor	**Mais**	**Desculpa**	**Igual a**	**Auto-imagem digna de amor**
Eu sou ruim.	+	Você me fez fazer isto. Você é injusto.	=	Eu sou bom.
Eu estou errado.	+	Eu tive instruções ruins. Eu fui enganado.	=	Na verdade, eu estava certo.
Eu perdi.	+	Você "roubou".	=	Na verdade, eu ganhei.
Eu sou fraco.	+	A carga de trabalho era pesada demais. Ninguém poderia ter feito isto.	=	Na verdade, eu sou forte.
Eu estou com raiva.	+	Você me machucou.	=	Eu apenas me protegi.
Eu sou burro.	+	Você ocultou fatos e deu informação distorcida.	=	Eu ainda sou inteligente.

também podem ser imperfeitas em outros. E como ser imperfeito é um fato da vida, reconhecer-se honestamente é uma ameaça contínua a sua auto-estima. Mesmo a menor crítica as leva a refutar a lógica e a observação das outras pessoas.

Os adultos controladores tendem a minimizar a importância dos sentimentos pois eles, assim como a fraqueza e a imperfeição, implicam ser vulnerável. Este é um traço trágico, pois é precisamente esta falta de disposição para ser emocionalmente aberto que faz com que as outras pessoas os afastem, provocando a própria rejeição que o seu controle tentava prevenir.

Intelectualização — o uso errôneo do poder da mente

Provavelmente a atividade menos satisfatória que você pode realizar com a mente humana é tentar usá-la para sentir. Você pode extrair um sentido de suas emoções, mas não pode sentir apenas com os seus pensamentos. Você sente com o seu corpo e com sua mente, como uma unidade sensorial unificada. A sua mente apenas ajuda a identificar a emoção que o seu corpo sente e a conecta ao fato que a causou: a realização ou a perda.

A sua mente pode apenas agir como uma válvula de segurança quando se trata de lidar com as emoções. Quando a sua mente tenta lidar com as emoções, ela administra o transbordamento raciocinando, em vez de resolver a fonte original do sentimento, e isto freqüentemente resulta num comportamento obsessivo ou compulsivo. É necessário aliviar a fonte do ferimento encarando diretamente a perda e sentindo a dor.

Todas as emoções estão relacionadas a estados corporais. As suas primeiras experiências de sentimentos não têm palavras, mas sensações físicas. Se você não sente fisicamente as emoções, está vivendo em sua cabeça. Você não pode amar com a sua cabeça. Você só sente profundamente quando sente a partir do coração. As emoções são estados sensoriais físicos, compreendidos como uma linguagem especial pela mente:

- Quando você experimenta perda, sente algo caindo dentro de você. Sente vazio como se algo tivesse sido arrancado de você.
- Quando você se sente ansioso, os seus músculos se tensionam, o seu coração se acelera, e a sua cabeça lateja. Você sua, treme e tem dificuldade para respirar. Os seus dentes começam a bater. Você está mais alerta e dá a partida facilmente, como o corredor na linha de partida pronto para correr ao ouvir o revólver.
- Quando você está com raiva, o seu corpo se tensiona. Você sente a pressão crescendo dentro de você, uma prontidão para combater o

inimigo. A sua mandíbula se contrai. Você cerra os punhos. As suas narinas se ampliam conforme inspira mais ar para corresponder às necessidades de seus músculos tensos.

- Quando você se sente culpado, sente como se um peso tivesse sido colocado sobre seus ombros. Tenta esconder os sentimentos de raiva. Os sentimentos de desmerecimento pesam sobre você, o empurram para baixo, e fazem com que você ande arrastando os pés.
- Quando você está deprimido, se sente lento, indiferente e fraco, como se a sua energia tivesse sido drenada. Você sente um fogo frio consumindo-o por dentro. O mundo exterior não o interessa.

A mente que está fora de contato com a sensação física distancia-se da realidade. Os sistemas defensivos controladores isolam o sentimento da experiência física. Esta é a fonte de muitos problemas emocionais, pois um sentimento na sua cabeça é um sentimento que não se resolve.

Quanto mais você depende de meios simbólicos e intelectuais para expressar seus sentimentos ocultos, mais parece neurótico e fora de contato com o mundo — isto é, é dirigido pelas emoções que desejaria ocultar.

As pessoas controladoras que intelectualizam estão travando uma batalha perdida contra o curso emocional de sua própria história. O seu objetivo não deveria ser controlar os seus sentimentos, mas sim ser livre para expressá-los e permitir aos outros o mesmo direito. O sentimento que motiva todas as suas ações e desculpas é o único sentimento do qual elas não podem se isolar nem corrigir — o próprio isolamento. No cerne do medo que as pessoas controladoras sentem está o pavor de ficar sozinho. O paradoxo é que o isolamento defensivo de seus sentimentos, embora lhes permita pensar que eles são perfeitos e lhes dê uma desculpa pronta para tudo, no fim das contas apenas aumenta a sua sensação de solidão, ao estabelecer mais firmemente sua conexão com suas mentes, separando-os de suas sensações físicas e do contato com o mundo exterior.

Estar isolado de seus próprios sentimentos é a mais profunda de todas as solidões. A única solução real é correr o risco de admitir os ferimentos e lidar com a dor do momento, com vulnerabilidade e simples honestidade.

Sentir plenamente é viver plenamente.

Sentir menos é viver menos.

O período competitivo

O período competitivo tem início em algum ponto antes dos dois anos de idade, quando a criança começa a expressar um senso de eu ao afirmar-se e ao agir. Traços competitivos como assertividade, confiança e iniciativa se desenvolvem na luta por sobrevivência entre irmãos e amigos, e formam os elementos constituintes do orgulho e da responsabilidade. As pessoas competitivas tentam fazer com que os outros as amem por suas realizações, enquanto as pessoas dependentes contam com sua carência para inspirar os outros a cuidarem delas, e as pessoas controladoras, também motivadas por suas necessidades dependentes, usam o controle para evitar que sejam abandonadas. As competitivas estão dispostas a trabalhar pelo elogio e pela estima dos outros.

Do mesmo modo que os outros dois tipos de personalidade, o caráter competitivo necessita de amor e precisa ter controle sobre o amor das outras pessoas, mas é também motivado a fazer ou ser algo para conseguir esse amor. Comparativamente ao caráter controlador, o competitivo é mais livre de espírito e mais disposto a correr o risco de perder o elogio dos outros. Os outros olham para a pessoa competitiva com um misto de inveja e admiração, desejando ter a mesma coragem ou os mesmos talentos. Eles ficam impressionados com o que uma pessoa controladora possui ou controla, mas admiram o estilo, ou o charme, ou a graça, ou a beleza, ou a inteligência da pessoa competitiva.

Como você aprendeu a competir

Se os períodos infantis de dependência e controle foram bem administrados, numa relação amorosa entre você e seus pais, você deveria sentir que a sua aceitação em casa requer apenas que seja gentil e obedeça às regras da casa. No mundo exterior, você encontrou um conjunto de padrões mais duros, e é a isto que a competição se refere. Você foi comparado a outras crianças. Nesse momento teve de provar o seu valor para uma nova audiência.

Seu desempenho exterior também parece influenciar o modo como os seus pais se sentem a seu respeito. Mesmo que eles tentem disfarçar, parecem ficar um pouco desapontados quando você não compete bem, talvez aumentando ainda mais o seu senso de ter falhado, ao pressioná-lo para que tente com mais empenho ou se desempenhe melhor. Se você não se sentia amado antes, agora sente que tem de ser o melhor em tudo para compensar.

Você não pode escapar dessa necessidade de provar o seu valor, independentemente de quão talentoso seja. Outras crianças parecem ser mais bem dotadas ou mais corajosas meramente porque fizeram o que você ainda não tentou. Elas estão no auge. Você define as suas deficiências no espelho que os seus coleguinhas lhe dão.

E você não só encontrou outras crianças que eram mais experientes, mais fortes, mais inteligentes, mais rápidas, mais bonitas, mais bem-vestidas, mais populares e mais confiantes, como também começou a aprender na escola a respeito dos grandes homens e mulheres que eram brilhantes desde muito jovens. Descobrir que Mozart escreveu uma sinfonia quando tinha oito anos o deixou cheio de admiração, mas também cheio de dúvidas torturantes a respeito de seu próprio valor. Onde você pode se encaixar nesse mundo imenso e aterrorizante? Essa questão persiste por toda a vida.

Aprendendo a "fazer de conta": a defesa competitiva

Assim que viu outras pessoas fazendo coisas que você não conseguia, tentou imitá-las. Uma visão familiar é uma criança pequena indo até o piano e batendo nas teclas, enquanto um irmão mais velho está tocando. Normalmente, o resultado é barulho, mas a criança está convencida de que está de fato fazendo música. Enquanto era criança bastava "fazer de conta" para convencer-se de que você estava fazendo a mesma coisa que os mais velhos: jogar bola, mover peças de xadrez no tabuleiro ou pintar um quadro. No início não importava a qualidade do esforço. A sua imaginação supria as deficiências e fazia com que tudo ficasse bem. Essa atividade de imitação inicial formou a base para seu fingimento posterior, ou seja, apenas ficar agitando.

Mais tarde, quando os seus esforços começaram a ser medidos e corrigidos, você encontrou comparações difíceis entre o ideal que buscava imitar e o seu trabalho real. Você se encolhia ao ser julgado e pode ter-se retraído enquanto alguém tentava instruí-lo sobre o modo correto de tocar piano ou pintar. Você queria fazê-lo do seu próprio jeito. Queria tocar e "fazia de conta" que seus esforços eram reais, bons e valorosos. O mundo começou a exigir mais de você, e você começa a comparar as casas e árvores que desenha com os trabalhos de seus colegas na escola. Se descobriu que não poderia desenhar tão bem quanto eles, você "fez de conta" que o modo como seu trabalho saiu era exatamente o modo como desejava, e que gosta dele desse jeito.

Quando você se desapontou com o seu desempenho escolar e atlético, pode ter negado o seu incômodo, criado justificativas para os seus esforços, ou mais provavelmente ter "feito de conta" que não se importava, dizendo que não estava interessado o bastante para dar o melhor de si mesmo. Na verdade, estava com medo de ser avaliado, e tentou preservar a sua crença de que era tão bom quanto fingia ser. Uma imagem comum apareceu: imaginar-se como um sucesso, ganhando um prêmio, o aplauso e a adoração de um estádio cheio de fãs. Esta imagem às vezes atuava como um guia para ajudá-lo a visualizar o sucesso; em outros momentos era irreal e o levava a tentar um objetivo alto demais e causava o seu fracasso.

Se você fingia demais, corria o risco de viver num mundo imaginário, fantasiando o sucesso em vez de trabalhar para superar as suas falhas. Esconder as suas deficiências e desapontamentos ao fingir que eles não existiam ou que você não se importava com eles, ou fugindo para a fantasia, forma a base para um modo de lidar com as suas falhas, pelo fingimento que continua a ser usado até sua vida adulta.

Aprendendo a agradar a si mesmo

Se você teve sorte, durante o período competitivo aprendeu com seus pais a ficar satisfeito consigo mesmo, sem precisar ser uma celebridade ou um gênio. A aceitação que seus pais tinham de si mesmos, sem serem perfeitos, deu-lhe confiança. Você aprendeu que está tudo bem em amar a si mesmo, exatamente como você é. Entretanto, se seus pais eram inseguros a respeito de seu próprio valor, e tentavam fazer com que realizasse aquilo que eles não podiam, você sentiu uma grande pressão para a realização, não só para provar a si mesmo, mas também para agradá-los, para satisfazer seus anseios frustrados e com isso conseguir o amor deles. No fundo de sua mente, pode ser que você ainda espere que o seu sucesso possa fazer com que seus pais se sintam melhor a respeito de si mesmos, o que é um desejo distorcido de agradar aos outros, pois, mesmo que vença, algo ainda estará faltando.

Você começou a estabelecer a sua identidade ao observar os seus pais, acreditando que eles eram poderosos e inteligentes, o tipo de pessoa que você esperaria ser algum dia. À medida que foi ficando mais velho, percebeu que poderia ter superestimado o valor deles. Normalmente, este é um momento de grande desilusão, pois ao reconhecer as limitações de seus pais, você teme que possa prever as suas próprias.

Quando seus pais não estão felizes

Se os seus pais eram saudáveis, eles desejavam que você tivesse uma vida melhor, que evitasse os erros que eles cometeram, que tirasse vantagem das oportunidades que eles lhe davam, e aprendesse as lições que lhes custaram tanto a aprender. Entretanto, você só pode aprender uma parte pelo exemplo ou pela instrução. Você precisa aprender suas próprias lições por sua própria experiência. Durante o período competitivo, pais saudáveis davam-lhe um apoio sistemático que lhe permitia falhar sem perder a crença em si mesmo ou no amor deles. Você era capaz de arriscar com confiança, sem ser distraído pela necessidade de agradar aos outros.

Todos pagam um preço pelos fracassos profissionais e frustrações da vida de seus pais. O senso de sucesso e de fracasso de seus pais tem uma influência duradoura sobre o seu próprio senso de realização. Se os seus pais não tiveram ajuda de seus próprios pais e se colocam a culpa de seus fracassos naquilo que lhes foi negado, eles podem ter inveja de todo o apoio que dão a você. Pais assim podem tentar assumir os méritos dos esforços que você fizer ou tentar diminuir as suas realizações. Podem também afirmar que teriam se saído melhor do que você, se tivessem tido as mesmas oportunidades. Se a falta de amor-próprio de seus pais limita a habilidade que eles têm de gostar de suas realizações, esta situação cria frustração, ressentimento e vazio em você, especialmente se você ainda desejar provar a si mesmo e agradar a seus pais.

Não é aquilo que seus pais realmente realizaram ou aquilo que você criou que determina a atitude deles em relação a você, mas sim o modo como eles se *sentem* em relação a seus próprios desempenhos. Leopold Mozart, um compositor de terceira, mas um grande professor de violino de sua época, anunciava para quem quisesse ouvir, durante os concertos do jovem Wolfgang: "Eu sou o pai", como se o gênio de seu filho fosse uma prova de sua genialidade. Wolfgang compensou a atitude distante de seu pai, tornando-se um fanfarrão e um exibido, determinado a conseguir por si mesmo aquilo que seu pai não lhe daria. De modo característico do tipo competitivo, ele abertamente fazia a si mesmo o elogio que achava que ninguém mais teria o gosto ou a sensibilidade para fazer. Você pensaria que um homem com o talento legendário de Mozart seria suficientemente seguro para ser generoso, mas a necessidade que ele tinha de diminuir os outros compositores revela a insegurança residual que sentia nas mãos de seu pai, infeliz e controlador, e a necessidade de diminuí-lo junto aos outros compositores.

Os bons desempenhos por si só não são suficientes para lhe dar auto-estima, mas eles se constroem e confirmam o seu sentido anterior de ser amado. Nenhuma quantidade de aplauso exterior poderá jamais mitigar um sentimento interno de dúvida sobre si mesmo, ou compensar plenamente um pai sem amor. Você vacilará até que possa declarar por si mesmo que é digno de amor, bom e valoroso por seus próprios padrões, e decida amar e aceitar a si por si mesmo. Você precisa aprender que é digno de amor não apenas porque outra pessoa o ama, mas porque você ama a si mesmo. Aprenda a ver cada um de seus desempenhos, por direito próprio, com uma identidade própria, além de você mesmo, como um trabalho bem-feito, e então passe para a próxima tarefa. Nenhum trabalho ou desempenho, por maior que seja, pode confirmar o seu direito de ser amado, se primeiro você não amar a si mesmo e perdoar aqueles que não o amam suficientemente.

Auto-estima

O objetivo do período competitivo é o estabelecimento da auto-estima. Mas especialmente quando você é jovem, é muito mais fácil ligar a estima a pontos externos do que a uma crença em seu valor inato. A sociedade, os grupos de amigos, a publicidade e sua própria falta de auto-estima o levam a adquirir símbolos materiais de sucesso para se sentir bem durante este período. Quando você era uma criança, estes símbolos eram brinquedos melhores, uma viagem à Disneylândia, ou um caro equipamento esportivo. Como um adulto competitivo, você se vê dirigindo um carro da moda, ou morando numa casa grande, usando um relógio da moda, ou vestindo as roupas certas. Isso é realmente uma contradição, porque ficar igual a todo mundo é exatamente aquilo que, como adulto, você não quer. Como uma criança, queria ser aceito, mas não queria ser visto como inferior nem ser excluído por ser diferente. Você não confiava o suficiente em suas diferenças para desenvolvê-las, mostrá-las e valorizá-las como sua própria unicidade. Quando duvidava do fato de ser especial, tentava esconder isto, aparentando ser igual aos outros, procurando conseguir as aquisições simbólicas e aceitação de seus amigos pois estes eram padrões mais fáceis de alcançar do que definir sua própria qualidade. E, se como a maioria de nós, você é um adulto competitivo, ainda faz isso.

Esse temor de definir a si mesmo é a crise do período competitivo. Neste período os fracassos podem ter um efeito devastador, pois estes são os primeiros fracassos que conhecemos. Você desejaria se esconder da verdade que, segundo a sua crença, o seu fracasso confirmou. Você acredita erroneamente que provou não ter valor, em vez de simplesmente aprender a lição dos seus erros, e reconhecer que ainda tem trabalho a fazer. Vendo crianças brilhantes chegarem ao sucesso com aparente facilidade, e não entendendo o trabalho e a preparação que foram necessários para o sucesso delas, você acredita falsamente que o sucesso deveria ser fácil, que um gênio não tem de trabalhar, que se tivesse um dom ele faria tudo por você. A lição real que você precisava aprender era: todos lutam e é a luta que define o seu dom e dá forma a seu estilo. É neste período que algumas crianças começam a se esconder e perdem a própria identidade ao se "encaixar", adotando padrões externos mais fáceis, buscando segurança ao invés das perigosas exposições do eu. Existe uma atração sedutora pela mediocridade, e ao mesmo tempo existe um enorme incentivo para se sobressair. Onde e quando as crianças encontram coragem para assumir os riscos da exposição, testar seu valor real e arriscar perder sua crença em si mesmos? Esta questão vive dentro de todos nós.

Escolhas fluentes

Como já vimos, as necessidades dependentes e controladoras estão presentes por toda a infância e continuam a exercer influência durante o período competitivo. O uso que você faz dos três tipos principais de defesas durante a infância é fluido dependendo da ameaça que está confrontando. Você se oculta da dor da perda de amor pela dor da negação, você administra a perda de poder ao criar justificativas, e evita a perda de estima "fazendo de conta". Quão rigidamente mantém as suas defesas depende de sua disposição para assumir a responsabilidade e os riscos, o que por sua vez depende de sua autoconfiança, de sua crença de que é amado e está seguro. Resumindo, você precisa sentir que não vai perder tudo se falhar.

É notável a rapidez e a naturalidade com que uma criança pode mudar as posturas defensivas. A criança testa as nossas defesas competitivas quando se sente corajosa e retorna às defesas controladoras e dependentes quando está menos segura. Esta fluidez é o fator mais importante no crescimento saudável; um processo de experimentar até encontrar o sapato emocional mais confortável.

Há pouco tempo, minha mulher e eu acompanhamos outra família numa escalada das Cataratas do Rio Dunn na Jamaica. A criança mais velha, Sabrina, tinha nove anos e estava cheia de entusiasmo, querendo correr à frente de todos até o alto. Talya, de dois anos, ficou numa trilha com a babá, contente por identificar as pessoas pelo nome quando as via.

Mallory tinha sete anos e parecia intimidada pela força da água, estava na praia olhando para as cataratas, incerta sobre a decisão de fazer a escalada. Mallory mencionou que poderia acompanhar sua irmãzinha Talya e subir pela escada até o alto. "Eu não tenho certeza", ela disse, olhando para os seus pés. "Eu não sei se consigo fazer isto. É muito difícil para uma criança."

Convidamos Mallory a escalar conosco. Explicamos como escalar as rochas, quais eram as partes escorregadias, e como encontrar um apoio firme para os pés. Explicamos também que se ela planejasse cada passo e desse um passo por vez, estaria bem.

Mallory pareceu ficar animada ao encontrar um método para dominar a subida e seguiu-nos cautelosamente, parando sempre para fazer perguntas. Ela ouvia cuidadosamente cada nova instrução, e depois de umas algumas centenas de metros de subida, parecia ter pego o gosto. Na verdade, começou a se distanciar de nós, expressando alegria. Conforme subia, em vez de procurar conforto, nos contava qual o perigo que havia acabado de dominar, embora fosse óbvio que ainda se sentia um pouco insegura. Ela era um exemplo perfeito de uma criança desenvolvendo o domínio sobre uma dificuldade, típica de sua idade de estágio de desenvolvimento. Nenhuma desculpa! Ela estava aprendendo como controlar uma situação difícil.

Mallory de repente alcançou a sua irmã mais velha e, sentindo-se encorajada por suas últimas realizações e vibrando com um senso de poder recém-adquirido, desafiou Sabrina para ver quem conseguia chegar primeiro ao topo da próxima subida. Esta era uma subida especialmente difícil, mas Mallory foi "rápida no gatilho". Ela se puxou pelas mesmas torrentes que apenas alguns momentos antes, na praia, haviam feito com que duvidasse de si mesma. Sabrina empurrou Mallory, tirou-a do melhor caminho, e "acidentalmente" deu um jeito de pisar no pé dela quando ela chegou perto demais. Mas Mallory, sendo menor e talvez oferecendo menos resistência à água, foi em frente, e a disputa terminou num empate.

"Eu venci", declarou Sabrina, batendo palmas e pulando.

"Você roubou", respondeu Mallory. "Você me empurrou."

"Falta de espírito esportivo! Você perdeu", retrucou Sabrina.

"Eu não perdi e vou provar." Mallory apontou para as quedas logo acima. As duas meninas correram para o topo. Sempre diplomático, declarei que a disputa estava empatada e esperamos que os pais das meninas chegassem. Uma série de piscinas calmas e um terreno plano, a parte mais fácil da subida, esperava por nós. Quando a mãe delas chegou, Mallory subitamente fingiu-se desamparada e procurou ansiosamente a mão de sua mãe, fingindo subir com grande dificuldade em algumas rochas planas e secas na borda da piscina. "Ajude-me", ela pediu, cheia de terror fingido, agindo de modo totalmente dependente e representando o seu papel de modo tão convincente que parecia dominada pelo seu próprio desamparo, e perdia o pé mesmo no chão plano. Esta era a mesma criança que, momentos antes, havia disputado em igualdade, escalando rochas escorregadias através de uma torrente de água.

O seu medo original das quedas havia provocado em Mallory um desejo dependente de evitar o perigo e ser como a sua irmã mais nova. O seu desejo de dominar o medo das quedas a levou a uma solução controladora. A presença de sua irmã provocou uma disputa competitiva. E finalmente a presença de sua mãe evocou um falso desamparo dependente. Todas essas respostas foram plenamente vividas pela mesma criança num período de quinze minutos.

Qual o pai que não teve a experiência de falar honestamente a uma criança de oito anos e ficar maravilhado com a sensibilidade e compreensão amadurecida dela e, apenas poucos minutos depois, ser chamado urgentemente para salvar um irmão mais novo da crueldade opressora dessa mesma criança e, então, dentro de um momento, vê-la lamentando-se sombriamente porque sente que ninguém a ama?

O período que precede a adolescência é uma mistura dos três períodos anteriores. O comportamento de uma criança é determinado tanto pelo estímulo para o comportamento quanto pelo caráter dela, uma espécie de definição situacional do tipo de caráter. Portanto, uma criança provavelmente agirá de modo dependente quando uma situação específica fizer com que ela tema o abandono. Uma criança que se sente impotente criará uma desculpa para controlar a situação. Outra, cuja auto-estima esteja baixa na aula de matemática, se tornará competitiva no pátio da escola. É claro que tudo pode mudar num instante.

Encontrando a si mesmo

O período competitivo refere-se a aprender a definir e a buscar o seu próprio talento, iniciando a busca de sua própria identidade, de sua unicidade e característica especial. É necessário desenvolver esta identidade de modo que você não se apóie mais nas outras pessoas para se sentir bem consigo mesmo, como faz um pessoa dependente, nem precise controlar os outros para ter senso de poder.

Este é um objetivo para toda a vida que apenas começa nos anos da pré-adolescência. Os pais e a escola com freqüência incentivam as crianças a alcançar a unicidade ao apontar aquele no topo como o melhor. E embora a busca de ser o melhor tenha o seu próprio mérito, é facilmente distorcida se se tornar um substituto para a busca de si mesmo.

O problema deste período é o fato de ser sempre mais fácil ser melhor do que outra pessoa do que dar o seu melhor. Afinal de contas, dar o seu melhor significa correr o risco de descobrir exatamente o quanto você é bom realmente. Este é o medo de todas as pessoas competitivas. Elas competem pelo lugar no topo em vez de olhar para dentro para encontrar o seu talento único. Elas se tornam adultos que aceitam o prêmio de "o melhor vendedor do mês" inundados pela plenitude momentânea de serem reconhecidos, mas logo descobrem que a glória é passageira. Quando você não se realiza plenamente, os objetivos substitutos dão apenas um acréscimo, uma satisfação efêmera.

O único sentimento duradouro de realização, de doar o seu talento interior, tolerando as limitações deste, e ainda estando disposto a compartilhá-lo em sua incompletude e imperfeição, desenvolve-se no processo de doação.

Crescendo

A sua habilidade de crescer e estar aberto a seus sentimentos continua a depender de sua dedicação à verdade e de sua disponibilidade de assumir a responsabilidade por sua vida. Isso nunca é fácil de fazer. No início, a energia e a vitalidade puras de juventude são suficientes o bastante para mantê-lo na estrada do sucesso, sem ter de examinar a sua vida. Se você enfrentou dificuldades enquanto estava crescendo, provavelmente terá uma tendência marcante a usar um sistema defensivo específico quando estiver sob estresse.

O modo pelo qual um estilo defensivo específico é ativado, quando você é mais velho, depende do tipo de perdas que você experienciou e de sua disponibilidade para confrontar diretamente os problemas. Você tem o potencial para agir de modo dependente, controlador ou competitivo, pois passou pelos três períodos de desenvolvimento. Contudo, é comum que uma resposta emocional específica, típica de seu caráter, predomine em situações de estresse. Mas mesmo que você seja bem equilibrado, maduro, e esteja em contato com os seus sentimentos, uma perda específica ainda terá o poder de despertar antigos sentimentos não-resolvidos e reações de defesa:

- Uma perda de amor desperta sentimentos de dependência e o leva a negar a sua dor e a duvidar de sua habilidade de ajudar a si mesmo.
- Uma perda de poder ou de influência ativa a sua necessidade de controle. Você responsabiliza os outros e cria desculpas para as suas falhas.
- Uma perda de estima faz com que você se sinta derrotado. Você busca vitórias fáceis para amenizar o seu ferimento e "salvar a cara" e "fazer de conta" que as coisas não são tão más.

Em geral, quando o perigo passa você retoma o seu equilíbrio e cumprimenta o mundo de forma imparcial, contando a verdade a respeito da situação pela qual acabou de passar, admitindo a sua responsabilidade perante seus amigos e você mesmo e finalmente cresce com a experiência e segue em frente. Às vezes são necessários mais alguns erros para que você compreenda que é responsável por aquilo que acontece com você, mas a realidade é paciente e continua a dar-lhe exemplos até que você aprenda. Pode levar anos, décadas, uma vida inteira. Coragem!

Os seus traços de caráter na vida adulta

Portanto, à medida que o tempo avança, as situações de estresse fazem com que os traços de cada período de desenvolvimento reapareçam, fiquem proeminentes, fundam-se e desapareçam gradualmente. As questões dependentes como ser amado, estar em contato com a família, estabelecer raízes e ter amigos são especialmente importantes quando você é um jovem adulto. Nos anos seguintes, as preocupações controladoras se tornam mais importantes: desenvolver uma esfera de influência, atingir a segurança e estabelecer uma independência financeira. Quando você tem trinta ou quarenta anos, os seus traços competitivos vêm à superfície à medida que você luta para obter sucesso e estima, arrisca-se a falhar, abandona o núcleo familiar para encontrar a si mesmo. Mais tarde, conforme a aposentadoria se torna uma realidade, os medos de perder o controle e o poder se tornam proeminentes novamente. Na velhice, você começa a depender cada vez mais dos outros e as preocupações dependentes reaparecem.

Cada um dos três tipos de personalidade experiencia também reações diferentes à passagem das décadas, e estas reações estão esboçadas na tabela das páginas 73-6.

Mudando e crescendo

Você sempre terá o mesmo tipo de caráter. Quando muda para melhor, você passa a extrair seu comportamento mais de suas forças e menos de suas fraquezas. Embora possa crescer em direção a ser o melhor de si mesmo, você nunca deixa de ter o potencial para agir de forma defensiva quando estiver sob estresse.

Como você corrige as suas deficiências de caráter para se tornar uma pessoa mais inteira? Como você começa a crescer e a desenvolver um senso de maturidade e independência que permita aos outros serem livres enquanto você se empenha em ser o melhor de si mesmo? Você precisa não ficar preso aos padrões passados de respostas negativas. Você pode aprender a funcionar como uma pessoa espontânea e tornar-se livre.

Você faz isto ao se tornar consciente do estresse que lhe pode causar mais dano, ao entender os seus sentimentos e ao expressá-los honestamente. Apenas desta forma é que você pode evitar o débito emocional incapacitante.

Ao compreender como cada estágio de seu desenvolvimento contribuiu para a sua personalidade, você já começou a andar no caminho da liberdade emocional. Agora precisa aceitar a pessoa que você é. O Capítulo 4 o ajudará a reconhecer as forças e as fraquezas de seu caráter, e o tornará consciente dos preconceitos emocionais que sabotam a sua jornada de crescimento. Para extrair o máximo desta informação você precisa aceitar tudo o que lhe aconteceu. Tudo isso foi necessário para trazê-lo a este momento. E então a Parte II deste livro lhe mostrará como livrar-se do débito emocional das suas fraquezas de caráter, e agir confiantemente a partir de sua força.

No final das contas, liberdade emocional significa sentir-se bem a seu próprio respeito — sentir-se digno de amor, forte, valoroso e capaz. O processo leva toda uma vida, mas cada passo que você dá lhe proporcionará um novo estímulo e confiança. Você já está na estrada certa.

Década	Marcos comuns	Marcos dependentes	Marcos controladores	Marcos competitivos
Pré-adolescência	A identidade é definida por pertencer, realizar, ou pela atividade. É mutável e fluida: adulto e para cima, hoje; infantil e para baixo, amanhã. Os meninos, em matilhas, escondendo-se das meninas, nos clubes.	Aperta-se com muita força nos próprios limites por medo de ficar sozinho ou de ofender os pais. Imagina, e se...?	Quer ser o primeiro em tudo. Perder é devastador. Odeia as falhas e as esconde.	Sinais iniciais de rigidez: leva a sério demais as regras, as notas, a religião. Teme ser punido se sentir raiva. Perfeccionismo. Início dos distúrbios alimentares.
Adolescência	Início da rebelião, teste de identidade, eu *versus* o grupo. Corre riscos nos esportes, no trabalho e nos relacionamentos.	A rebelião é minimizada; esconde-se em casa ou busca segurança no amor; a ansiedade limita o correr riscos.	É atraído por notas, trabalho, qualquer coisa que proporcione uma forma concreta de medir o valor.	Busca aplauso, popularidade, agradar aos outros. Tem medo de mostrar o eu real.

Década	Marcos comuns	Marcos dependentes	Marcos controladores	Marcos competitivos
20 anos	A rebelião diminui. Você termina a escola, testa o seu valor, experimenta viver por si mesmo, apaixona-se, casa, tem sonhos, sobe na vida, melhora o seu currículo, redefine os seus objetivos.	Adia o momento de sair de casa ou pode casar-se prematuramente. Ainda se encontra sob a influência das regras de outra pessoa. Os pais e a segurança são importantes demais.	Pode estudar demais, ficar tempo demais na escola. Objetivos: perfeição, um sistema que funcione, influência e segurança. Quer estar no poder.	Vai com toda a força à frente; objetivos materiais. O nível de energia é alto. Trabalha demais. Busca atingir o topo na vida. Instável.
30 anos	Você deseja mais significado e mais sucesso. Os fardos financeiros aguçam os seus objetivos. Ponto alto da ambição e da motivação. Os sentimentos têm importância. Você começa a resolver antigas pendências.	Questões de família e de segurança dominam e inibem o crescimento; também causam ressentimento. A ansiedade é comum e dificulta o crescimento.	Pode se casar com um parceiro mais fraco para se sentir no controle. Adia os riscos reais, e em vez disso constrói uma base de poder. Fala sobre dinheiro e regras.	É impulsionado para a frente pelas vitórias; negligencia tudo pela carreira. Liga-se a sucesso, fama, novos mundos a conquistar.

Década	Marcos comuns	Marcos dependentes	Marcos controladores	Marcos competitivos
40 anos	Você fica confortável. A responsabilidade aumenta. As primeiras doenças o lembram de sua mortalidade, diminuindo o seu ritmo. Você pára de se enganar. É mais honesto, mais focado na realidade.	As questões de família e segurança se intensificam. O marido ou a mulher e os filhos podem lutar para se livrar da sufocação e podem finalmente se rebelar.	Pode assumir riscos não-realistas. Ao chegar ao topo, agarra-se ao poder. Exige respeito. A autonomia dos filhos é ameaçadora. Está construindo uma dinastia.	Vencer ainda é importante, mas a energia não é mais como costumava ser. "Para que tudo isto?" Olha para dentro buscando objetivos. Sente-se enganado. Ainda um pouco perdido.
50 anos	Crescimento emocional real. Você sabe o que tem de fazer. Suas opiniões têm importância. A economia, a amizade e o poder de decisão governam. Você lidera; os outros o seguem. Apóia os pais e os filhos. Auge da responsabilidade familiar.	Dificuldade em soltar os filhos e ver o ninho vazio. Os filhos resistem ao contato. Pode ser uma época de depressão. Pode começar a assumir riscos para se encontrar e definir uma identidade independente.	Dificuldade em soltar o controle familiar. Tem necessidade de fugir para ser livre. Sofre com a solidão. Tem doenças relacionadas ao estresse. Pode assumir riscos desesperados para provar a força.	A energia não é como costumava ser. Tem de focar-se e ser mais introspectivo. Faz grandes aquisições quando obtém sucesso, muito estressado quando não consegue. Objetivo real?

Década	Marcos comuns	Marcos dependentes	Marcos controladores	Marcos competitivos
60 anos	Você perde amigos para a doença, aproveita melhor o tempo, diverte-se e viaja, opina mais abertamente. As crenças falsas desaparecem gradualmente.	Passa a depender dos filhos. Alto potencial de depressão, remorsos.	Torna-se rígido frente à mudança. Agarra o capacete, sabe de tudo, mantém o curso e a direção.	Olha por sobre os ombros para os competidores mais jovens. Imagina qual a razão.
70 anos	Você abandona as lutas sem significado, sente o perfume das flores, cuida dos outros. A empatia aumenta.	Os filhos tomam a direção dos negócios. A dependência aumenta.	O controle mascara a força em declínio. Teme a dependência. Não tira o capacete.	Fala a respeito de como poderia ter sido, se houvesse mais tempo, mais sorte.
80 anos	Você tenta permanecer saudável e independente. Cada dia tem importância.	Dependência total a contragosto dos filhos.	Firma-se em seu modo de ser, argumenta.	Fala sobre os bons tempos antigos.

4

Compreendendo o seu tipo de caráter: examinando suas forças e fraquezas

"Não posso acreditar que agi desse jeito — novamente. Quando é que vou crescer?"

Não há nada tão doloroso quanto perceber que você feriu alguém que ama, perdeu o controle, ou agiu como um idiota. Humilhar-se é o desapontamento mais doloroso, e nenhuma prisão o prende mais firmemente ou o aterroriza tanto quanto acreditar que está desesperadamente amarrado pela parte mais fraca de seu caráter.

Se alguém puder lhe causar mal, bagunçar a sua vida, tumultuar os seus relacionamentos amorosos ou impedi-lo de ter sucesso em sua carreira, esta pessoa provavelmente será você mesmo. As inclinações negativas ocultas de sua personalidade fazem mais para estragar as suas chances do que todos os seus inimigos juntos.

Você não precisa continuar a ser assim. Pode parar de dar as respostas automáticas que lhe causam problemas. Pode escolher fazer aquilo que realmente deseja. Pode tornar-se o seu aspecto.

O objetivo de encontrar a liberdade emocional é quebrar esse ciclo autodestrutivo de agir no escuro.

Já deveria estar claro que a maioria dos hábitos que lhe causam problemas é remanescente dos estágios iniciais do desenvolvimento. Você não pode mudar o modo como foi criado, mas pode conseguir mais compreensão a respeito de quem é e de quais são as suas fraquezas. Este capítulo explora as forças e, especialmente, as fraquezas de cada tipo de caráter para conscientizá-lo daquilo que o impede de obter sucesso quando busca os seus objetivos. Examinar honestamente esses traços de caráter, com os olhos bem abertos, o ajudará a estabelecer objetivos realistas e atingíveis para baixar as suas defesas e atingir a liberdade emocional.

A infância é uma preparação para lidar com o estresse da vida adulta. Cada um dos estágios pelos quais todos passamos nos deixou questões cuja resolução continua pela vida adulta. E cada estágio nos ensinou valiosas lições de vida:

- O período de dependência cria a base sobre a qual mais tarde construirá os relacionamentos, e também determina como você aprende a valorizar as outras pessoas. Obviamente, mesmo que você tenha passado sem dificuldade pelo período de dependência, aprendido a confiar e formado laços pessoais íntimos, ainda não está imune à dor quando uma pessoa o abandona mais tarde na vida. Contudo, estará mais bem preparado do que alguém que tenha tido pouco afeto dos pais durante o estágio dependente, e provavelmente terá menos probabilidade de sentir-se oprimido quando encarar as perdas nos relacionamentos.
- Se você alcançou o equilíbrio quanto às questões controladoras, aprendeu a sentir-se suficientemente bem consigo mesmo para permitir que os outros sejam livres. Você ainda experienciará frustração e impotência quando, mais tarde, estiver lidando com reveses financeiros, mas será mais flexível com esta experiência do que alguém que já desenvolveu atitudes rígidas de controle.
- No período competitivo, você aprendeu que precisava competir para ter reconhecimento e atenção. Mesmo que você tenha superado a competição do final da infância, ainda pode se ver competindo com seus colegas mais tarde na vida, mas estará muito menos preocupado em vencer simplesmente para estar à frente dos outros do que alguém que tenha sofrido uma grave humilhação durante o período competitivo, e agora tem de vencer a qualquer custo. É claro que você também será mais realista quanto aos riscos que devem ser assumidos.

Seu potencial positivo e negativo

Você tem a capacidade de iniciar os seus pensamentos e ações a partir de uma posição de força e confiança, de verdade e de auto-aceitação, em vez de partir de seus traços fracos de caráter. Considerado em seu melhor aspecto, cada tipo de caráter tem muitos recursos valiosos. Uma pessoa independente, calorosa com sua família e membro de equipe pode ainda ser, no seu âmago, uma pessoa dependente, mas alguém que tenha crescido em direção a seu potencial positivo. Um empresário organizado, que motiva os outros a dar o seu melhor, pode ainda ser uma pessoa controladora, mas alguém que desenvolveu crença e confiança suficientes em si mesmo a ponto de ser capaz de incentivar os outros a agirem livremente. Por fim, um artista criativo e auto-realizado é ainda uma pessoa competitiva, mas alguém que busca o seu melhor ao competir consigo mesmo.

Você também mantém alguma herança de traços negativos dos três períodos de desenvolvimento. Algum potencial negativo para agir de modo dependente e negar a realidade, para controlar as pessoas e criar justificativas para as suas falhas e para competir com os outros "fazendo de conta" que não se importa, permanece com você mesmo quando você está feliz e tem sucesso. A parte restante deste capítulo irá ajudá-lo a tornar-se consciente daquilo que evoca esses traços negativos. Ser incapaz de reconhecer e compreender os seus traços negativos é o que o impede de ser livre.

Para remover os obstáculos de seu caminho em direção à liberdade emocional, você irá examinar as suas forças e fraquezas, os seus pontos cegos e as palavras-chave que definem a dinâmica de cada caráter. Conforme você lê, tenha em mente o tipo de caráter em que você parecia encaixar-se melhor no Capítulo 2.

Forças e fraquezas dependentes

As forças e as fraquezas de seu caráter dependente se relacionam todas a sua habilidade de estabelecer vínculos com as pessoas. As suas forças dependentes o levam a tornar-se parte de uma família ou de uma equipe, a se preocupar com estabelecer segurança e consistência. As suas fraquezas dependentes refletem a sua crença de que você não pode sustentar-se sozinho e de que você precisa de outra pessoa para se sentir completo, para impedi-lo de ficar solitário, ou para deixá-lo seguro e feliz. As forças de seu caráter dependente são percebidas quando você assume a independência e contribui para o bem-estar dos outros. As suas fraquezas dependentes predominam quando você tem expectativas irreais, tais como uma necessidade de ser cuidado, ou salvo quando se sente abandonado. Nesses momentos os anseios dependentes vêm à tona, e você deseja possuir os outros. E então tende a perceber apenas os fracassos dos outros em satisfazer as suas necessidades, e esquece que você é um adulto que pode cuidar de si mesmo.

Força	Fraqueza (Subafirmada)	Fraqueza (Superafirmada)
Apoiadora	Diminui os outros, quando se sente ameaçado. "Nunca deveria ter dependido de você. Você sempre me magoa."	Superestima o valor daqueles de quem depende. "Eu sei que você *nunca* vai me desapontar."
Leal	Instabilidade frente ao perigo. "Não foi com isto que eu me comprometi. Estou fora daqui."	Afunda com o barco. Nenhum pensamento independente. "Eu não posso sair."
Nutridora	Dá demais. Você coloca a situação para que os outros o usem e o rejeitem, ou então age de modo desamparado para controlá-los.	Facilita as coisas, superprotege, inibe a autonomia e infantiliza os outros.
Amorosa	Sufocante, não dá espaço para a outra pessoa ser.	Você vive apenas para a outra pessoa e se perde de si mesmo.
Tenaz	Você muda de idéia quando tem medo de ser rejeitado.	Você se agarra ao conhecido em vez de correr riscos.
Membro de equipe	Você está sempre reclamando, medindo as deficiências da organização. Não se sente apreciado e tende a superestimar o seu valor.	Nenhum pensamento independente. Você segue demais as regras, faz fofocas, fica chato e tenta cair nas boas graças do líder.
Confiante	Você demonstra uma dúvida a respeito de si mesmo que permeia tudo o que faz; busca reafirmação continuamente.	Você demonstra um excesso infantil de confiança.

O quadro anterior não só apresenta as forças e fraquezas, mas também aponta as armadilhas a que precisamos estar atentos. Para ser capaz de agir a partir de sua força é necessário simplesmente acreditar em si mesmo, até quando as coisas não estão acontecendo conforme você desejaria.

Os seus traços controladores

Força	Fraqueza (Subafirmada)	Fraqueza (Superafirmada)
Ordenado	Os outros ficam perdidos no seu sistema. Só você consegue achar as coisas.	O seu sistema é rígido demais; a limpeza significa mais que o conteúdo.
Líder de grupo	Você lidera seguindo o manual, culpa as regras, mas as segue de qualquer modo, e freqüentemente confunde as prioridades.	Você exige obediência, deprecia e critica publicamente a quem o ofender.
Seguir ordens	O *seu* jeito é o melhor, mas você parece criar as regras conforme anda.	Você segue as ordens rigidamente; a compaixão e a empatia desaparecem.
Confiável	Não-confiável.	Inflexível.
Responsável	Irresponsável.	Você assume tudo, menos a culpa.
Análise de detalhes	Você é subjugado pela floresta; tem dificuldades em focar-se.	Você é subjugado pelas árvores, o foco é estreito demais.
Organiza bem	Você não pode deixar nada sozinho; superorganiza.	Você perde o toque humano, usa as regras para punir e controlar os outros.
Compreende os fatos	Você não consegue enxergar o óbvio.	Você passa por cima de evidências para provar que está certo.
Respeita a lei	Você rouba secretamente.	Cumpre rigidamente a letra da lei.
Sabe o preço de tudo	O valor das coisas não é claro para você.	Colocar preços nas coisas é a sua única diversão.

Forças e fraquezas controladoras

As suas forças controladoras o tornam valioso para organizar e realizar tarefas complicadas que exigem gerenciamento e disciplina a longo prazo. Os negócios do mundo parariam sem a capacidade de supervisão do tipo de caráter controlador. Os trabalhadores dependentes não teriam líderes e os criativos tipos competitivos não teriam ninguém para organizar os seus planos e dirigir suas invenções até a finalização. As suas forças controladoras são, é claro, equilibradas por fraquezas correspondentes. Você pode manter um controle firme demais nos momentos em que duvida de si mesmo e insiste em que está certo, ou pode agir de modo descontrolado e depois ficar surpreendentemente passivo e paralisado quando o seu sistema altamente organizado parecer estar vacilando.

Forças e fraquezas competitivas

A sua força óbvia é o seu espírito competitivo. Você se automotiva e é persistente. A sua fraqueza competitiva refere-se ao fato de poder se tornar abertamente competitivo e, ao agir assim, torna-se incapaz de aceitar um fracasso e desperdiça energia em projetos inúteis apenas para provar que é um vencedor. De modo inverso, ao encarar uma derrota você pode abandonar prematuramente a causa e desistir, "fazendo de conta" que não se importa, exatamente no momento em que deveria dar o melhor de si mesmo.

Compreendendo os seus pontos cegos

A verdadeira força de caráter depende da compreensão das fraquezas que são os sabotadores potenciais de seus talentos. Acreditar o bastante em você mesmo, para tirar suas fraquezas do meio do caminho das suas forças, com freqüência é o suficiente para alcançar a vitória.

Os nosso pontos cegos refletem uma falta de consciência das nossas fraquezas.

Em maior ou menor grau, todos os três padrões seguintes de pontos cegos existem dentro de todos nós. Um ponto cego específico pode ser transitório e aparecer apenas sob *estresse* grave, como contar vantagens

Os seus traços competitivos

Força	Fraqueza (Subafirmada)	Fraqueza (Superafirmada)
Bom competidor	Você desiste fácil demais depois de perder a liderança. É facilmente desencorajado por um fracasso.	Você nunca desiste e desperdiça sua energia tentando provar a si mesmo.
Expansivo, saliente	Duvida de si mesmo, retrai-se.	O maior fanfarrão do mundo.
Popular	Você precisa de adulação e atenção para funcionar.	Rancoroso se for ignorado, não é amigo verdadeiro de ninguém.
Tem orgulho de ser especial	Culpa os seus instrumentos pelo fracasso.	Você deixa de ter fé quando está perdendo, pode roubar para vencer.
Imaginativo, criativo, inventivo	Falta-lhe disciplina. Impulsivo, você cai de volta na rotina e fica preso nos trilhos quando a criatividade falha.	Você quer reinventar a roda em vez de aprender a usar as cordas.
Automotivado	Precisa ser impulsionado quando perde a fé em si mesmo.	Você põe o carro na frente dos bois e deixa que o projeto lhe escape.
Líder	As suas dúvidas a respeito de si mesmo fazem com que perca a direção numa crise.	Você exige obediência cega de seus seguidores; precisa que acreditem em você.
Bom desempenho	Inconsistente; você procura vitórias fáceis.	Você pode humilhar os outros quando está clamando por reconhecimento.
Visionário	Você quebra promessas quando está sob pressão.	Você mira alto demais.
Auto-estima elevada	Masoquista.	Narcisista.
Indivíduo forte	Você se finge de relutante quando não está sob os holofotes.	A sua pose grandiosa sabota o esforço de equipe.
Herói	Dissimulado, argumenta que foi roubado quando perde.	Falta-lhe espírito esportivo quando vence.
Esperto	Você foge para fantasias; é superficial.	Você faz intrigas quando sente-se mesquinho.

para encobrir erros quando estiver lutando por reconhecimento. Ou então, pode permear todas as situações, como esperar sempre o pior.

Os pontos cegos nos impedem de ver tanto os aspectos ruins quanto os bons numa situação. Podemos acreditar, com a mesma facilidade, que tudo está bem ou que tudo está perdido (e isto pode ser igualmente irreal). A função dos pontos cegos é alterar as nossas escalas de medida de modo que a conclusão que extraímos seja alterada de modo a nos causar conforto, ou a fazer com que salvemos nossa aparência, ou que pareçamos bons ou espertos. Este ponto de vista preconceituoso também nos provoca dor, pois adia o nosso confronto com a realidade.

Tente reconhecer as suas tendências enquanto estiver lendo as descrições a seguir:

Os seus pontos cegos dependentes

Os seus pontos cegos dependentes o inclinam a:

- dar mais peso aos aspectos positivos e negligenciar os negativos, fazendo com que mais tarde fique imaginando por que todos os seus pensamentos carregados de desejo não o levaram a ter uma vida feliz;
- acreditar que o céu está caindo quando acontece algo ruim; ver a perda em cada acontecimento; definir uma pessoa como má baseado apenas numa única falha;
- distorcer o valor de um relacionamento e ignorar todos os defeitos de seu parceiro de modo a poder continuar exatamente onde está;
- minimizar a sua mágoa de modo a não precisar posicionar-se quando alguém o trata injustamente, *ou* exagerar a sua mágoa para controlar os outros fazendo com que eles se sintam culpados por tê-lo prejudicado;
- acreditar que deve uma obrigação a qualquer pessoa que alguma vez tenha expressado amor por você, e assim dar o benefício da dúvida a perdedores, a pessoas maldosas, controladoras ou mesquinhas, apenas porque elas lhe prometeram amor;
- tentar em vão reacender durante anos um amor que não tem mais esperanças;
- aceitar que ser maltratado é melhor do que ser ignorado.

Para superar os pontos cegos dependentes, você precisa saber que nada vem do nada. A vida é um trabalho duro. Todos estão sozinhos, e você é capaz de atravessar a noite por si mesmo. A parte de você que deseja ser salva nunca deveria suplantar aquela parte que pode salvar a si mesmo. Quando você acredita que alguém irá fazer o que é melhor para você, só está provocando mais desilusão. *Você* é a única pessoa que pode realmente cuidar de si mesmo.

Os seus pontos cegos controladores

Os seus pontos cegos controladores o inclinam a:

- desperdiçar energia para provar que você estava certo ou que agiu de modo perfeito, muito tempo depois disto ter deixado de fazer alguma diferença;
- provar que os outros estavam errados, quando você poderia simplesmente ter ignorado o problema;
- discutir apaixonadamente sobre um caso apenas para convencer a si mesmo de que é inteligente, quando realmente não se importa com a questão;
- perder-se numa lógica complicada, quando simplesmente admitir um sentimento de medo, mágoa ou raiva teria esclarecido imediatamente a situação;
- confundir capricho na apresentação com resultados práticos, ordem com valor, e aparência com conteúdo;
- discutir com vigor aquilo que você compreende, e ao mesmo tempo depreciar a importância daquilo que você não sabe ou teme não entender;
- desvalorizar a gentileza e superestimar o valor da esperteza;
- acreditar no poder e tentar comprar a saída de todos os problemas;
- assumir que há um preço para tudo, que as pessoas podem ser compradas, e que quando são compradas elas devem se sentir constrangidas mas não ressentidas;
- assumir que as pessoas estão em dívida com você por aquilo que você lhes deu;
- interpretar independência como rebelião, e tender a punir as pessoas por elas estarem crescendo, o que você interpreta como traição;
- acreditar que você é invencível e assim culpar os outros quando você sofre um retrocesso;
- guardar rancor.

Para superar os pontos cegos controladores, você precisa aceitar a sua humanidade e lembrar-se de que pode estar errado. Busque mestres valorosos que irão apontar os seus erros para que você possa aprender com eles. Lembre-se de que se aquilo que você dá não for dado livremente, está sendo dado para manipular. Arrisque sentir-se ferido e admitir isto.

Os seus pontos cegos competitivos

Os seus pontos cegos competitivos o inclinam a:

- acreditar que você sempre deve ser o melhor;
- acreditar que se você não vencer, fracassou;
- dar mais valor ao elogio do que ao desempenho, e assim incentivar a adulação;
- ser presunçoso;
- entregar-se a pensamentos carregados de desejo e acreditar no seu próprio sonho, mesmo quando ele é apenas uma fuga;
- esconder os defeitos, e ao mesmo tempo exagerar as suas forças;
- insistir em que as pessoas que o amam estejam na sua platéia, e acreditar que a sua platéia o ama;
- descobrir um jeito de ficar no centro de todos os palcos;
- distanciar-se ou ocultar as partes de sua vida (velhos amigos, sobrenome, local de nascimento ou nível de educação) que possam envergonhá-lo, por mostrar que você é simplesmente humano.

Para superar os pontos cegos competitivos, você precisa acreditar que o seu sucesso amplia-se quando você reconhece os seus fracassos ou o seu início humilde, e não quando os esconde. Você precisa aceitar que as pessoas se identificarão com a sua luta, pois o que você revela ao mostrar o seu trabalho duro é que os outros também podem vencer.

Exercício com palavras-chave

Como você pensa com palavras, é lógico examinar as palavras que têm um impacto especial no seu tipo de personalidade, as palavras que desencadeiam respostas defensivas, as palavras-chave. Uma palavra-chave evoca imediatamente uma ação, um sentimento ou uma atitude.

As palavras e as frases das listas a seguir estão definidas de modo a se aproximar do ponto de vista preconceituoso de cada tipo de caráter. Você verá que é definido pelas palavras que o provocam mais.

Use o tempo que precisar para passar pelas palavras. Leia alto cada palavra. Feche os olhos e sinta o impacto emocional. Se você tiver uma reação forte, a palavra tem um significado especial para você. Abra os olhos e leia a definição. A definição explica a sua reação emocional? Ela revela os seus conceitos subjacentes? Passe deste modo pelas três partes. Algumas palavras estão definidas em mais de um contexto. Preste atenção ao significado que se aplica melhor a você.

Palavras-chave dependentes

Abandono: A maior ameaça na vida; implica ter de encarar a vida sozinho.

Aceitação: Uma busca contínua de apoio externo; os interesses próprios são inicialmente sacrificados alegremente pela aceitação, mas depois há ressentimento quanto ao sacrifício.

Apreciação: É vista como uma prova de ser digno do amor dos outros; quando está ausente, resulta em mau-humor e autopiedade.

Pertencer: É uma condição desejada, a fonte principal de conforto, mas mesmo nesta condição são antecipados os sinais de rejeição.

Contato: Quanto mais inseguro você se sentir, mais precisa de contato com os outros.

Desespero: Crença de que você é inadequado para passar sozinho por uma crise.

Medo: Antecipação da rejeição, da desaprovação ou da perda do amor; o estado emocional dependente básico.

Crescimento: Ainda não, enquanto as linhas de suprimento estiverem abertas e os outros ainda satisfizerem as suas necessidades; uma possibilidade a acontecer em algum dia no futuro, mas que é encarada com relutância.

Felicidade: Ter a sua volta as pessoas de quem necessita.

Agarrar-se: A melhor maneira para evitar uma situação potencialmente pior.

Indulgência: Pedir para ser aceito e receber *porque* você está carente; ser perdoado por suas fraquezas e não precisar agir de modo responsável.

Soltar-se: Algo a ser evitado a todo custo. Implica a ameaça do desconhecido.

Solidão: Motivação para ações desesperadas.

Amor: Sua razão para existir, e um fim em si mesmo. Você fica desapontado quando não o recebe. Você sempre precisa de mais. Freqüentemente é retirado pelas pessoas que o controlam.

Lealdade: É o que você oferece e exige dos outros, freqüentemente é uma extensão de sua carência. Você é leal enquanto estiver recebendo.

Posse: Você agarra-se às pessoas como se elas fossem a única separação entre você e a ruína emocional. A intensidade da possessividade aumenta e diminui em proporção inversa a sua autoconfiança.

Proteção: Embora você seja visto como superprotetor pelos outros, considera que está apenas tendo uma precaução razoável para proteger aqueles a quem ama.

Rejeição: É o seu segundo maior medo, só superado pelo medo da morte.

Risco: Por que arriscar qualquer coisa?

Segurança: Você pagará qualquer coisa, ou fará qualquer coisa para obtê-la.

Auto-estima: Aquilo que você tem quando se sente amado.

Autopiedade: Se os outros soubessem como você sofre, nunca o deixariam nem lhe criariam problemas.

Separação: Se for permanente ou involuntária, a mágoa pode empurrar antigos ressentimentos não-resolvidos para a superfície e causar uma depressão.

Confiança: A esperança irreal de que as pessoas importantes na sua vida nunca falharão em vir em seu socorro, uma fonte contínua de desilusão, levando-o a concluir erroneamente que não pode depender de ninguém.

Compreensão: Se você se sente amado, não há necessidade de nenhuma compreensão. Se não se sente amado, nenhuma compreensão fará diferença.

Palavras-chave controladoras

Abandono: Uma ameaça potencial, mas a mágoa é imediatamente coberta pela raiva em vez de ser expressa como mágoa.

Raiva: A única emoção que você expressa com facilidade, mesmo que raramente seja demonstrada de forma direta, mas com justificativas e explicações, responsabilizando os outros e colocando-se do lado certo.

Ansiedade: O seu sentimento oculto mas onipresente, pois você teme que tudo esteja sempre prestes a sair do controle.

Argumentação: Uma discussão amigável e útil.

Crítica: Em relação aos outros — uma forma de raiva mais aceitável socialmente, com freqüência disfarçada ao ser chamada de "construtiva". Dos outros em relação a você — injusta, infundada, preconceituosa.

Incentivo: Aquilo que você se dispõe a dar aos outros mediante um preço; é sujeito a ser substituído por depreciação se a outra pessoa o desapontar.

Inimigo: Aquele que discorda de você.

Desculpa: Explicação lógica e retribuição plena a todas as expressões sociais de negatividade ou insensibilidade.

Felicidade: Estar no controle.

Mágoa: Expressar a mágoa é perigoso porque ela revela fraqueza e pode estimular um ataque. Reter a mágoa é fantasiar sobre uma retaliação. Liberar a mágoa não é vantajoso porque perdoar os outros é diminuir o poder sobre eles.

Importante: Aquilo em que você está envolvido no momento.

Injustiça: Raramente é revelada no momento, mas é trazida continuamente à baila como uma justificativa para maltratar os outros ou retrair-se do contato com eles.

Lógica: É normalmente influenciada por ou usada para justificar um sentimento oculto, uma fraqueza, um erro ou outra falha.

Solidão: É aceitável apenas quando você decide se isolar dos outros. É temida quando resulta da rejeição e é imposta a você.

Amor: É uma mercadoria mais valorizada em sua forma condicional e medida do que quando é dada abertamente; com freqüência é sinônimo de aceitação.

Manipulação: Lisonja útil.

Mente: Erroneamente entendida como o centro de todo o poder.

Obediência: O comportamento esperado de alguém que tem menos poder.

Paranóia: Mostrar um interesse racional pelas motivações dos outros, especialmente daqueles que poderiam magoá-lo.

Pessimismo: Ser realista a respeito da vida.

Posse: Nove décimos da lei e todas as desculpas de que você necessita para agarrar-se a qualquer coisa que deseje.

Punição: Correção justificada no melhor interesse de outra pessoa.

Respeito: A atitude que os outros devem mostrar como um pré-requisito para que você os leve a sério.

Especial: O que você secretamente duvida que seja, o que faz com que deseje impedir todas as oportunidades daqueles que o rejeitaram.

Sintaxe: Padrões de pensamento e de fala que refletem a sua necessidade de manipular: "Você não pensa que...?"; "Não é verdade que...?"; "Você realmente quer dizer que ...?"; e "Você está dizendo que...?". Essas frases são usadas para controlar as respostas dos outros ou para provocar uma discussão para a qual você tem uma resposta pronta; por exemplo, "Você não acha que aos vinte anos é muito jovem para se casar?".

Ameaça: A força de outra pessoa.

Fraqueza: Falha principal das *outras* pessoas.

Palavras-chave competitivas

Aceitação: A estima dos outros, buscada continuamente em cada ação ou comentário.

Vencido: Uma interpretação errada dos fatos; além disso, você não deu o máximo de seu esforço.

Comparação: Definir o seu valor ao relacioná-lo com o valor dos outros, especialmente quando você se sente inseguro.

Coragem: Nunca é sentida de fato até que a vitória esteja com certeza à mão, e aí é provavelmente exagerada para dissipar a existência da dúvida anterior.

Criatividade: Aquela que você percebe como a sua força menos reconhecida e menos recompensada.

Desapegado: Como você parece ser para qualquer pessoa que tente chegar perto de você ou que queira saber o que você sente.

Disciplina: É evitada até que seja absolutamente necessária. Você improvisa até este momento.

Desorganização: Camuflagem para evitar ser julgado.

Fuga: Resposta típica em face de um resultado desfavorável, é melhor quando acontece antes que uma conclusão desapontadora seja óbvia para os outros.

Fracasso: Um teste de habilidade inconclusivo e provavelmente injusto.

Fantasia: A melhor parte da realidade.

Dissimulação: Fazer o que precisa ser feito para abrir caminho.

Seguidores: Outras pessoas.

Amizade: Uma ilusão perigosa porque os outros podem reagir a ela como se fosse um convite.

Opinião honesta: É exigida dos outros, mas é rejeitada se for dada livremente.

Topo, o: (1) Sentimento de sucesso no momento da percepção de que a vitória está na mão. (2) A razão de viver. (3) Qualquer coisa que apague a dúvida a respeito de si mesmo.

Imaginação: Aquilo que as pessoas não compreendem em você.

Insegurança: Chegar numa festa e não ser notado.

Falta de sinceridade: Sair-se tão bem quanto puder; pegar tudo quanto puder.

Invenção: É mais fácil do que pesquisa ou lição de casa, às vezes é um jeito de evitar a disciplina. Desenvolvê-la é sempre um problema.

Liderança: Posições cobiçadas pelos seus privilégios, evitadas por causa de suas responsabilidades, e que quando são atingidas tendem a sobrecarregá-lo com detalhes entediantes.

Perder, ser um perdedor, perda: Quando o seu pior pesadelo acontece.

Lealdade: O que você tem feito por mim ultimamente?

Falsidade: Auto-reconhecimento secreto que só é admitido depois de um fracasso ou de ser isolado.

Jogo: O que se espera que o trabalho seja.

Prestígio: O prestígio cabe muito bem.

Renúncia: Para evitar o julgamento.

"A tropa": Onde você nunca verá uma pessoa competitiva sorrindo.

Segurança: Um bom cirurgião plástico, um benfeitor com lealdade infinita e muita riqueza, aplausos ensurdecedores, dor de cabeça causada por *flashes* dos fotógrafos, uma crítica favorável, cartas dos fãs, receber flores de estranhos, inveja e reconhecimento dos outros.

Egoísmo: Tirar plena vantagem das oportunidades que se apresentam naturalmente.

Sinceridade: Fazer aquilo que é correto para você.

Sucesso: Vencer enquanto os outros perdem. Às vezes é evitado quando está acompanhado do medo de perdê-lo ou de não ser capaz de mantê-lo.

Verdade: Aquilo que você sempre diz.

Vitória: Quando o reconhecimento é tão grande quanto o sucesso.

Ao completar este exercício, você deve ter tido uma imagem mais clara de si mesmo. Se algumas das palavras não lhe pareceram muito lisonjeiras, lembre-se de que representam apenas o potencial negativo do seu caráter, em seu pior aspecto. Você precisa considerar como as suas forças e fraquezas, pontos cegos e palavras-chave interagem para estimular o seu comportamento. No próximo capítulo, examinaremos a chave que liga essas três características — o sistema defensivo subjacente a cada caráter.

Corrigindo a sua herança negativa

Enquanto você estiver lendo as metas a seguir, pense nelas como orientações positivas que equilibram e corrigem as suas fraquezas. Não se surpreenda se encontrar lembretes úteis em cada categoria. Esteja aberto e leia lentamente cada meta. Se alguma meta lhe disser alguma coisa, escreva-a num cartão separado, aproximadamente com 7,5 x 12,5 cm. Você pode afixar o cartão num local onde o veja, ou carregar com você um conjunto de cartões para lembrá-lo de suas intenções.

Metas para ajudá-lo a superar a dependência

O seu objetivo é tornar-se independente. As perguntas dependentes como "Sou amado?" e "Sou necessário?" e "Quem está disponível para mim?" irão aparecer a cada vez que você assumir uma luta pela independência. Para alcançar uma independência verdadeira você precisa desistir de seu sonho de ser salvo por qualquer outra pessoa, exceto por você mesmo.

Não importa o quão independente você se torne, alguns lampejos de anseio dependente podem aparecer quando se sentir sozinho, rejeitado ou desanimado. Quando os seus empreendimentos mundanos estão fracassando e a sua coragem está falhando, é fácil recair na noção de que você não pode sair-se bem por si mesmo e precisa ser salvo. As pessoas dependentes chegam a esta conclusão *sempre* que são ameaçadas ou forçadas a um confronto ou forçadas a se revelarem. Nesses momentos elas procuram ajuda fora de si mesmas. Elas precisam olhar para dentro.

As seguintes metas corretivas apontam o caminho para alcançar a independência.

Você precisa:

- lembrar-se de que a vida nem sempre é justa e de que nem todas as rejeições ou insensibilidades precisam ser tomadas pessoalmente, nem você precisa reagir a todas, nem todas precisam ser uma grande catástrofe. A maioria dos insultos ocorre sem intenção, são simplesmente ações impensadas.

- compreender que nenhum relacionamento é completamente bom ou completamente mau. Você cria seu próprio risco quando ignora as partes negativas de um relacionamento. É melhor encarar os problemas conforme eles aparecem do que ter a expectativa de que eles desaparecerão sozinhos.
- evitar agir quando estiver desesperado e perceber que quando você está desesperado procura um relacionamento meramente porque precisa estar se relacionando.
- perceber que você é suficiente, que é completo do jeito que é.
- criar uma vida própria que lhe agrade.
- assumir a responsabilidade de evitar aquilo que pode prejudicá-lo, em vez de esperar que os outros o protejam.
- aceitar que o modo como as coisas estão agora é o modo como as coisas devem ser. É isto. Não há nada mais.
- aceitar a sua solidão como um estado natural e usá-la em sua vantagem, em vez de enchê-la de desejos por pessoas que não estão presentes.

Metas para ajudá-lo a superar a sua necessidade de controle

Você assume o controle para evitar sentir-se impotente e rejeitado. Você precisa:

- permitir que os outros sejam livres para falar por si mesmos, viver suas próprias vidas, discordar, sair e entrar em sua vida quando quiserem.
- assumir a responsabilidade por seus fracassos e também por seus sucessos.
- aceitar com graça as suas limitações.
- desistir do impossível, diminuir as suas perdas, economizar os seus recursos e sua energia para outro dia.
- entender que é apenas humano sentir-se amedrontado e magoado.
- reconhecer as imperfeições dos outros como reflexos de sua humanidade e não usá-las como uma justificativa para atacá-los ou criticá-los.
- lembrar-se de que as coisas que o deixam mais bravo são as verdades que você não quer aceitar.

- aceitar com humildade as suas fraquezas e aprender a sentir empatia pelas pessoas que compartilham as suas fraquezas, em vez de diminuí-las por aquilo que você não aceita em si mesmo.
- compreender que, de modo geral, a maneira como as coisas são é como você as fez ficar. Foi necessário tudo o que aconteceu em sua vida para que você se tornasse a pessoa que é. Então aceite todas as partes de si mesmo para livrar-se de decepções.

Metas para ajudá-lo a superar seus traços competitivos

Você finge que não se importa para "salvar a cara".

Você precisa:

- buscar a melhor parte de si mesmo e permanecer no caminho que lhe promete o maior desenvolvimento pessoal, espiritual e emocional; e lembrar que o sucesso precoce e o dinheiro podem ser uma armadilha mortal.
- dar o melhor de si mesmo em qualquer área para a qual você tenha talento, e enxergar que está usando o seu talento tanto quanto possível.
- arriscar-se a fracassar e ainda assim fazer o melhor esforço possível quando a maré virar-se contra você.
- dispor-se a se comprometer com aquilo que ama.
- dispor-se a dar um descanso a sua carreira e não monopolizar cada minuto de cada dia.
- dispor-se a agir e fazer o bem anonimamente e ainda sentir-se recompensado pelo seu melhor esforço.
- ensinar de uma forma generosa e ajudar outra pessoa a também chegar lá.
- aprender a perdoar as outras pessoas por não reconhecerem e não celebrarem o seu valor. Afinal de contas, você precisou de um tempo para acreditar em si mesmo. Você não precisa ser sempre um grande astro apenas para ter um pouco de valor.
- perceber que se você sente que tem de provar o seu valor o tempo todo, nada do que possa fazer vai jamais conseguir provar que você é valoroso.
- definir os seus próprios padrões, inventar os seus próprios métodos, seguir os seus próprios instintos não por rebelião, nem para ser do contra nem para mostrar aos outros, mas porque o seu talen-

to o dirige para os seus próprios objetivos e sugere os seus próprios métodos. Lembre-se disto quando você fracassar. Lembre-se disto ainda mais quando você obtiver sucesso, pois o sucesso pelos padrões de outras pessoas pode fazer com que você abandone o seu próprio padrão.

- lembrar de ser grato.
- perceber que mesmo que você consiga o maior de todos os sucessos provavelmente ninguém lembrará o que você fez, mas se você agradou a si mesmo fazendo aquilo que ama, isto será suficiente.
- soltar as vitórias do passado e ir em frente.
- soltar os fracassos do passado e ir em frente.
- dedicar alguns momentos para andar em meio à natureza e perceber a verdadeira escala das coisas, para sentir sua própria insignificância e a maravilha da Via Láctea.
- ser generoso consigo mesmo e comemorar as boas coisas.

Pontos para lembrar

Você merece aquilo que aceita.

Você sempre poderá encontrar alguém para culpar por tê-lo magoado, prejudicado, diminuído sua auto-estima, mas o modo como as coisas acontecem ainda é o seu próprio e sua responsabilidade.

As pessoas sempre estarão mais interessadas em si mesmas do que em você. É um fato da vida — a natureza da sobrevivência — e não deveria desapontá-lo. Você também deveria estar interessado primeiramente em você.

Quem o rejeita por dizer os seus verdadeiros sentimentos já o havia rejeitado muito antes disto, não o ama, não faz parte da sua vida, não é o seu amigo, nunca lhe dará nada que valha a pena manter.

A pessoa que o ama verdadeiramente irá respeitar o seu direito de dizer não e de ser você mesmo, de ter suas próprias opiniões, e de viver a sua própria vida. Se você tiver de desistir de seus direitos pessoais para estar com outra pessoa, finalmente você acabará perdendo a si mesmo ou ao outro.

Desapontar outra pessoa não é o fim do mundo. A pessoa que reage exageradamente a sua livre escolha está tentando controlá-lo.

Você melhora ao ter a expectativa de melhorar.

Você sempre tem mais poder e mais força do que você percebe.

Você sempre pode ser um pouco mais corajoso.

PARTE II
ONDE VOCÊ ESTÁ AGORA

5

O ciclo do sentimento: compreendendo as suas emoções

A diferença entre uma pessoa feliz e uma infeliz não é o fato de a pessoa infeliz ter mais sentimentos negativos, mas de a pessoa feliz lidar mais efetivamente com os sentimentos negativos, resolvendo-os no momento em que eles ocorrem. Algumas pessoas que tiveram perdas significativas ainda conseguem ser alegres e criativas, agir de modo amoroso com suas famílias, e trabalhar com paixão. As pessoas infelizes carregam consigo cada nova perda, acrescentando-a à bagagem de problemas não-resolvidos que pesa sobre elas, esperando pela próxima ofensa, e imaginando se esta irá quebrar sua coluna. Uma pessoa que esteja em débito emocional — acumulando sentimentos não-expressos — é uma pessoa infeliz.

Ser feliz é gostar do modo como você se sente.

Ser infeliz é não gostar do modo como você se sente.

Antes que você possa começar a se libertar do débito emocional, precisa entender como os seus sentimentos se desenvolvem. Este capítulo explica o que são os sentimentos, o ciclo pelo do qual eles se desenvolvem, e como todos nós usamos as nossas defesas para evitar a dor — a própria tática que nos deixa em débito emocional.

O ciclo do sentimento

Embora o tipo de caráter determine a quais ferimentos somos mais sensíveis, e as nossas defesas determinem como evitamos expressá-los, os nossos sentimentos se desenvolvem num padrão previsível que é comum a todas as pessoas.

Existem apenas dois sentimentos: dor e prazer.

O modo como você experimenta a dor e o nome que você dá a ela dependem de quando a dor acontece.

Dor no presente é experienciada como mágoa.

Dor no futuro é percebida como ansiedade.

Dor no passado é lembrada como raiva.

A raiva não-expressa, redirigida e mantida internamente é chamada de *culpa*.

É necessária energia para que a raiva seja redirigida. Este dispêndio de energia é chamado de *depressão*.

A mágoa é o único sentimento negativo completamente real. É o sentimento de estar sendo ofendido agora por acontecimentos que acabaram de ocorrer.

A mágoa é experienciada como tristeza, a percepção da perda ou desapontamento. Uma pessoa dependente com freqüencia se sente rejeitada, traída, e sem valor quando é ferida. Uma pessoa controladora tende a sentir-se impotente, estúpida ou prejudicada. Uma pessoa competitiva tende a sentir-se derrotada, perdedora.

De modo geral, um pouco de raiva é revelado sempre que a mágoa é expressa. Na verdade, é necessário um pouco de raiva para pôr a mágoa para fora e se proteger. Por esta razão, expressar a mágoa pode ser difícil para as pessoas que temem machucar as outras. Isto pode também ser um problema difícil porque geralmente as pessoas desejam mais ferir as outras quando elas próprias foram feridas. Expressar a mágoa exige coragem, auto-estima e disposição para correr o risco de ser rejeitado ao revelar a raiva que acompanha a mágoa.

Ansiedade é uma mágoa que é antecipada. Ela é mais real imediatamente antes da ocorrência de um ferimento, quando funciona como um sinal de alerta para que você se prepare para evitar a dor ou para se defender. Ela é menos real quando toma a forma de preocupação obsessiva com detalhes insignificantes ou quando se manifesta por meio de reações fóbicas ou de pânico. Uma pessoa dependente sente-se ansiosa quando espera rejeição. Uma pessoa controladora torna-se ansiosa quando sua base de poder está ameaçada. Uma pessoa competitiva sente medo do palco quando sua auto-estima e sua auto-imagem estão em jogo.

Raiva é a lembrança de ter sido ferido ou magoado, e esta lembrança está separada no tempo da perda que causou este sentimento. Mesmo uma pequena porção de mágoa não expressa pode alimentar uma grande raiva. Quanto mais raiva você estiver contendo, mais provável que você exploda de raiva com uma pequena provocação. Na verdade, este é o propósito da raiva: estimular a expressão da dor. A raiva que você sente freqüentemente está fora de proporção com a mágoa que a causou, pois a raiva é acumulada de uma só vez, não classificada separadamente por fonte de dor. Quando a raiva de um ferimento especialmente antigo é finalmente expressa, a raiva de outros ferimentos tende a escapar junto, distorcendo o volume do protesto e às vezes criando confusão.

Quando a raiva é guardada por um longo tempo, tende a perder sua conexão com o ferimento que a causou e torna-se livre, buscando expressão sempre que possível. Esta raiva usa a mente em seu propósito defensivo, provocando pensamentos raivosos repetidos e uma sensação de inquietude ou de irritabilidade. Infelizmente, quanto mais raivoso você se sentir, mais raivoso fica. Estar com raiva se torna uma desculpa para ficar com raiva. A raiva só pode se dispersar quando a mágoa é entendida e expressa.

"Direito de passagem" emocional

Quando examinamos o modo como os sentimentos são expressos, vemos que alguns sentimentos têm prioridade sobre outros. Quando as pessoas dizem que seus sentimentos estão confusos, querem dizer que têm emoções positivas e negativas ao mesmo tempo, e que a emoção negativa está bloqueando a expressão da emoção positiva. As emoções negativas causam dor. As emoções positivas causam prazer.

Todos os sentimentos positivos têm de dar aos sentimentos negativos um "direito de passagem" para expressão. Você sabe como uma irritação trivial pode suplantar momentaneamente intensos sentimentos de amor. Em geral, os sentimentos positivos voltam e podem ser expressos, assim que a emoção negativa for expressa.

É importante que o caminho emocional esteja limpo para permitir a expressão de amor, não só nos relacionamentos interpessoais, mas também em seu trabalho. Você põe de lado a paixão pela vida quando emoções negativas estão paradas no caminho da expressão. Se o seu trabalho não puder ser alimentado por sua paixão, a sua auto-estima cairá, você terá uma sensação de monotonia, e irá realizar as tarefas automaticamente.

Quando o caminho da expressão emocional está bloqueado, a mente tenta explicar a situação de ambos os lados do congestionamento emocional. A consciência não produz alívio, apenas lhe mostra a direção do ferimento que você precisa resolver.

As regras da estrada emocional

- Apenas um tipo de emoção— um sentimento positivo ou negativo — pode ser expresso por vez.
- Você pode expressar um sentimento negativo, e um segundo depois expressar um sentimento positivo.
- Você pode expressar a mágoa e a raiva juntas, especialmente porque o propósito da raiva é dar energia à expressão da mágoa.
- Você pode estar ansioso, magoado, raivoso e culpado ao mesmo tempo, mas fica difícil diferenciar os sentimentos e você parece confuso.
- Você pode expressar mágoa e raiva de diversas fontes ao mesmo tempo, mas quando não tem consciência da origem de seus sentimentos, pode fazer pouco para resolvê-los.
- Um sentimento extremo tende a expulsar as outras emoções, fazendo com que você se mostre irrealisticamente negativo ou positivo. Sobrecarregar deste modo o caminho expressivo é um ato defensivo.
- O choque ou a negação maciça súbita o deixa entorpecido diante da realidade, bloqueando todas as outras emoções. Assim, as pessoas em estado de choque não conseguem se proteger mesmo frente à morte certa, pois seu medo e sua autopreservação aparentemente estão incapacitados por causa da negação.
- Um sentimento de pânico provavelmente prevalecerá sobre todos os outros sentimentos.
- A culpa avassaladora, especialmente em relação a uma ação específica, age como uma força bloqueadora contínua no caminho da expressão emocional, até que seja resolvida. Essa culpa faz com que você busque punição simbólica, até que ela seja resolvida, e pode até mesmo fazer com que procure intencionalmente o perigo.
- A psicose normalmente é resultado de impulsos avassaladores para matar e para cometer suicídio que ocorrem ao mesmo tempo. As emoções estão presas no caminho expressivo e o resultado é o

bloqueio emocional. Os sentimento interiores não podem ser expressos e o mundo externo não pode ser percebido de modo real.

Compreendendo as suas defesas

As defesas amortecem a dor, protegendo-o de sua consciência para permitir que você funcione frente ao perigo ou à perda. As mesmas defesas que ocultam a dor também impedem que ela seja resolvida. Ser vulnerável e sentir a dor é o único modo de resolvê-la.

Todos se defendem contra a dor da realidade. Todos nós precisamos de algum pára-choque para nos proteger do ataque violento e dos danos cruéis da vida. É a fluidez de seu uso das defesas e, finalmente, a sua disposição para deixá-las de lado e resolver a sua dor que determinam a sua flexibilidade e a sua capacidade para ficar feliz. Aqueles que são emocionalmente livres também têm defesas, mas estão conscientes delas e têm pouca necessidade de usá-las. Eles aceitam a dor, a ultrapassam e continuam em frente.

A maioria das pessoas emprega uma combinação única de negação, justificativas e fingimento como sua tela de proteção. Não há duas pessoas exatamente iguais em sua estrutura defensiva. A sua experiência infantil formata não só o seu estilo defensivo mas também quando e quão intensamente você usa as suas defesas. Ainda assim, você sempre tem o potencial para superar as suas sensibilidades em relação a perdas específicas e aprender a lidar honestamente com elas em vez de dar uma resposta amedrontada automática.

O seu estilo pessoal e seu temperamento refletem o tipo de defesas que você mais usa, e a sua escolha de defesas reflete a sua personalidade. Uma pessoa rígida depende automaticamente de uma defesa específica. A pessoa bem ajustada é flexível, mais disposta a renunciar a negação, desculpas e fingimentos, para sentir a dor, ir em frente e ficar em paz.

O seu tipo de caráter e a sua estrutura defensiva

As defesas podem agir em qualquer ponto do ciclo dos sentimentos para proporcionar distância entre você e sua ansiedade, mágoa, raiva ou culpa.

Num certo sentido, uma defesa é uma mentira. O seu propósito é lhe dar um pouco mais de tempo para lidar com uma ameaça assustadora, um pouco mais de tempo na inocência antes de aceitar totalmente a perda. Então uma defesa permite que você aja como se a perda não tivesse ocorrido completamente. Ela é um escudo temporário que lhe permite ter mais tempo até que suas forças estejam organizadas. Quando você está pronto, abaixa as suas defesas, encara a ameaça ou a perda, permite-se sentir o pleno impacto do ferimento, e lida com isto.

As defesas não são ativadas apenas quando a ameaça é real, mas também quando é imaginada. A ameaça imaginada provavelmente é um produto do débito emocional e se origina tanto dos sentimentos passados não-resolvidos quanto do tipo de caráter. Por exemplo, quando você está assustado, imagina a repetição do tipo de perda mais recente que sofreu. Você também tende a imaginar o tipo de perda a que o seu tipo de caráter é mais sensível. Uma pessoa tipicamente dependente imagina que será abandonada, uma pessoa controladora imagina que perderá o poder e uma pessoa competitiva imagina que será derrotada. Você tem mais probabilidades de agir defensivamente e imaginar o perigo que mais teme naqueles momentos em que menos acredita em si mesmo.

Existe uma qualidade auto-realizadora no comportamento defensivo pois ele pode afastar as outras pessoas e causar a própria perda que é mais temida. As tentativas constantes de se proteger podem assegurar que a perda aconteça. Quando você tem um conhecimento limitado de suas defesas e reluta em assumir a responsabilidade por criar os seus próprios problemas, você se torna aquilo que menos deseja. Por exemplo, ninguém gosta de ser constantemente importunado por uma pessoa insegura, nem de ouvir repetidas as mesmas perguntas: "Você me ama?"; "Vai ficar comigo?"; "Onde você esteve?"; "Onde você vai?". Esta defensividade torna-se uma prisão da qual qualquer pessoa tentaria escapar empurrando para longe a pessoa insegura, e isto é o que esta pessoa insegura mais teme.

O sentimento que é separado da experiência também fica sem ser resolvido. Como é discutido no início do Capítulo 6, existem diversas maneiras naturais para resolver um sentimento expresso de modo incompleto: verbalização, sonhos, fantasia e realizações criativas como trabalho e atos simbólicos de comemoração. Todas essas maneiras fazem parte do processo de retrabalhar os sentimentos, uma forma de luto. Os sentimentos que não foram retrabalhados estão presos atrás das defesas e ocultos da sua consciência.

Quando você reconhece um sentimento e permite a si mesmo experienciá-lo, pode diminuir a sua defesa contra ele. A defesa que você usa para ocultar um sentimento normalmente é muito mais ampla do que a dor que ela busca conter. Desta forma, quando você é confrontado com um sentimento do qual tem medo, o seu medo de liberar as suas defesas pode ser mais doloroso do que a própria mágoa original.

Cada um dos três tipos de caráter tende a reverter para um padrão de comportamento defensivo típico quando se encontra sob estresse. A pessoa dependente parecerá desesperada, buscando segurança e proteção de alguém mais poderoso. A pessoa controladora tenderá a se tornar rígida em suas crenças e ações e insistirá que está certa. Embora as pessoas competitivas pareçam ter a adaptação mais amadurecida entre os três tipos de personalidade, ainda assim parecerão infantis, ficando amuadas quando fracassam ou quando as coisas não saem como querem, ou fingindo que na verdade não estavam se importando ou tentando a sério.

Embora não possamos mudar o nosso estilo defensivo básico, podemos aprender a ser mais diretos e honestos a respeito da dor que experienciamos de modo que não precisemos nos proteger tão rigidamente. A disposição para encarar a verdade nos permite estar abertos e crescer. A liberdade emocional está baseada na crença a respeito de nosso próprio valor. Quanto mais invocamos as nossas defesas, ficamos menos autoconfiantes e menos dispostos a examinar as nossas falhas. A autoconfiança real não é acreditar que estamos certos o tempo todo, mas sim lembrar que nós somos bons mesmo quando estamos errados.

Negação: a defesa dependente

A pessoa dependente usa a negação para se proteger contra o abandono, a perda de amor, ou a ameaça de ferimento. Negar a realidade torna difícil lidar abertamente com os problemas da vida. A defesa da negação é a defesa primária das pessoas dependentes porque ela se originou no início da vida, como o modo que a criança desamparada tinha de afastar o desconforto. Infelizmente, o uso contínuo da negação para lidar com os estresses da vida obscurece o problema, fazendo com que seja mais difícil resolvê-lo e, assim, agrava os sentimentos de desamparo e de desespero.

As seguintes expressões comuns de negação estão listadas em ordem de intensidade crescente. Quanto mais abaixo a defesa estiver na lista, mais o sentimento é negado e menor a consciência — e portanto menor a liberdade da pessoa que estiver usando a defesa.

Examine cuidadosamente esta lista e pergunte a si mesmo como você tem usado cada forma de negação. Contra o que e quando você se defende desta forma? Qual o ferimento que você quer evitar?

Qualquer coisa à qual você dê as costas numa realidade dolorosa cai na categoria de negação. Este dar as costas é semelhante à ação da criança pequena que não tem habilidades verbais e vira a cabeça para o outro lado quando há um estímulo doloroso. O objetivo de qualquer uma destas diversas formas de negação é evitar sentir o pleno impacto de um sentimento. Você usa a negação principalmente quando teme perder alguém com quem se importa. A negação evita que sinta.

Para crescer, você precisa sentir.

A amplitude da defesa de negação

Forma de Defesa	Dinâmica
Esperar	Ter expectativa de ser resgatado por forças externas.
Adiar	Adiar tarefas desagradáveis ou difíceis.
Distrair	Afastar os outros dos sentimentos dolorosos, das próprias pessoas ou seus.
Generalizar	Evitar todos os cachorros porque um cachorro o mordeu.
Atrasar-se	Ressentir-se de onde você se encontra na vida.
Perder o foco	Falta de atenção a qualquer coisa que possa levar a uma verdade dolorosa.
Mentir	Fazer afirmativas falsas sobre a realidade para evitar a dor.
Não saber	Repetir "Eu não sei", desejando não saber.
Perder coisas	Evitar acontecimentos dolorosos, perdendo itens necessários para lidar com eles, por exemplo, as chaves da casa ou do carro, endereços, números de telefone, documentos, receitas etc.
Não ouvir ou não ver	Perder completamente a observação óbvia, ou a placa de sinalização, porque você não quer lidar com aquilo a que ela pode levar.

Forma de Defesa	Dinâmica
Ficar confuso	Os fatos óbvios não fazem sentido porque o seu significado doloroso é assustador demais. Também inclui criar confusão para esconder a verdade.
Esquecer	Interrupção na lembrança de uma memória dolorosa específica ou de algo que a simbolize ou que leve a ela, desde um lapso momentâneo até uma incapacidade total de lembrar.
Ter lapsos de linguagem	De modo similar, um sentimento oculto pode ser engatilhado simbolicamente, superando momentaneamente a negação e entrar de modo inadequado e fora de lugar como uma memória ou expressão súbita.
Bloquear	Disrupção ampla no processo de pensamento para evitar a dor, de modo que não só o acontecimento doloroso específico mas também grande parte da realidade benigna são deixados de fora. As palavras podem ser ouvidas, mas o significado delas é confuso — uma postura regressiva pela qual você assume a perspectiva de uma criança pequena, quando o significado das palavras era desconhecido. Você foca partes das palavras em vez de focar o seu significado. As palavras perdem a capacidade de transmitir idéias a sentimentos dolorosos.
Negação global	Esta é uma negação de proporções psicóticas. Aquilo que é doloroso não é acessível à consciência. O preço pago por este isolamento é viver num mundo irreal.

Desculpas: a defesa controladora

Como já vimos, a estrutura básica das defesas controladoras é a desculpa, a tentativa de culpar outros fatores ou pessoas pelos nossos erros. Todos têm uma tendência natural de usar algumas defesas controladoras em circunstâncias que ameacem ou diminuam o poder pessoal. Quando a situação melhora, as rédeas são afrouxadas e a situação pode fluir livremente. Entretanto, a pessoa controladora usa as defesas controladoras de modo automático, independentemente da situação pedir ou não. Uma pessoa que use defesas extensivamente não pode admitir erros e portanto não pode aprender com eles.

As pessoas controladoras confiam nas defesas para colocar uma ordem externa no mundo e ocultar as suas dúvidas sobre si mesmas. Se você for um tipo controlador, você explica a sua postura defensiva como necessária para fazer algo corretamente, e você é a pessoa que define o que *corretamente* quer dizer. Cada traço, fraqueza ou defesa controlador é seguido pela explanação ou motivação oculta da pessoa controladora. Embora essas defesas sejam instrumentos de uma pessoa organizada, elas se tornam problemáticas quando ganham vida própria e não contribuem mais para a consecução dos objetivos.

Ao examinar as defesas controladoras a seguir, tente identificar aquelas que você mais usa e ver como as usa. Qual é a responsabilidade que você evita? Qual é o sentimento que você teme?

A Amplitude das Desculpas

Forma de Defesa	Dinâmica
Limpeza	Parecer profissional, vestir um uniforme adequado, e assim escapar à crítica, manter-se organizado.
Agendar-se	Ostensivamente ser capaz de manter os compromissos, mas também gerenciar os outros, afastá-los e limitar o estresses.
Criticar	Manter a ordem e os padrões, medindo os outros e mantendo-os na linha.
Ambição	Adquirir meios externos e assim ampliar simbolicamente o valor do eu interior, em especial quando duvida do próprio valor. Adquirir poder suficiente para evitar que os outros o abandonem.
Inflexibilidade	Fazer com que os outros cedam, porque o plano perfeito exige a obediência perfeita.
Explanações	Manter a crença na própria infalibidade.
Pensamento mágico	Raciocinar que se uma determinada coisa acontecer, uma conseqüência específica irá ocorrer ou ser evitada. Uma forma de obter controle simbólico sobre o que parece incontrolável.
Organização excessiva	Criar ordem externa e assim evitar encarar a confusão interna, outra forma simbólica de lidar com a dúvida sobre si mesmo e a raiva ocultas.

Desfazer	Uma ação que é uma extensão do pensamento mágico; equilibrar e desse modo cancelar um pensamento ou desejo inaceitável por meio de um ato simbólico corretivo. Geralmente, o pensamento ou o desejo envolve estar com raiva e ferir alguém amado. Por exemplo: uma mãe que secretamente ressente-se de seu bebê por prendê-la à casa, mas que não consiga admiti-lo (o sentimento oculto), preocupa-se com a possibilidade de o bebê sufocar-se (o desejo raivoso inaceitável) e assim verifica 25 vezes por dia se ele está bem (o ritual que desfaz a raiva).
Formação reativa	Afirmar coragem ao invés de admitir fraqueza; por exemplo, escalar montanhas mesmo sentindo medo de altura, ou levantar dinheiro para caridade mesmo sendo ambicioso. É uma outra forma de desfazer.
Renúncia	Desistir de todos os seus meios ruins, especialmente na iminência de ser pego e punido: conversão sob estresse, tornar-se uma testemunha do estado, confissões no leito de morte, mudanças drásticas de vida, sem aceitar plenamente a responsabilidade por aquilo que você fez, expressar o remorso apenas da boca para fora.
Intelectualização de sentimentos	Evitar a vulnerabilidade usando a mente para sentir, racionalizar a mágoa e a rejeição. "Quem liga se os outros gostam ou não de mim? Eu não preciso deles."
Racionalização das ações	Evitar a culpa por ferir os outros, raciocinando que naquelas circunstâncias você fez o que era preciso, alguém teria de fazê-lo, e assim são as coisas!
Culpar	Colocar a responsabilidade fora de si mesmo para manter a crença em sua bondade e integridade.
Projeção	Atribuir a outros as falhas e os sentimentos dolorosos que você não pode aceitar em si mesmo, uma forma de culpar; mas enquanto culpar envolve um acontecimento por vez, a projeção é um estilo geral de atribuir a responsabilidade fora de você a ponto de você enxergar os seus sentimentos negativos mais nos outros do que em você mesmo.
Paranóia	Abandonar a realidade, acreditando que você falhou ou está angustiado porque forças externas fizeram um complô contra você. É a projeção levada ao extremo.

A pessoa que usa defesas controladoras em geral parece estar em melhor forma do que as pessoas que usam a negação ou o "fazer de conta" porque as defesas controladoras criam a impressão de ordem e estrutura. Não é incomum ver pessoas paranóicas gravemente perturbadas que ainda são capazes de tocar um negócio, governar um país, ou gerenciar grandes somas de dinheiro. Elas empunham rigidamente o seu poder e parecem fortes para as pessoas mais fracas que as rodeiam. Esta força é uma ilusão, baseada realmente no desconforto que elas sentem ao expressar qualquer sentimento de vulnerabilidade.

Fingimento: a defesa competitiva

A herança defensiva do período competitivo é fingir não se importar com o seu trabalho ou com a pessoa que você ama quando se vê ameaçado por um fracasso ou uma rejeição. A essência do fingimento é agir como se o valor da coisa perdida fosse insignificante e, assim, diminuir o impacto do ferimento. Fingir protege a sua auto-estima, mas também limita o seu sucesso ao evitar que você dê o seu melhor e a sua atenção plena para resolver os problemas.

Se você é competitivo precisa aceitar os seus próprios sentimentos e admitir quando algo doloroso é importante para você, como todo mundo faz. Você precisa ser capaz de declarar a sua vulnerabilidade emocional sem posar de indiferente. Você precisa tirar a máscara, revelar o seu coração, e permitir que o mundo o veja como você é. Para fazer isso, você precisa aceitar que tem valor. Infelizmente, as pessoas competitivas com freqüência vivem como se fossem apenas tão boas quanto o seu desempenho mais recente e, portanto, acreditam que podem ser redimidas ou condenadas pelo próximo risco. Não é de admirar que façam de conta que não importa quando fracassam, dizendo que não estavam tentando, que não estavam comprometidas ou envolvidas de fato. Grande parte do medo do compromisso que atormenta os relacionamentos está baseada no medo de não ser suficientemente bom, pois as pessoas competitivas preferem quebrar vínculos do que se comprometer, aproximar-se de outra pessoa e ser vistas sem máscaras, ou seja, do jeito que são.

Todos nós precisamos chegar a um acordo com a nossa capacidade de fingir, e encontrar um equilíbrio entre a habilidade de sonhar e criar e a tendência de usar a imaginação para esconder os nossos problemas. As pessoas competitivas precisam arriscar-se a ser responsáveis por fracassos para aprender com eles. Se fingimos que não estávamos tentando de fato, nunca poderemos ficar satisfeitos com o que fizemos.

As defesas a seguir, apresentadas em ordem de intensidade crescente, refletem a tendência competitiva de ser governado pelo orgulho, de salvar as aparências a qualquer custo. Conforme você examina essas defesas, pense em que momentos você as emprega. Qual é o fracasso que você teme? Quão realista e honesto você é?

A amplitude dos fingimentos

Forma de Defesa	Dinâmica
Comparar	Definir a si mesmo pelo que os outros estão fazendo ou adquiriram.
Agradar aos outros	Conseguir o elogio dos outros para cobrir a sua autoaceitação fraca.
Ambição pessoal	Colocar alguém para baixo para sentir-se melhor a seu próprio respeito.
Jactar-se	Uma supercompensação pelos sentimentos de baixo valor pessoal em relação a seu desempenho, normalmente porque o desempenho foi fácil demais e poderia não responder à questão: “Quão bom eu sou?”.
Exagero	Aumentar a importância de uma realização para fazê-la parecer mais significativa, de acordo com o risco que você *deveria* ter assumido.
Fazer jogos	Minimizar o estresse, desvalorizando o significado das emoções, afirmando que a vida é apenas um jogo e insistindo que você estava só brincando.
Cerrar os lábios	Fazer de conta que tudo está indo bem apesar dos reveses óbvios; manter as aparências e agir como se fosse invencível.
Fingir insensibilidade emocional	Fazer de conta que a dor passa por cima de sua cabeça, a variação competitiva da negação.
Pensamento carregado de desejo	Viver emocionalmente na crença de que as coisas são melhores do que são.

Mentir	Agir como se o seu desejo fosse realidade, normalmente causando vergonha quando você é confrontado com a realidade e desmascarado.
Representar papéis	Agir como a pessoa que você gostaria de ser, especialmente comum entre adolescentes que estão experienciando novas identidades. Representar lhe dá uma qualidade emocional escorregadia pois você pode atuar de ambos os lados de um conflito sem realmente se envolver. Papéis típicos: o bode expiatório, o sabe-tudo, o bobo, o estabanado, o especulador, o aristocrata, a prima-dona, o hipocondríaco, o Don Juan, a sereia, o que corre riscos, o crítico, o competidor feroz, o puxa-saco.
Despersonalização	Sentir-se como se você não fosse você mesmo. Serve para distanciá-lo das situações intensas demais. É comum na adolescência quando a sua identidade, corpo físico, equilíbrio hormonal e ideais estão passando todos ao mesmo tempo por uma crise. A sensação é de flutuar, de ter a cabeça muito leve, de não ser você. Você pode achar que está enlouquecendo.
Cisão	Uma variação da representação de papéis em que as emoções são cindidas de sua consciência a respeito de um acontecimento e substituídas pela atitude: "E daí? Quem se importa?". O fato de você realmente se importar é facilmente aparente aos outros. Você parece instável.
Dissociação-amnésia	Uma forma mais grave de cisão em que uma parte de sua consciência ou memória foi cindida junto com os sentimentos inaceitáveis.
Personalidade múltipla	Uma forma de amnésia (*não* é esquizofrenia) em que as experiências e sentimentos dolorosos foram cindidos da memória e deram origem a personalidades separadas.

Não importa quanto você tenha-se desenvolvido, quanto tenha-se tornado maduro e aberto, você ainda tem o potencial para reagir de acordo com o seu estilo particular de defesas. Saber como oculta os sentimentos é o primeiro passo para descobrir os sentimentos que está escondendo.

Lembre-se, você tem escolhas, e pode agir e sentir-se de modo mais honesto, mesmo nas situações mais avassaladoras. O caminho para uma vida mais feliz é simplesmente sentir a mágoa à medida que ela acontece e seguir adiante. Os sentimentos que você evita certamente roubam a sua vida de você mesmo.

Defesas e débito emocional

Se você não tivesse defesas, não teria débito emocional. Você seria livre. Mostraria a sua mágoa quando a sentisse, talvez com uma pitada de raiva. Os outros se afastariam e lhe dariam espaço, deixariam de amá-lo ou continuariam a amá-lo. Se eles escolhessem não amá-lo porque você expressou-se, este seria o problema deles.

Você não temeria aquilo que não pudesse controlar ou evitar, mas encararia a vida com um senso de autoconfiança e respeito.

Experienciaria a dor de uma forma visceral total sem a intervenção de suas defesas.

Expressaria a sua mágoa e raiva sem sentir-se como uma pessoa má.

Reagiria à sua ansiedade como um sinal para estar pronto para se defender e não ficaria paralisado pelo medo.

Não sentiria vergonha. Cometeria os seus erros, aceitaria a responsabilidade por qualquer dano que causasse, e seguiria adiante.

Quando você adia a expressão de seus sentimentos

Os sentimentos não-expressos no momento em que acontecem são guardados como débito emocional. Existem diversos estágios do débito emocional:

1. Débito emocional reativo é um adiamento momentâneo entre um ferimento e a expressão da dor.
2. Débito emocional recente é um adiamento mais longo durante o qual ferimentos adicionais podem acontecer e ser combinados e guardados como ressentimento.
3. Débito emocional remoto inclui ferimentos não-resolvidos ocorridos anos atrás, incluindo feridas da infância que influenciaram o desenvolvimento de seu caráter. Esses sentimentos remotos são ativados pelas emoções dolorosas recentes que lhe lembram o passado.

Os três tipos de débito emocional acontecem da seguinte forma:

Você experimenta uma emoção com o seu corpo mesmo antes de ter consciência de sua identidade ou significado. Se você não empurrar a sensação para longe, ela se resolve rapidamente. Você simplesmente pergunta a si mesmo o que o está incomodando e por que, e lida com o problema. Este é o débito emocional reativo, a preocupação com uma emoção imediata logo antes de ela ser expressa. O seu desconforto ao segurar a sensação é o que o impulsiona a ir adiante e soltá-la assim que possível.

Se você empurra a sensação para longe, o tempo passa, a sua mente assume, e o seu sentimento é internalizado e agrupado com outros sentimentos guardados no débito emocional recente. Seu significado se torna menos claro, fica oculto pelas defesas e é combinado com emoções mais antigas. A confusão aumenta, e assim é comum que você não consiga entender o que o está incomodando. Você está perturbado "sem razão aparente" ou "por causa de alguma causa desconhecida". Reprimir os sentimentos de raiva certamente mina a percepção de seu próprio valor. Você se questiona se deveria falar. Você se preocupa com as conseqüências. Você se sente fechado. Contudo, na maior parte do tempo, você nem mesmo sabe por quê. Você apenas sente uma inércia emocional, o efeito de suas defesas consumindo a sua energia.

Adiar habitualmente a expressão dos sentimentos resulta no débito emocional remoto. Qualquer novo ferimento produz uma resposta defensiva exagerada e, quando não é resolvido diretamente, tende a ficar guardado. Os seus sentimentos chegam a um ponto explosivo até que de tempo em tempo quebram as defesas e são expressos fora de contexto e de controle. Os outros não podem entender ou simpatizar com as suas expressões exageradas, o que leva a uma maior alienação e solidão e a uma sensação de desamparo. Todas as vezes em que você tenta manter um contato emocional, é repelido porque fere as outras pessoas. O processo se auto-alimenta, produzindo mais ansiedade, mágoa, raiva e culpa.

Estar aberto para os seus sentimentos

Estar aberto para os seus sentimentos e expressá-los é o modo de evitar o débito emocional. Os sentimentos são mais reais quando são reconhecidos no momento em que ocorrem.

Experienciar a ansiedade diretamente, sem ocultá-la, lhe dá motivação para encarar o perigo em potencial e administrá-lo. Contudo, se você usar a sua mente para lidar com a ansiedade, as suas defesas irão interferir, e tempo precioso será perdido. Você pode analisar o perigo em potencial, dissecá-lo, discuti-lo com amigos, escrever sobre ele, experienciá-lo repetidamente, mas não o administra e ele se intensifica. Depois de um certo tempo, você começa a temer as coisas que *poderiam* acontecer, explorando longas cadeias de eventos possíveis. A preocupação substitui a lógica, e você fica confuso tentando discriminar entre ameaças reais e imaginárias.

A sua raiva passa rapidamente quando você se permite sentir a dor. Quando você faz alguma coisa errada ou desaponta a si mesmo, sente arrependimento e não culpa, e usa esse sentimento para se motivar a consertar as coisas. Você admite a sua humanidade, assume a responsabilidade pelo dano que causou, busca correções e aprende a lição. O seu senso de valor próprio logo ressurge e lhe permite perdoar a si mesmo. Toda a dor que você sente logo desaparece.

As defesas, os próprios instrumentos que lhe dão espaço para se ajustar à realidade, também fazem com que você perca o contato com a realidade e distorcem o mundo a sua volta, prolongando a sua dor e fazendo com que você sofra.

Existe um equilíbrio delicado entre proteger a si mesmo e ser aberto.

Compreendendo o inconsciente: o caminho para o *insight*

A compreensão do relacionamento entre uma sensação física e sua causa é chamada de *insight*. O *insight* também envolve entender como os seus sentimentos motivam as suas ações. Você desenvolve mais facilmente o *insight* quando não tem nada a esconder. Quando você esconde sentimentos, é difícil separar os sentimentos atuais dos sentimentos antigos que estão revivendo.

Esta confusão a respeito daquilo que você sente é chamada de inconsciente.

Como num filme fotográfico, o *insight* depende de quão sensível você é, isto é, quanta exposição à dor é necessária para que você forme um entendimento de uma impressão de sentimento. Depois de cada experiência emocional, você deve estar livre para se mover para o próximo quadro de realidade. Se reprime os sentimentos, você forma imagens múltiplas confusas em que o contexto fantasmagórico de seu passado persiste, e a sua visão do presente fica comprometida pela superposição de exposições emocionais duplas. Você não tem certeza se o sentimento que está experienciando é real ou memória.

O inconsciente consiste de sentimentos que você ainda não nomeou.

Outro modo de dizer isto é que num certo sentido não há inconsciente, apenas uma falta de entendimento daquilo que você sente.

O que normalmente é rotulado como inconsciente são aquelas motivações pelas quais você não quer aceitar a responsabilidade, e sentimentos que parecem estar além de seu alcance. Um nadador ansioso pode ter apenas alguns centímetros de água sobre a sua cabeça, e mesmo assim sentir que o fundo está a quilômetros de distância. De modo semelhante, os sentimentos que estão além de seu alcance parecem igualmente remotos e assustadores. Eles parecem ser irreconhecíveis, ou estar profundamente enterrados, inacessíveis a sua compreensão, em especial quando você está com medo de saber o seu significado. É próprio da natureza das defesas que aquilo que elas escondem pareça estar profundamente enterrado, quando na verdade está apenas em parte oculto, fora de seu alcance por milímetros. A mesma mente que usa as defesas pode também colocá-las de lado e permitir que você faça um contato com esses sentimentos escondidos.

A maioria das pessoas não costuma observar os seus sentimentos, nem dar atenção à sua resposta emocional ao mundo. Em vez disso elas esperam demais e só observam os sentimentos quando estão acumulados e ameaçam escapar. Esses sentimentos despercebidos também são o inconsciente. Qualquer atividade que aconteça sem o nosso conhecimento pode ser chamada inconsciente. Muito do que chamamos inconsciente é apenas falta de atenção, novamente uma forma de negação.

Simplesmente dar atenção àquilo que você estiver sentindo trará muito do inconsciente para o domínio da consciência e, portanto, para o seu controle. Você pode conhecer tudo a respeito de si mesmo, se realmente quiser saber a verdade, estiver disposto a enxergar a si mesmo como realmente é, e acreditar que nada do que você descobrir a seu próprio respeito pode feri-lo. Você dá as costas a um sentimento e o seu significado se torna oculto quando teme as conseqüências de admitir esse sentimento ou de assumir a responsabilidade por uma ação.

Os sentimentos estão passando continuamente da luz de sua consciência para a sombra protetora de suas defesas até chegar àquele domínio da inacessibilidade chamado inconsciente. Esses sentimentos estão sendo chamados continuamente para a consciência pelas situações presentes cujo conteúdo emocional espelha o sentimento escondido atrás da defesa. Quando esses sentimentos ocultos vêm à tona, eles vibram em sua memória, pegando-o de surpresa. *Insight* é uma percepção súbita da conexão entre as suas ações e sentimentos ou entre um sentimento do presente e um sentimento do passado. A percepção tem uma sensação de novidade e poder. É claro que você sabia dessa verdade o tempo todo, mas apenas estava assustado demais para olhar diretamente para ela.

Quando o sentimento oculto e o acontecimento que o causou são compreendidos, o *insight* faz com que eles pareçam óbvios e, de algum modo, descomplicados. Não há nada tão transparente quanto a compreensão tardia de uma iluminação emocional.

Sentimentos ocultos antigos freqüentemente vêm ao primeiro plano com uma intensidade maior do que a esperada, criando um senso de liberação e surpresa, como se uma luz tivesse sido acesa em uma sala escura. Você é exposto a uma verdade à qual ainda não se adaptou. Nesses momentos a verdade parece profunda e indiscutível. O processo de cura, trabalhando por meio dos sentimentos, permite que eles voltem a seu estado comum.

Algumas pessoas que passam sua vida tentando conseguir *insights* estão realmente procurando um senso de poder que está faltando em sua vida e que esperam poder suprir com terapia, religião, culto, autodesenvolvimento ou técnica motivacional. Esses cursos normalmente têm um nível de iniciação que aponta as falhas psicológicas ou espirituais do candidato e oferecem uma série de passos para abordar essas deficiências e obter domínio sobre elas. Embora as pessoas possam experimentar alguma evolução por intermédio desses caminhos, muito dessa evolução teria acontecido naturalmente se elas apenas fossem honestas consigo mesmas. O que elas acabam conseguindo é principalmente fluência na linguagem de um sistema e também dependência desse mesmo sistema, uma sensação de ser aceito e compreendido e, finalmente, gastos financeiros consideráveis. O conhecimento que em última instância essas pessoas buscam é o de que elas estão certas sendo exatamente como são. A motivação para buscar está no medo que elas sentem de que isto não seja verdade.

É claro que sempre há mais para aprender a respeito de si mesmo, mas grande parte desse conhecimento é barulho de fundo analítico, não é realmente necessário para o domínio pessoal. O verdadeiro domínio é libertar a sua mente de seu fardo defensivo. O propósito de conseguir *insight* e entender os seus sentimentos é ser capaz de ficar em paz consigo mesmo de modo a poder estar plenamente disponível para os acontecimentos e as pessoas em sua vida, sem a necessidade de distorção. Para fazer isso, você precisa saber e aceitar que é bom, digno de amor, inteligente e forte. Se você acreditar nisso com confiança suficiente para poder admitir os momentos em que não é bom, em que é menos digno de amor, em que age de modo inteligente e em que é fraco, você saberá tudo aquilo que precisa saber para viver a sua vida com *insight*.

Normalmente, quando os sentimentos antigos vêm à tona, eles exageram a sua resposta aos acontecimentos presentes, que usualmente os evocaram. Essa resposta exagerada é chamada *neurótica*, ou seja, é impulsionada por sentimentos ocultos. Quanto mais antigo o sentimento envolvido, mais neurótica — isto é, exagerada — será a sua resposta.

Algumas pessoas parecem responder a cada situação estressante com uma resposta emocional pré-fabricada que tem uma relação mínima com o que está acontecendo na realidade. Em qualquer lugar que estejam, encontram sinais de traição ou abandono, ou evidências de que estão sendo enganadas ou tratadas injustamente, e aí reagem como se o que encontraram fosse intencional. Expressar esses sentimentos pré-fabricados nunca libera completamente a sua mágoa original porque esse desabafo tem apenas barulho e não compreensão.

Quando irrompe, a emoção neurótica é distorcida e pode arrastar os outros para batalhas irracionais. Estes experienciam a sua expressão como uma reação exagerada, e sentem que a pessoa que está expressando a emoção antiga está fora de controle. Quanto mais você tenta ocultar esses sentimentos, mais óbvios eles são para os outros. A maior parte de sua insegurança vem da consciência vaga de que você não é capaz de manter os seus sentimentos em segredo. Você não tem nem mesmo certeza do que está tentando esconder; tem medo de olhar. Essa ignorância cheia de medo só reforça a sua dúvida a seu próprio respeito.

Existem dois tipos de sentimentos: aqueles que você quer conhecer e aqueles que você não quer conhecer.

Os sentimentos que você não quer conhecer podem ser também chamados de *inconscientes*.

De novo, quanto mais você tentar conter os seus sentimentos, menos estável você se sente. É uma batalha perdida.

Quando você permite que os sentimentos venham à tona, olha para eles e identifica sua fonte, a sensação de ser invadido dá lugar ao entendimento e ao alívio. O inconsciente se torna cognoscível.

As fontes últimas de sua dor

Como todas as outras pessoas, você busca definir o seu valor pessoal. Você quer saber se é digno de amor, forte e valoroso. Essas questões básicas, que refletem as preocupações predominantes dos três períodos de desenvolvimento do caráter, são colocadas continuamente pela vida e representam o débito emocional de seu caráter.

Questões dependentes:

- Sou bom? Sou ruim?
- Sou digno de amor? Sou indigno de amor?

Questões controladoras:

- Sou forte? Sou fraco?
- Sou inteligente? Sou burro?
- Estou certo? Estou errado?

Questões competitivas:

- Sou valoroso? Sou sem valor?
- Sou um homem (real)? Sou uma mulher (real)?

Você continuamente faz essas perguntas por meio de suas ações e escolhas sem ter consciência delas. Quando recebe uma resposta desfavorável, no mais das vezes fica arrasado sem compreender plenamente por quê. Estas questões explicam muito do seu comportamento impenetrável. Não se engane com a simplicidade delas. Se tiver as respostas que deseja se sentirá feliz e terá auto-estima elevada. É simples assim.

Na verdade, todos os ferimentos podem ser vistos como uma resposta negativa a qualquer uma dessas perguntas. A mesma perda pode significar coisas diferentes para pessoas diferentes. O seu tipo de personalidade interpreta a resposta de acordo com os seus próprios termos característicos. Uma pessoa dependente que é abandonada considera isto como uma confirmação de que é má ou indigna de amor. Uma pessoa controladora que é abandonada sente-se fora de controle e considera isto uma indicação de fraqueza ou estupidez. Uma pessoa competitiva sente-se desmascarada e interpreta o abandono como a conseqüência de uma falta de valor pessoal e de desejabilidade como homem ou mulher.

Embora cada tipo de personalidade interprete uma resposta negativa a qualquer uma dessas perguntas como uma perda, a pessoa dependente sempre será mais sensível às questões relativas ao amor e à bondade, e tenderá a ver essas questões nas outras perguntas. A pessoa dependente que se sente estúpida também se sentirá indigna de amor. Uma pessoa controladora também reagirá à rejeição como a pessoa dependente, mas além disso ficará preocupada com o papel da fraqueza e da burrice no acontecimento. Uma pessoa competitiva suspeitará que ela não era suficientemente importante ou famosa para conseguir o favor da pessoa que a rejeitou.

Defesas, débito emocional e o ciclo dos sentimentos

Qualquer defesa pode criar débito emocional ao ocultar qualquer emoção no ciclo dos sentimentos. A tabela nas próximas páginas resume como isto acontece.

Os capítulos a seguir irão explorar as emoções específicas no ciclo dos sentimentos e trarão modos de trabalhar com aquelas que ainda não foram resolvidas. O objetivo é ajudá-lo a viver no presente plena e honestamente.

Estágio no ciclo dos sentimentos	Efeitos da negação	Efeitos das desculpas	Efeitos do fingimento
Ansiedade Dor no futuro: Eu posso ser ferido. Eu tenho medo.	"Está tudo bem. Não há nenhum problema."	Sempre pronto a culpar os outros: "Os erros deles irão me ferir".	"O que, eu preocupado? Eu não me importo nem um pouco."
Débito emocional criado	O medo é internalizado, tornando-se uma vaga apreensão de um perigo difuso. Agora tudo é intenso demais.	Deslocamento do foco. A falta de responsabilidade permite que o dano se expanda.	O fracasso em arriscar resulta em dúvida a respeito de si mesmo, e em falta de crença no valor de tudo. Medo de palco generalizado.
Mágoa Dor no Presente: Eu estou ferido. Eu estou triste.	A dor é adiada e superafirmada, aprofundando o ferimento e criando ansiedade a	respeito de ferimentos futuros.	Dá razões para não ser ferido: "Eu sou tão forte e inteligente, eu sou invencível." A perda é explicada como erro dos outros.
Finge indiferença. "Não seja ridículo! Como alguém como você poderia ferir alguém como eu?"	Débito emocional criado	Pequenas perdas são percebidas em todos os lugares, até que o ferimento original seja admitido e resolvido. A ansiedade é sentida agora porque expressar o ferimento é visto como um risco de provocar outros ferimentos: isto é, rejeição.	As desculpas são inadequadas para conter o ferimento, e a mágoa se desenvolve rapidamente em raiva, que é vista como um estado de sentimento menos vulnerável para ser admitido. Preocupa-se em convencer a si mesmo da força, muita racionalização.

Estágio no ciclo dos sentimentos	Efeitos da negação	Efeitos das desculpas	Efeitos do fingimento
Raiva-Dor no passado: Eu me ressinto por ter sido ferido. Eu estou com raiva.	Por não estar disposta a admitir a raiva, a pessoa queima lentamente por dentro e fica amuada, retendo o ressentimento.	Obcecada com fantasias de retaliação; tende a punir os outros, afastando-os.	O fingimento de não se importar cede lugar a explosões de raiva não-controlada, dirigida exageradamente para diversos alvos.
Débito emocional criado	A auto-estima é tão diminuída que a pessoa não pode expressar a raiva e termina sentindo-se como vítima.	São criadas justificativas para a retaliação. A mente obcecada age agora como um detetive, buscando evidências da culpa dos outros. Planeja a punição mas teme agir.	Tende a um comportamento retaliador e compensatório para expressar a raiva e o ferimento que supostamente não foi sentido, o que envergonha a pessoa, que no fim das contas se importava!
Culpa-Raiva interiorizada: Eu sou culpado.	A raiva negada tortura a pessoa com dúvidas a respeito de si mesma: “Eu mereci isto. Eu não sou bom”.	Culpa os outros por fazê-lo sentir-se mal. Justifica a posição raivosa: “Se não fosse por mim, eles teriam sofrido. Que gratidão!”.	A insensibilidade em relação a si mesmo aumenta ao fingir que não se importa por ter perdido o controle. Duvida do próprio valor. “Nada importa. É tudo um jogo, de qualquer modo.”

Estágio no ciclo dos sentimentos	Efeitos da negação	Efeitos das desculpas	Efeitos do fingimento
Débito emocional criado	Comportamento autopunitivo. Pune as outras pessoas ao ferir a si mesmo para aliviar a culpa.	Culpa-se por ter confiado nos outros, que falharam com ele. Anseia por absolvição, mas não pode confessar os erros, não fez nada errado.	Momentos de remorso se alternam com comportamento autodestrutivo. É motivado para fazer reparações histriônicas.
Depressão-Reter a Raiva Desgasta a Energia: Eu estou esgotado. Eu me sinto deprimido.	Exibe o desamparo como se isso provasse que ele não teve um papel em tudo que levou aos acontecimentos. "Por que isto aconteceu comigo?"	À medida que o senso de responsabilidade entra vagarosamente na consciência, passa a acreditar que ele criou tudo isto para si mesmo e secretamente imagina se ele é mau.	Pode admitir a depressão mas finge que ela é o resultado de algo não relacionado com aquilo com que ele realmente se importa, e reage exageradamente a um pequeno problema.
Débito emocional criado	Tendência a ser rígido, apegado. Adere ao papel da vítima.	A mente que era usada para culpar os outros agora incrimina o eu com toda a força. Só ele sabe como ele é mau realmente. Se projetar, pode buscar vingança em tudo.	Pode precipitar uma perda que lhe pareça mais segura para sentir o luto em vez de admitir como falhou e o que o fracasso revela a seu respeito.

6
Compreendendo a mágoa: o processo do luto

Estar presente neste momento é tudo.

Se você não estiver presente neste momento, não estará plenamente vivo. A persistência de velhas memórias e a preservação da raiva e pesar antigos roubam a inocência e o charme do presente. Quando você se sente velho e gasto, cansado dos caminhos deste mundo, fica nostálgico, e o presente serve principalmente para lembrá-lo da vida que você viveu um dia, fazendo com que reconte suas perdas e suas vitórias.

A tristeza faz envelhecer prematuramente. Quando você está em débito emocional, é pessimista a respeito do futuro e, mesmo em seus anos de pleno vigor, anseia pela volta ao passado para remediar as falhas de amor e oportunidades pelas quais passou. Às vezes você anseia por mais cuidados, por mais tempo com alguém que não está mais aqui, por uma chance de falar o que pensa e aliviar o seu fardo emocional ou apenas por resolver a sua confusão e finalmente descobrir o que realmente aconteceu com você. Você pode especular, lamentar, ansiar, mas por mais que deseje voltar e consertar a sua experiência emocional, nunca pode voltar para casa de novo.

A sua casa verdadeira está neste lugar, e neste momento. O presente existe para agir, para fazer, para tornar-se e para crescer. O passado é apenas um comentário. O que aconteceu a você no passado, por mais doloroso que tenha sido, é apenas uma memória. A dor pode ter sido excruciante de tão intensa, mas agora já passou. Num certo sentido, o futuro também é comentário, porque ele reflete o modo como você interpreta o seu passado. Então, você só pode ser livre se viver no presente, porque é apenas no presente que você tem o poder de agir.

Você faz justiça no presente àqueles a quem amou no passado não quando revive a dor de sua perda, mas quando lembra da alegria de suas vidas. Se você foi ferido, você redime a sua honra não ao agir vingativamente, mas ao crescer e encontrar a vitória em seus próprios termos. Se você foi prejudicado nas brigas cruéis do amor, você se recupera não ao viver apegado mas ao renunciar ao objeto perdido pelo qual ansiava e ao olhar para dentro para encontrar um eu digno de amor.

O objetivo de processar as emoções no presente é liberar as mágoas antigas das defesas que as prendem, sentir completamente o luto da perda, e terminar com o seu sofrimento. Não há nada mais sem esperança que algo cujo tempo chegou e passou. O que o fere mais é tentar agarrar-se àquilo que passou.

Quando você mantém vivo o passado, cria expectativas irreais para o presente. Você demonstra os sentimentos errados no momento errado. Os outros têm dificuldade em entendê-lo. A sua vida parece confusa, e as suas ações parecem inexplicáveis. Essa inacessibilidade emocional mantém os outros ao longe e perpetua o seu vazio.

Você precisa aprender a discriminar entre a memória de uma dor antiga e a experiência de uma nova perda. Se a memória antiga ainda dói, a questão não foi plenamente resolvida. Uma dor relembrada que não foi resolvida é como se fosse uma nova dor sendo experienciada agora.

Você tem de viver no momento para libertar-se. O passado é memória; o futuro é fantasia. Estar no momento é a fonte de sua força e paz.

Este capítulo é dedicado a aprender como agir no momento e lidar com a mágoa assim que ela ocorrer, de modo que não persista qualquer resíduo. Embora este capítulo focalize a perda de alguém amado porque ela elicia os estágios do luto, este processo se aplica a todas as perdas mas com menor intensidade. Tudo é mágoa.

O sentimento da mágoa vai desde o desapontamento até a insatisfação, sentir-se ferido, abusado ou enganado, desconsolado, triste, infeliz, dolorido, pesaroso, desiludido, como um perdedor, angustiado, aflito. É um sentimento ativo que reflete o que está acontecendo agora.

Estar enlutado, em essência, significa estar lidando com a mágoa.

Se você vive bem o luto, você vive bem.

Se você não pode viver o luto plenamente, está enlutado o tempo todo.

Quando chego em casa, os meus cocker spaniels pulam a meu redor e ficam no meu caminho e, às vezes, piso acidentalmente numa pata. Eu sempre afago o cachorro, dizendo que não tencionava pisar nele e que ele é um bom cachorro e que sinto muito. Eu não sei se essas desculpas verbais têm qualquer significado, mas os cachorros parecem inteiramente dispostos a esquecer o assunto e seguir em frente. Eles não fingem estar mancando nem lamentam-se a cada passo nem viram a cara. Os cachorros estão felizes por me ver e não o escondem. Eles estão inteiramente no momento e só querem jogar bola. Eu estou disposto a concluir que os meus cachorros não guardam rancor. E imagino que se tivesse abusado deles ou os atormentado, eles rosnariam ou recuariam na minha presença. Contudo, sem essa história passada raivosa entre nós, todos os ferimentos que eu provoco neles são rapidamente esquecidos e, em algum sentido canino, perdoados.

Como humanos e tendo habilidades verbais, somos muito mais sofisticados do que os meus cachorros, mas isto também permite que escondamos nossas emoções atrás de defesas, e assim gradualmente nos tornemos menos abertos. O cachorro olha para o mundo como ele é. Nós imaginamos como ele poderia ser, lembramos como ele foi, somos lembrados do que sentíamos quando ele era diferente, e imaginamos se o que acontecerá a seguir será uma repetição do passado doloroso. O nosso intelecto nos liberta e nos pesa ao mesmo tempo. Precisamos estar abertos e conscientes de nossos sentimentos para recuperar o nosso senso de imediatismo e nossa habilidade de estar presente no momento. Precisamos aceitar o nosso passado para estar plenamente vivos no presente.

O luto e o tipo de caráter

Os estágios do desenvolvimento infantil são recapitulados nos passos do luto. Qualquer perda grave tem a capacidade de iniciar um processo de luto que progride do uso dependente da negação, passa pelas desculpas controladoras, pelo hábito competitivo de fazer de conta que tudo era melhor, até que a aceitação seja alcançada. Ao lidar com uma perda avassaladora, você volta à sua postura defensiva mais primitiva e trabalha por intermédio das defesas progressivamente mais maduras. O seu tipo de personalidade tem uma propensão inata para uma determinada resposta defensiva, e assim a sua habilidade para se mover pelos estágios do luto será limitada pela persistência de suas defesas específicas. Além disto, cada tipo de personalidade é especialmente sensível a tipos específicos de perdas, as quais terão mais probabilidade de iniciar o processo de luto e de eliciar a sua resposta defensiva característica.

Perdas dependentes

As perdas dependentes simbolizam a perda do amor dos pais ou do apoio e assim trazem à tona um senso infantil de desamparo e impotência, dúvidas a respeito da habilidade de sobreviver sem o amor de outra pessoa. As perdas dependentes incluem:

- a perda de alguém amado ou a perda do amor de alguém importante;
- a perda da crença de ser digno de amor;
- a perda do eu.

As perdas dependentes têm a capacidade de evocar os sentimentos de desamparo infantis porque elas têm raízes muito antigas. Se uma perda infantil não foi completada, o luto é cada vez mais difícil quando a pessoa é adulta, pois os antigos sentimentos de desesperança não-resolvidos invadem o presente e carregam não apenas a perda mas também a depressão profunda de uma pessoa desesperada.

Perdas controladoras

As perdas controladoras simbolizam a perda do controle sobre as pessoas das quais você depende para ter amor ou um senso de poder. Em última instância, o que a pessoa controladora está tentando controlar é o amor dos outros. Lembre-se de que lá no fundo a pessoa controladora é realmente dependente.

As perdas controladoras incluem:

- a perda do poder ou da posição, influência, superioridade, autoridade, ou acesso a essas fontes de poder;
- a perda de dinheiro, trabalho, sucesso financeiro;
- a perda de força física, juventude, saúde.

Um adulto que experimenta uma perda de controle tenta desfazer a perda fazendo acordos, justificando-se, fazendo promessas, negociando e racionalizando.

Perdas competitivas

As perdas competitivas simbolizam a perda da auto-estima, qualidade pessoal e valor pessoal. Você tenta esconder o senso de fracasso ao fingir que aquilo que sofreu não tem importância, do mesmo modo como a criança em idade escolar "faz de conta" para evitar a vergonha. Infelizmente, esse fingimento de não se importar torna-se um obstáculo enorme porque é difícil viver o luto e libertar-se de algo ou de alguém que você finge que nunca teve importância.

Perdas competitivas incluem:

- a perda da auto-estima, valor ou condição, seja social, intelectual ou romântica;
- a perda do sucesso;
- a perda da reputação, imagem, aparência, posição social ou profissional.

Uma pessoa competitiva que perde alguém próximo provavelmente sentirá a perda do elogio e da apreciação que aquela pessoa lhe dava. Se a parte mais importante de seu sucesso está em agradar aos outros e não a você mesmo, você experienciará a perda das outras pessoas como se fosse a perda de sua direção e objetivo. Você tem de lembrar que a sua meta não é agradar ou vencer mas desenvolver-se o melhor possível.

Tipo de caráter e os estágios do luto

Os estágios do luto não são patamares separados. Existe uma ampla variedade de respostas em cada nível, dependendo dos tipos de caráter e de indivíduos. Além disso, as pessoas seguem adiante quando sentem-se melhor, para voltar atrás quando uma onda de dor as subjuga. Também é comum que as pessoas tenham momentos de aceitação mesmo no meio do pesar mais absoluto.

Os estágios a seguir descrevem o desenvolvimento do processo do luto. O pesar de cada pessoa ocorre de um modo diferente, dependendo do significado simbólico da perda, do tipo de caráter e do sistema defensivo.

I. Choque inicial — negação imediata

A primeira resposta universal à dura realidade da perda é a forma mais primitiva de negação: "Não!". O acontecimento tem implicações tão terríveis que parece o fim do mundo, e assim é necessário perguntar: "Como é que isto pode acontecer?". "Não pode ser.". Desmaiar é um ato de negação, bloqueando totalmente a consciência.

A *pessoa dependente* tende a praticar a negação tanto quanto possível, oscilando entre o horror de saber e a ansiedade de aceitar.

A *pessoa controladora* tenta lidar tão racionalmente quanto possível com a informação dolorosa. Ela se foca nos detalhes e nas opções para evitar sentir-se impotente, como se estivesse dizendo: "Espere um pouco, deixe-me ter certeza de que a perda realmente aconteceu antes de eu me comprometer a sentir qualquer dor".

A *pessoa competitiva* pode fingir que não foi uma surpresa, que ela sabia que algo ia acontecer, porque isto torna possível que ela não seja tão ferida pela perda.

II. Negação posterior — impacto inicial

A próxima resposta é testar a profundidade da perda e tentar sentir o vazio que ela criou. "Não posso acreditar" dá lugar a "Não quero sentir" e depois a "Não posso suportar". Durante este teste você continua a voltar a uma negação mais completa, perguntando: "É realmente verdade?" ou "Como isto pode acontecer?". E você busca informação para explicar o inaceitável.

A *pessoa dependente*, sobrecarregada com uma sensação de queda livre, entra em pânico agora que seu apoio se foi e sente-se culpada: "Será que sou uma boa pessoa apesar de ser tão egoísta, tão egocêntrica e tão raivosa?".

A *pessoa controladora* tenta colocar ordem no caos para minimizar a dor — manejando os detalhes do funeral e ficando "ocupada demais" para chorar. Suas tentativas intelectuais não conseguem produzir paz mental, ela se choca com as poderosas ondas de emoção e se pergunta se os seus esforços têm significado.

A *pessoa competitiva* pode sentir-se desligada, superficial, quase volúvel, o que pode afastar os outros. A sua indiferença defensiva impossibilita o luto, além de fazer com que as pessoas a rejeitem quando ela necessita de simpatia. Mais tarde, estilhaços de dor furam a sua fachada.

III. Compreendendo a perda — desfazer

À medida que a percepção da perda vai se aclarando, você começa a avaliar a situação para ver se é possível limitar o dano de algum modo. Você se distancia de seus sentimentos e usa a sua mente para compreender o ferimento, criando até mesmo explicações irracionais meramente porque elas lhe dão esperança numa situação que de outra forma seria sem esperança. Você deseja desfazer qualquer dano que as suas próprias falhas possam ter causado, e negocia e suplica com a divindade. Você se oferece como um substituto, leva uma vida casta e sóbria, dedica-se a um caminho elevado — faz qualquer coisa para parar a dor.

A *pessoa dependente* analisa a perda e raciocina como a vida é injusta com ela.

A *pessoa controladora* tem analisado a dor desde o início e pode ficar entalada neste estágio do processo de luto. Ela revive a cena da perda, revê as motivações dos participantes, tenta adivinhar o destino, percebe complôs e arranjos ocultos, e discute infindavelmente a perda de todos os pontos de vista, menos o emocional.

A *pessoa competitiva* parece instável, luta orgulhosamente contra as lágrimas, e insiste que já superou a perda no momento exato em que está começando a senti-la. Pode ser rude com os membros da família por ficarem mostrando as emoções, o que a deixa embaraçada porque eles estão perto demais da sua verdade oculta, ou pode ficar totalmente histérica, agindo meramente como uma pessoa de luto.

IV. Culpar

Você começa a reconsiderar tudo o que fez e que poderia talvez ter tido um papel na perda, imaginando: "Se ao menos..." , à medida que começa a culpar a si mesmo e aos outros pelas falhas e pela falta de compreensão. Você retraça as suas ações e deseja voltar no tempo para mudar o seu comportamento e editar os seus comentários. Você pode levar isso até o extremo e culpar a si mesmo até chegar a uma paralisia virtual. Você raciocina que se pudesse ser culpado pelo que deu errado, talvez tenha algum poder afinal de contas, e talvez ainda possa fazer alguma mágica e corrigir a situação. A futilidade óbvia desta posição o leva a testar a realidade permitindo, finalmente, que você desista da posição de culpabilidade e aceite a irreversibilidade da perda.

A *pessoa dependente* provavelmente usará qualquer um que se opôs ou feriu a pessoa que ela perdeu como um alvo para sua raiva deslocada. Ela pode arrepender-se profundamente do modo como sobrecarregou a outra pessoa. Por outro lado, pode culpar a outra pessoa por tê-la abandonado, e assim corre o risco de assumir o papel da vítima.

O estágio da culpa pode preocupar totalmente a *pessoa controladora*. Ela busca culpar os outros enquanto é atormentada por pensamentos auto-acusatórios. Com freqüência se torna fechada e durona, para manter em segredo os seus sentimentos, e se assemelha a uma cidadela solitária de tristeza raivosa.

A *pessoa competitiva* continua a ter grande dificuldade em viver o luto porque ainda está tentando passar pela perda como se esta tivesse um significado mínimo. Ela pode fingir estar ocupada e já de volta ao curso normal da vida. Ela pode voltar aos negócios como se tudo estivesse normal, e atuar os sentimentos de culpa criando um fracasso que lhe permita viver o luto por uma perda simbólica mais segura. Ela pode culpar a si mesma pelo fracasso mais seguro e assim passar por procuração por este estágio.

V. "Fazer de conta"

"Fazer de conta" o prepara para a aceitação da perda. Você tenta juntar os pedaços da sua vida e continuar como antes, mas com alguma percepção de que ainda está de luto. Você tenta imaginar a si mesmo resolvendo a perda e afirma que está bem porque pode ver que estará bem algum dia. Infelizmente, essa projeção para o futuro muitas vezes dá lugar a profundos sentimentos de vazio quando a percepção da perda irrompe.

A *pessoa dependente* foca-se nas mudanças que a perda lhe trouxe, imaginando ansiosamente uma vida futura solitária. A perda de uma pessoa importante também dá à pessoa dependente a oportunidade de crescer ao aprender a aceitar plenamente a perda e ao descobrir a sua própria habilidade de sobrevivência.

A *pessoa controladora* volta-se com intensidade para a rotina da vida e normalmente fica obcecada com o trabalho para evitar a dor. Ficar longe da rotina o sobrecarrega com pensamentos solitários, que o incomodam porque o isolamento é o único sentimento que as defesas intelectuais de culpar e justificar não conseguem afastar.

A *pessoa competitiva* tem fingido que tudo está bem. As distrações insatisfatórias levantam a questão: "Por que nada parece ter importância?". Desta forma a perda volta continuamente de formas simbólicas porque ela apenas tem fingido que a superou.

VI. Aceitação

Não existe uma aceitação completa. Você aceitou a perda e viveu plenamente o luto quando pôde lembrá-la com um pouco de distância e muito menos dor. Você aceita que a vida agora está diferente e segue adiante.

A *pessoa dependente* sente algum anseio pelo que foi perdido, mesmo quando alcançou a aceitação. Durante anos haverá momentos no dia em que a perda o atinge. Um suspiro profundo libera a tristeza, e o estado de espírito se dissipa gradualmente, mas o sentimento de saudade da outra pessoa ainda persiste.

A *pessoa controladora* pode passar anos vivendo o luto daquela perda porque luta contra os seus sentimentos de vulnerabilidade. Ela permanece ocupada e restabelece o controle ao devotar a sua energia ao trabalho, até que finalmente aceite a perda.

A *pessoa competitiva* de tempo em tempo sente falta do elogio que a pessoa perdida poderia ter-lhe dado. Ela também vê menos significado na vida porque perdeu o prazer que sentia ao agradar à outra pessoa. O sentimento da perda da outra pessoa às vezes é tão autocentrado que a envergonha.

A dinâmica do pesar

A tabela a seguir resume os estágios do pesar, os sentimentos que prevalecem em cada estágio e as reações típicas de cada um dos diferentes tipos de caráter.

Trabalhar com a dor

Esses estágios de luto são experimentados não só quando você perde alguém querido, mas em menor grau quando você experiencia qualquer perda. Esse processo de vir a aceitar uma perda, chamado de *trabalho com a dor*, é uma das funções mentais mais importantes. Trabalhar com a dor é a preocupação principal da psicoterapia, em que a

Estágio do luto	Dinâmica comum	Dinâmica dependente	Dinâmica controladora	Dinâmica competitiva
Choque inicial	"Não! Não pode ser. O quê? Eu não posso (não quero) acreditar."	"Por favor, não me faça encarar isto."	Você pergunta o que aconteceu, quando, onde, quem, por que, para evitar sentir a dor.	"Eu sabia que algo ia acontecer."
Negação	"Como, onde e quando aconteceu?"	"O que eu farei?" O desespero se alterna com o medo.	Pode ficar preso nos detalhes e arranjos para ter uma sensação de controle sobre o desamparo.	"Bem, de algum modo é tudo para o melhor." Você sorri por meio das lágrimas.
Explicações	Você tenta entender por que, desfazer a perda, negociar. "Nós íamos comemorar o aniversário dele."	Autopiedade. Você se foca na injustiça da vida. "Esta é a pior coisa que já me aconteceu."	Você se preocupa mais em entender do que em sentir. Você vive o luto em "lapsos" solitários.	A falta aparente de tristeza o afasta dos outros. "Ninguém sabe pelo que estou passando."
Culpar	Você externaliza a dor. "Se ao menos..."	"Por que eu sou sempre uma vítima?"	Você inicia a vingança contra os "culpados".	Você explode com raiva ou tristeza.
"Fazer de conta"	"Eu acho que estou bem."	"Eu nunca mais serei o mesmo. Nada será."	Você trabalha obsessivamente para bloquear o	sentimento de pesar.
"Tudo está perfeito novamente."	Aceitação	"Está diferente agora. O seu pai teria ficado orgulhoso de você."	"Eu ainda sinto saudades dele."	Pequenas ondas de luto invadem e provocam explosões de comportamento controlador.

perda, cujo luto não foi vivido, é identificada, os seus efeitos são definidos e a sua dor é liberada das defesas que a prendem de modo a ser sentida e aceita.

Viver de modo feliz envolve o processo de trabalhar a dor. Se você não pudesse elaborar a sua mágoa, e viver no presente, seria uma pessoa rígida, vingativa e desorganizada, cuja mente estaria totalmente a serviço das defesas contra a verdade. Trabalhar com a dor não é esquecê-la, mas sentir a dor, testar a sua habilidade de viver com ela e, finalmente, permitir que a dor se dissolva.

Trabalhar com a dor é lidar com os desapontamentos da vida no momento em que eles acontecem de modo que a mágoa não fique guardada num reservatório de raiva, esperando por transbordar e perturbar o equilíbrio da vida. Trabalhar com a dor não é sofrer e, na verdade, é a única cura para o sofrimento. Você sofre mais quando tenta conter uma mágoa antiga. Você trabalhou o sentimento, quando sentiu a mágoa, permitiu que as lágrimas represadas fluíssem, aceitou o seu papel ou perdoou os outros, e soltou a dor.

O trabalho com a dor não é um processo passivo, mas exige a expressão ativa da mágoa. Este processo exige que a sua dor venha para o primeiro plano, e seja vista pela pessoa que mais precisa saber dela. Resumindo, trabalhar com a dor exige que você corra um risco.

Quando uma dor não é trabalhada, ela parece ter vida própria, criando problemas que parecem insolúveis, inexplicáveis e confusos. A dor não trabalhada tem a capacidade de invadir uma situação que seria agradável e superpor a ela um sentimento de desespero. Por exemplo, em vez de aproveitar a companhia daqueles que estão presentes numa reunião familiar, você focaliza a sua atenção em quem está faltando.

Algumas pessoas, que ainda não trabalharam completamente as suas perdas, são lançadas de novo, por uma memória passageira, para dentro de todo o tumulto do processo de luto. É uma experiência comum ser subitamente invadido por um sentimento poderoso de perda ou de nostalgia quando estamos arrumando os pertences de alguém que amamos certa vez. Esta não é uma recaída no estado anterior de luto, mas uma continuação do processo de trabalhar com os sentimentos cujo luto não foi vivido, isto é, sentido.

Quando você está vivendo o luto, se vê continuamente adaptando-se à nova realidade e escorregando para trás. Depois de ter perdido o emprego, você se descobre pegando o caminho para o antigo local de trabalho. Quando o seu restaurante favorito fecha, você ainda sugere uma ida até lá. Você se descobre passando em frente a uma casa antiga, depois de ter mudado de lá. Trabalhar com a dor é, num certo sentido, quebrar o antigo hábito de esperar que a realidade seja de um certo modo. É uma experiência de reaprendizagem.

A persistência da dor não lamentada

Quando uma dor não é trabalhada, ela persiste como uma memória triste, como um estado de espírito nostálgico ou raivoso, ou como um medo. É impressionante a força e a capacidade que uma perda não lamentada tem para influenciar os seus sentimentos e pensamentos presentes. Evelyn, uma mulher de 76 anos, fez a seguinte chamada para o meu programa de rádio, que ilustra o poder que os sentimentos não-trabalhados podem exercer sobre toda uma vida.

Evelyn: Eu sou casada (*limpa a garganta*) com um homem ótimo (*limpa a garganta*) há 54 anos. Sinto muita insegurança e ansiedade. Tenho medo que ele morra se eu deixar que ele saia de casa para passear com o cachorro, para algum lugar onde eu não o veja...

Eu penso que isto pode vir do fato de que, quando eu nasci, minha avó, que só falava alemão, cuidou de mim porque os meus pais tinham que trabalhar. Nós vivíamos todos juntos... Ela morreu subitamente.

D.V.: Quantos anos você tinha quando ela morreu? Até que idade ela cuidou de você?

Evelyn: Desde o nascimento até cinco dias antes do meu terceiro aniversário. Ela morreu de pneumonia. Eu fiquei deprimida. Eu não apenas perdi minha avó, mas perdi minha comunicação porque depois disso não me permitiram mais falar em alemão.

D.V.: Então, naquela época, você ficou entalada com o seu pesar, e não tinha um modo de expressar-se.

Evelyn: É verdade.

D.V.: Especialmente porque os sentimentos que você tinha em relação a sua avó devem ter sido em alemão.

Evelyn: Sim, é verdade. Umm, me disseram que eu nunca chorei em nenhum momento depois disso. Bem, dr. Viscott...

D.V.: Espere um pouco. Bem, você sabe... você vê, quando você fala comigo, Evelyn, a sensação que você passa é a de alguém sob pressão. Eu sinto que é como se você sempre estivesse sob pressão.

Evelyn: (*limpa a garganta*) É verdade.

D.V.: Por que você está tossindo? Você está resfriada?

Evelyn: Não, eu... é só a emoção.

D.V.: É assim que você fala sempre, tossindo? Algo está entalado em sua garganta?

Evelyn: Sim.

D.V.: Veja, isso é o sentimento tentando sair. Essa é a inibição que está presente em sua vida, e você a sente, uh (*imitando o limpar a garganta*) como algo profundo (*imitando o limpar a garganta).*

Evelyn: Sim.

D.V.: Esse é o sentimento de querer a sua avó. Como você a chamava?

Evelyn: Eu a chamava de Mamãe.

D.V.: Você não a chamava em alemão?

Evelyn: Alemão. *Mutter?... Mutter.*

D.V.: Mutti?

Evelyn: Mutti (sensação poderosa de reconhecimento)!

D.V.: Você pensa em *Mutti*?

Evelyn: Eu penso nela o tempo todo.

D.V.: O tempo todo. E você vê uma imagem dela?

Evelyn: (suspiros) Eu não tenho uma foto dela.

D.V.: E na sua mente?

Evelyn: Sim, em minha mente sim.

D.V.: E o que você vê em sua mente?

Evelyn: Eu vejo... Eu a vejo com olhos muito gentis olhando para mim, cheia de rugas, com um rosto enrugado e um amor muito grande por mim.

D.V.: Você ainda fala alemão?

Evelyn: Eu posso... Eu posso entender um pouco o alemão, e posso falar um pouco, mas não fluentemente.

D.V.: Ok. Se você fosse falar comigo como se eu fosse *Mutti*, em alemão, o que você me diria? Se você pudesse me dizer algumas palavras agora... *Was wollen Sie sagen?*

Evelyn: (com muita emoção) Mutti, ich liebe dich.

D.V.: Ich liebe dich. Como?

Evelyn: Uh... tão profundamente, eu... (*com voz sufocada)*... e eu tenho tanto medo de perder o meu marido.

D.V.: Agora você está tocando a sensibilidade da perda antiga e prendendo-a ao presente.

Evelyn: Sim. Eu fico tão preocupada com a possibilidade de perder o meu marido que não posso deixar que ele saia de casa para passear com o cachorro. Eu fico tão preocupada que ele não volte para casa ou que algo aconteça a ele.

D.V.: Veja, é aquele medo que está vindo à tona de novo, o medo de ficar completamente impotente como uma criança.

Evelyn: Sim.

D.V.: Parte do medo que você tem em relação a seu marido é o medo de perder *Mutti*. Você vê, vem tudo de novo. Você viveu a sua vida tão plenamente quanto possível. Você tem muitas coisas boas, mas o que você não tem é a liberação da perda de alguém a quem você não foi capaz de dizer adeus. Isto é o que a deixa atemorizada.

Evelyn: (com reconhecimento) É verdade.

D.V.: Você tem de dizer adeus a *Mutti*.

Evelyn: Sim.

D.V.: Você pode dizer isto?

Evelyn: Sim, eu posso dizer adeus a *Mutti*.

D.V.: Diga a mim.

Evelyn: Adeus *Mutti*.

D.V.: Kannst du auf Deutsch sprechen?

Evelyn: Ich... Ich... kann.

D.V.: Para *Mutti. Zu Mutti sagen.*

Evelyn: Como?

D.V.: Fale para *Mutti* em alemão.

Evelyn: Mutti, eu *kann nicht* alemão *sprechen,* mas *ich liebe dich* tanto.

D.V.: E adeus.

Evelyn: E adeus!

D.V.: O que você está sentindo?

Evelyn: Eu me sinto melhor. Eu me sinto mais leve, eu posso fazer isto. Eu devo dizer adeus em alemão para ela. Eu serei capaz de pensar mais claramente nas palavras quando não estiver mais no ar.

D.V.: Eu sei que você será.

Evelyn: Eu direi adeus a ela.

D.V.: Ich liebe dich.

Evelyn: Ich liebe dich.

Esta chamada tocou milhares de pessoas que se reconheceram em Evelyn. A transcrição não consegue passar a liberação emocional que ocorreu quando estávamos falando em alemão. Num sentido muito real, os seus sentimentos que não foram trabalhados o prendem em suas garras, dirigem o seu pensamento e limitam a sua felicidade. As defesas de Evelyn a mantinham presa de um modo especialmente forte porque os vínculos que mantinha com sua avó eram em alemão, e como os pais a proibiram de falar alemão depois da morte da avó, ela havia ficado ainda mais separada da consciência de sua perda. Como já vimos, a negação é a única defesa que opera sem palavras. Quando a linguagem de Evelyn foi retirada, apenas a negação permaneceu.

Trabalhar os sentimentos, viver o luto com aceitação plena, é tão importante quanto respirar para viver.

Os sentimentos são a respiração da alma.

Agora, vamos definir as habilidades básicas para lidar com a mágoa no momento em que ela acontece.

7
As habilidades para trabalhar com a mágoa: um manual

Você pode entender como trabalhar mais efetivamente com os ferimentos e as perdas simples da vida cotidiana, se tiver o processo do luto como o seu referencial. Todos têm dificuldade em lidar com mágoas. Não há uma receita pronta para este processo. Algumas pessoas passam rapidamente pela negação e vão diretamente para a aceitação, em especial quando tiveram uma série de perdas. Uma nova perda simplesmente se encaixa no processo de luto que já está acontecendo, mas ao mesmo tempo pode também sobrecarregar a habilidade da pessoa para lidar com tudo isso. Pessoas que experienciaram perdas múltiplas — por exemplo, por causa da epidemia de AIDS ou durante uma guerra — ou ficam anestesiadas com o horror contínuo, ou entram num estado de luto prolongado em que se sentem separadas do mundo real e presas numa paisagem interna de luto.

Embora as perdas duras recebam mais atenção, são as pequenas perdas — desprezo social, o fracasso em ser reconhecido ou apreciado — que terminam causando a maior parte de suas dificuldades. É exatamente porque essas pequenas perdas escapam à sua atenção que você tende a excluí-las do processo de luto e a continuar com a sua vida como se nada tivesse acontecido, enquanto internamente essas perdas ficaram imperceptivelmente guardadas no débito emocional. O poeta Wordsworth escreveu: "O mundo é demais para nós". O ritmo febril do trabalho, os acontecimentos cotidianos e os meios de comunicação são invasões que limitam a nossa habilidade de processar os sentimentos simples da vida.

Às vezes é difícil encontrar tempo para refletir, para priorizar as emoções, para segurar-se, para manter o equilíbrio. Você segura os sentimentos e experiencia estresse, a pressão dos sentimentos não-expressos buscando liberação. Mais débito emocional é causado pelas frustrações do trânsito, elevadores lentos, cheques infindáveis e a percepção crescente de que você perde a sua dignidade e o seu valor como ser humano quando é visto como uma estatística, um consumidor, um burro de carga. Quer a sua individualidade de volta. Quer ter importância. Quer ser você mesmo e ter uma identidade num mundo que não parece se importar com a sua existência.

Para poder viver plenamente num mundo que abusa de você a cada passo, você precisa mais que nunca ser emocionalmente livre. A chave é ser capaz de expressar a sua parte e liberar seus pequenos ferimentos pessoais quando os sente, de forma a não desenvolver um calo de inconsciência emocional apenas para sobreviver, nem carregar tanto débito emocional que você exploda em resposta ao mundo impessoal.

Sentindo a dor

O modo mais efetivo para lidar com a dor é experienciá-la no momento em que ela acontece, e continuar sentindo-a enquanto estiver presente. É claro que existem muitos fatores que influenciam a duração da dor ou a mantêm viva.

Experimente este teste simples:

Bata palmas o mais forte que você puder.

Sinta a sensação do ferimento. As suas mãos latejam e os seus dedos parecem inchados. Depois de alguns momentos, você pode notar formigamento ou ardor ou alguma dorzinha nos pontos em que foi feito o maior contato — onde um anel impactou o dedo ou onde as mãos se chocaram ao bater. Depois de poucos minutos você tem a sensação fugidia de pressão sendo retirada, e pode se sentir pronto para continuar lendo o próximo parágrafo.

Espere um momento antes de continuar. Apenas sinta novamente a dor. Pode ser que você tenha de ampliar a sua sensibilidade para percebê-la, mas ela ainda está aí, ficando mais fraca a cada momento. Se você teve um ferimento antigo, ele pode ter sido reativado e puxado pelo bater de palmas.

Agora ela está tão fraca que você tem de procurar para senti-la. Ela é real ou é lembrança? A sua resolução da dor determina o modo como você vê a realidade, pois se a sua dor é duradoura você verá um mundo hostil.

Agora imagine que você machucou a sua mão numa discussão com a pessoa amada. Você havia pressionado para obter uma resposta a respeito da intenção de seu namorado e, de um modo totalmente incomum, ele fez menção de bater em você com a mão aberta. Você se defendeu levantando a sua mão, e então ele saiu correndo da casa, envergonhado com a própria raiva. Imagine que você está sentada, olhando pela janela da cozinha. Agora, sinta a dor residual em suas mãos como se ela fosse o resultado da defesa contra o ataque de seu namorado. Ela está lá, mesmo que seja extremamente fraca. Encontre-a. Focalize sua atenção nela. Foi nesse lugar que você acabou de ser machucada por alguém a quem ama. A dor física pode ainda ser sentida mesmo quando é apenas uma lembrança, quando existe um componente emocional nela.

Se você decidiu guardar rancor contra o seu namorado por tê-la atingido, irá confundir a memória de ter sido agredida com a dor emocional residual que ainda sente, e irá exagerar a dor para alimentar o rancor. A mágoa se resolve muito lentamente quando é usada para manter viva a raiva. É necessário perdoar para parar de sentir dor.

As técnicas a seguir o ajudarão a aprender a expressar os sentimentos no momento, de forma que você possa descarregar os sentimentos quando eles aparecerem, independentemente de quem o fira ou de quando ou em que circunstâncias.

Vivendo no momento

Tudo acontece no momento presente. A vida é agora. O crescimento acontece agora. A felicidade existe agora. Os sentimentos são reais neste momento. Tudo o mais é fantasia.

O momento é um período de tempo em que você pode manter uma única idéia, em que sente um sentimento antes que qualquer lembrança emocional ressonante aconteça.

O momento é breve, dura alguns segundos. Aqui está um momento: o tempo que você passou lendo isto.

Agora ele se foi, e você está em outro momento.

Os momentos vêm e vão, e os sentimentos contidos neles envelhecem e escorregam para fora de seu alcance emocional. Então você os lembra em vez de experienciá-los. É comum que as pessoas desejem que os momentos agradáveis permaneçam um pouco mais para que possam reter o seu encanto. Você tira fotografias para preservar o momento. O artista luta para captar o gesto ou para contar o detalhe e recaptar o sentimento do todo e torná-lo vivo novamente, por uma reprodução perfeita de parte da realidade. A arte existe para manter vivo o momento, torná-lo visível, lembrá-lo, delineá-lo, e enxergar a sua essência. O momento que é bem representado na arte, não só lhe diz a respeito do momento que existe agora mas também o relaciona ao momento que veio antes e ao momento que virá a seguir.

Todas as suas aspirações têm a ver na verdade com os momentos que você vive, os momentos que você lembra, saboreia, e com os quais sonha. Você almeja pelo momento da vitória, triunfo, conquista, sucesso e por toda a sua vida trabalha para viver momentos que pareçam justificar a sua luta. Esses momentos passam. E o mesmo acontece com os momentos em que você soube da morte de pessoas queridas, e com aqueles momentos em que aceitou o fracasso.

O momento definitivo é o momento de aceitar a si mesmo sem a necessidade de fazer mais nada para provar o seu valor, mas meramente ser você mesmo. Esse momento dura.

É impossível manter qualquer momento vivo, isto é, fazer com que o presente dure. Todos os momentos são fugidios. A mágoa dura apenas um momento antes de começar a tornar-se raiva. Então é importante aprender a ser tão espontâneo quanto possível ao expressar a mágoa no momento em que ocorre. Isto lhe permite expressar a sua mágoa em sua forma mais simples e compreensível, quando ela faz mais sentido para os outros. Você põe a si mesmo numa desvantagem injusta quando permite que a mágoa se transforme em raiva, porque no momento em que finalmente expressa os seus sentimentos feridos pela raiva, você provavelmente irá magoar a outra pessoa. E então essa pessoa provavelmente ficará na defensiva e não será especialmente empática com a sua dor. Se você esperar demais, pode ser que a outra pessoa nem lembre mais do incidente, e você se verá obrigado a exagerar ou a agir como uma criança ferida para marcar a sua posição.

O único modo de estar vivo no momento é dar voz a sua mágoa quando ela acontece.

Talvez você sinta que precisa da aprovação da outra pessoa. Talvez a outra pessoa seja o seu chefe e você tenha medo de perder o seu emprego. Talvez a outra pessoa seja o seu namorado e você tenha medo de descobrir que ele não se importa com os seus sentimentos. Qualquer coisa que você tiver medo de perder se transforma na razão pela qual você não está disposto a expressar os seus sentimentos no momento e, no fim das contas, não reagir no momento torna as coisas piores.

Técnicas para estar vivo no momento

As técnicas dinâmicas a seguir são fundamentalmente importantes para estar vivo no momento de modo que você possa resolver as mágoas em vez de guardá-las como débito emocional. Não as considere superficialmente. Embora eu tenha simplificado e traduzido as dinâmicas numa linguagem despretensiosa, elas representam 25 anos ajudando pessoas a dizer aos outros que elas foram feridas *quando* sentem dor. Descobri que para muitas pessoas isto era difícil de fazer. De um modo geral as pessoas nem mesmo percebem que foram feridas. De algum modo precisam ampliar a duração do momento do ferimento para que possam situar-se e descobrir o que estão sentindo. Além disso, ouvir que você magoou alguém é uma experiência dolorosa. A expressão da mágoa freqüentemente é percebida como um ataque, fazendo com que a parte ofendida se transforme no vilão. O quadro a seguir mostra como os três estilos defensivos respondem à mágoa.

Reações defensivas à mágoa

Negação	Confusão, demora em perceber que o ferimento aconteceu. À medida que o mau humor aumenta, a obstinação cresce. Quando o sentimento da mágoa é sentido, em geral não está ligado ao acontecimento que o causou. Quando o ferimento é finalmente identificado, prevalecem atitudes como "Como você pôde?" e "Não posso falar sobre isso" e "Você está me matando", numa tentativa de punir o outro a partir de uma posição passiva.
Desculpas	Resposta reflexa defensiva para tentar controlar ou punir quem o ofendeu, dita com um ar de virtude. Atitude de "Agora você conseguiu", insinuando a existência de um rancor oculto e a preparação para responder a qualquer ataque com uma força imensa. Se esta atitude oculta for generalizada, ela causa reações exageradas e ataques específicos, a críticas e a sabotar a pessoa que causou o ferimento. O exagero enfraquece o caso. A vítima se transforma no vilão.
Fingimento	"Eu não ligo. Não tem importância. O que você espera de alguém assim? E daí? Não foi nada, só um arranhão, uma picada de pulga. Eu nem mesmo dei atenção. Nem percebi."

Você pode superar essas operações defensivas de um modo aberto e não defensivo ao aprender algumas técnicas verbais-chave. Elas são comentários para serem feitos de modo aberto no momento exato em que você sente a dor, quando há maior chance de corrigir o mal-entendido e conservar o bom relacionamento com as pessoas com quem você se importa.

Quando você fizer um comentário para conseguir a atenção de alguém que feriu os seus sentimentos, continue com o próximo comentário que represente mais diretamente a sua sensação de ferimento. E então explique o seu ferimento em termos específicos. Essas são as técnicas mais simples para cobrir o abismo entre a sua mágoa e a incapacidade de arriscar-se à exposição, mesmo na presença de pessoas que o intimidem. Tente dominar as primeiras técnicas, de forma que você possa usá-las de um modo natural e confortável.

1. "Desculpe. Eu não ouvi o que você acabou de dizer. Você pode repetir?"

Esta frase tem um grande poder porque o coloca imediatamente no controle da situação. Esta frase lhe dá uma oportunidade para confirmar a sua percepção, quer você saiba perfeitamente o que a outra pessoa disse e qual o seu motivo, quer possa ter entendido mal o comentário. A outra pessoa pode não ter consciência daquilo que disse, talvez porque algum sentimento negativo não-resolvido, que não tem nada a ver com você, invadiu-a e fez com que ela fizesse o comentário. Afinal de contas, as outras pessoas também têm problemas com o débito emocional. O ferimento pode na verdade ter pouco a ver com você; pode ser simbólico.

Dizer: "Você pode repetir? Eu não ouvi o que você acabou de dizer" abre uma nova perspectiva para a outra pessoa. Primeiro, ao afirmar que não ouviu, você oferece um escudo para que a pessoa se esconda. E você lhe dá uma chance para reconsiderar aquilo que disse. É quase certo que ela se sinta desconfortável ao lembrar do comentário que fez. Preste atenção no modo como o comentário é editado quando ele for repetido. Provavelmente, aquilo que o feriu será omitido. Você deveria aceitar imediatamente a correção, sem comentários, e dar algum sinal positivo. Você tem de soltar a mágoa. Agora você está numa posição de força. Você está sendo gentil e compreensivo, e a outra pessoa irá apreciar e respeitá-lo por isto.

Se o comentário original for repetido, e o insulto for proposital, fique em silêncio ou use uma das técnicas a seguir. Se a outra pessoa se recusar a repetir, apenas reitere que você não ouviu, mas fique consciente de que a outra pessoa está resistindo a falar abertamente de um sentimento. Você agora tem a opção de pressionar, se quiser, ou de deixar passar, mas sabendo mais claramente com o que está lidando.

Se você sentir que perdeu a oportunidade para expressar a raiva ao agir desta forma conciliatória, estará refletindo os seus próprios problemas. O seu débito emocional está interferindo. A tática correta é expressar as preocupações que você tem, antes que elas se transformem em problemas, e não começar uma briga, em que a raiva antiga venha à tona.

2. "Eu não entendi o que você acabou de dizer. Você pode explicar?"

Peça esclarecimentos. A afirmação é de que você ouviu a observação e está pronto a repeti-la para a outra pessoa. Se você o fizer, diga: "Eu acho que você disse..." e esteja preparado para ouvir que você entendeu errado ou que a outra pessoa queria dizer outra coisa. De novo, aceite qualquer correção e permita um recuo. O seu objetivo é trazer o assunto à luz no momento, e não enterrá-lo nem começar uma guerra.

3. "É isso mesmo?"

Este é um comentário maravilhoso. Ele deve ser dito de forma simples, sem elaboração ou enfeites, no momento em que você ouviu algo prejudicial, crítico ou negativo. Não reaja, só pergunte: "É isso mesmo?". Ao fazer isto você dá à pessoa uma chance de se corrigir, e cria uma atmosfera de tolerância em que uma correção será aceita. Acrescente: "Isso é verdade?" ou "Verdade!" para intensificar o que quer dizer.

4. "O que está acontecendo?"

Use esta técnica quando a outra pessoa resistir a responder aos comentários anteriores. Este comentário investiga indiretamente a reação da pessoa a suas tentativas de esclarecer a situação. Este é o tipo de comentário para ser feito a alguém com quem você tem familiaridade, e não a alguém relativamente estranho, porque ele pede que a outra pessoa explique sua relutância em se abrir.

Mostre-se surpreso, mas não magoado. Lembre-se de que você ainda não entendeu o suficiente para ficar magoado. Quando alguém está resistindo ao confronto, qualquer demonstração de mágoa pode levar a situação a se transformar numa discussão.

Lembre-se, você está tentando entender.

5. "Isto não faz sentido para mim."

Esta técnica confronta mais, pois implica que a observação foi irracional. Ainda assim, ao afirmar que a observação não faz sentido para *você*, você está pedindo auxílio. Ela também permite que você expresse alguma negatividade de um modo seguro. Você pode pedir uma explicação se acrescentar: "Talvez eu tenha perdido alguma coisa" ou "Você terá de repetir isso novamente para mim". A vantagem desta abordagem é que ela mantém claramente o sentimento vivo e à mostra, antes que ele possa ser esquecido.

6. "Eu não sinto que isto esteja certo."

Esta é uma boa forma de mostrar os seus sentimentos de mágoa numa situação em que o seu ferimento resulta, sem sombra de dúvida, da ação da outra pessoa. Este comentário declara francamente que você não gosta do modo como se sente na situação atual. Ele também mostra que a sua posição difere da posição da outra pessoa, pois a maioria das pessoas em nossa sociedade usa as palavras *sentir* e *pensar* como sinônimos.

Se você permitir que outra pessoa estabeleça uma posição que o fira, sem manifestar a sua oposição no momento adequado, a outra pessoa entenderá a sua demora como uma concordância tácita. Mais tarde, quando a dor tiver aumentado e se convertido em raiva, a sua resistência parecerá fora de lugar e exagerada. Quanto mais você esperar, mais provável que isto ocorra, maior a chance de que a sua reação seja desnecessariamente prejudicial para a outra pessoa.

7. "Eu não tenho certeza."

Este comentário simples, dito com um encolher de ombros e um olhar de dúvida, é uma forma efetiva de diminuir a transação emocional do momento e demonstrar que você não está gostando do que está acontecendo. Ele não expressa especificamente as suas emoções, mas abre a porta para uma discussão mais branca. Funciona bem quando alguém está tentando pressioná-lo ou controlá-lo. Se a pessoa não perceber a dica, faça um comentário mais incisivo.

8. "Não me sinto bem com isto."

Esta é uma declaração direta de seu incômodo, embora envolva algum risco. Ao fazer este comentário, você apresenta abertamente os seus sentimentos e pode correr o risco de descobrir que a outra pessoa não se importa com o que você sente. Amar outra pessoa é se importar com os seus sentimentos do mesmo modo como você se importa com os seus próprios. Assim, uma pessoa que esteja isolada de seus próprios sentimentos, dificilmente poderá se importar com os sentimentos dos outros. As pessoas que hesitam em expressar a sua mágoa para os outros, na verdade, têm medo de descobrir que estão lidando com alguém que não tem a capacidade de se importar com elas, pois o amor a si mesmo é o fator limitador para a capacidade de amar o outro.

Uma vez que se tenha superado o medo de descobrir a verdade, esta técnica é um bom modo de iniciar uma comunicação com significado. Conhecer a verdade pode ser doloroso, mas é sempre o início da cura e do crescimento.

9. "Eu sinto dificuldade em lidar com isso, ou em aceitar isso."

Agora você está falando diretamente do problema. Está afirmando que não concorda com a situação. Está pedindo à outra pessoa que olhe para as suas inquietações. Está abrindo diretamente a discussão.

De novo, você corre o risco de ser ignorado ou rejeitado, mas está sendo adulto.

10. "Isto me magoa" ou "Você acabou de ferir os meus sentimentos."

Esta é a afirmação mais direta sobre o ferimento, e numa relação entre dois adultos maduros e abertos provavelmente será tudo o que você precisa. No entanto, as pessoas têm dificuldade em fazer uma declaração tão explícita de mágoa porque não querem descobrir que a outra pessoa as feriu intencionalmente, nem querem criar um conflito. Mas se você evita um conflito externo quando uma outra pessoa o fere, está apenas semeando um conflito dentro de si mesmo.

Algumas pessoas entenderão a sua declaração como uma acusação. Especialmente as pessoas controladoras não gostam de ouvir as reclamações dos outros, e com freqüência se tornam mais controladoras e punitivas. É como se elas estivessem dizendo: "Eu vou lhe ensinar a reclamar a respeito dos ferimentos que causei". Por esta razão, se você estiver lidando com uma pessoa controladora, é conveniente começar com uma declaração menos direta de mágoa.

Não importa com qual tática você comece, o resultado final será o mesmo: expressar a sua mágoa no momento. Ao expandir o tempo de consciência de um sentimento, você dá a si mesmo mais espaço para fazer uma declaração a respeito de seus sentimentos. Quando você finalmente chegar a um nível de compreensão em que os seus sentimentos possam ser afirmados, é importante dizer: "Bem, isto é o que acho que você disse. Isto feriu os meus sentimentos". Isto é necessário para levar a conversa ao próximo nível da verdade para que o sentimento de mágoa possa ser resolvido.

11. "Eu quero" e "Eu não quero."

Declare as suas intenções e os seus desejos simplesmente e sem alarde assim que você tiver consciência deles. Esses dois comentários podem parecer mais adequados para um manual sobre auto-afirmação, mas aprender a usá-los adequadamente pode evitar muita confusão e desconforto no futuro. Essas são as duas melhores e únicas explicações para as suas ações.

Quando você quiser alguma coisa, diga. As pessoas que dizem o que querem, conseguem o que querem. Depois que você passou dos dois anos de idade, ninguém mais estará interessado, nem mesmo vagamente, em ler a sua mente. Ficar sentado em silêncio, esperando que as pessoas lhe dêem aquilo que você quer ou evitem aquilo de que você não gosta, é outra forma de testá-las. E um jeito certo de provocar um desastre.

Do mesmo modo, se você não quiser fazer alguma coisa, diga, imediatamente. Quando fazemos alguma coisa de que não gostamos, é comum que esperemos que os outros percebam o nosso sacrifício e nos agradeçam fazendo o que queremos. Infelizmente, nesses momentos nos transformamos em pessoas difíceis e, em vez de ficarem gratas, as outras pessoas ficam irritadas conosco e só querem se afastar.

Indicar aquilo que você quer e não continuar com aquilo que você não quer não são ações egoístas, mas sim ações baseadas no conhecimento de si mesmo e de seus limites. Quando as suas ações não se baseiam nesse autoconhecimento, você acaba ficando ressentido com todos e se sente usado porque não se leva em consideração.

Resolvendo a mágoa

Sinta a mágoa. Não tenha medo. Uma vez que o ferimento da rejeição, desapontamento, traição, vergonha ou fracasso aconteceu, você apenas o torna pior se o evitar. Sinta a mágoa. A cura começa quando você admite a verdade da dor. Você sofre até que consiga fazer isto.

Primeiro, aceite que você foi ferido. Isto pode ser difícil de fazer porque para você isto pode querer dizer que as pessoas não se importam com você, que você é fraco, ou que você não é tão bom quanto pensava que fosse. Você precisa saber a verdade, independentemente de qualquer outra coisa. É melhor descobrir mais cedo do que mais tarde.

O seu maior ferimento provavelmente não foi provocado por um inimigo, mas por alguém a quem você ama e com quem contava, e este ferimento inclui a traição — a violação de sua abertura, inocência e confiança. Se você foi ferido, isto provavelmente aconteceu porque você estava com as suas defesas abaixadas; você tinha um entendimento que foi violado pela outra pessoa.

Não estou sugerindo que você se torne frio e defensivo para evitar isto. Na verdade, as pessoas que se fecham por causa da mágoa fazem mais mal a si mesmas do que qualquer outra pessoa poderia fazer. A idéia é ser flexível, aberto, com grande poder de recuperação e ser capaz de expressar imediatamente a sua mágoa. Deste modo, você pode defender-se quando precisar, mas ainda está livre para amar e confiar novamente, e para trabalhar com uma espontaneidade calma e um julgamento claro.

Poucos ferimentos causam uma dor tão aguda quanto descobrir uma verdade que você não queria saber a respeito de si mesmo. É doloroso ver as próprias falhas, perceber que você é menos do esperava ser, que é rude, teimoso, egoísta, ambicioso ou descuidado. Abra-se para essas percepções a seu respeito, assim que possível. Entenda que você não é diferente de ninguém por ter essas falhas. É o conhecimento que você tem dessas fraquezas que lhe dá um controle real, não a tentativa de dar uma impressão de que você é sempre forte ou perfeito. Na verdade, quando você tenta manter uma fachada de santidade, é que você fica mais suscetível a perdas repentinas de auto-estima, uma mágoa que você causa a si mesmo.

Lembretes práticos

Se alguém o feriu, expresse a sua mágoa assim que possível.

Chegue a uma compreensão da situação que lhe permita deixar passar a mágoa.

Perdoe a outra pessoa, declarando que você não está mais magoado, e que a dor passou.

Quando você descobrir que a outra pessoa o feriu de propósito, por causa de alguma mágoa antiga, é importante que você seja tão aberto para ouvir a mágoa dela quanto você gostaria que ela fosse ao ouvir a sua. Lembre-se, embora a mágoa antiga pareça exagerada, de que ela parece apropriada para a pessoa que a sente. E desse modo a outra pessoa pode sentir sinceramente que tem direito de o ferir.

Às vezes, a outra pessoa nega ou esquece que o feriu, especialmente quando houve um longo intervalo entre o ferimento e a conversa. Isto não prova que a outra pessoa é um vilão ou é ruim. Você também feriu pessoas e ainda não está consciente disto. Sempre que a distância entre você e outra pessoa aumentar de repente, você pode deduzir com certeza que um de vocês foi ferido. A pessoa que você feriu pode ficar muito tempo em silêncio por vergonha de ser tão fraca ou sensível. Ela pode temer tê-lo ofendido e pode ter ficado ainda mais magoada por você não ter percebido que a feriu. Lembrar que você nem sempre é inocente e que a outra pessoa não é completamente má, já é um bom caminho no sentido da paz.

Se você fica magoado facilmente, pode ter ferido os outros ao parecer tão frágil que eles temem expressar os próprios sentimentos. Eles podem sentir que as discussões sempre se focam nos seus sentimentos feridos e nunca nos deles. As pessoas cuja primeira reação a tudo é ficar profundamente magoada usam isto para ofender os outros.

Não use a sua dor como uma arma.

Se ao expressar a sua mágoa você criou uma situação desagradável, pergunte imediatamente: "O que está acontecendo?" e dê atenção às técnicas que discutimos para trabalhar passo a passo com a dificuldade.

- Não se faça de vítima.
- Faça perguntas. Se a outra pessoa parece inclinada a feri-lo de propósito, diga: "Você não está se sentindo bem consigo mesmo, você me parece magoado" e ouça a resposta sem reagir a ela. Apenas ouça.
- Não deixe que a frustração o faça desistir.
- Seja persistente, mas mantenha a sua distância.
- Torne-se o observador e observe a comunicação acontecendo.
- Sinta a sua mágoa na presença da outra pessoa. Se você fugir dela, ela irá crescer.
- Faça comentários simples.
- Não se faça de terapeuta.
- Não exagere nem blefe. Alguém que esteja resistente a ouvir a sua história irá focalizar-se na parte em que você exagerou para recusar o resto.

- Não tenha medo de mostrar o seu ferimento, mas não fique exibindo-o para envergonhar ou punir a outra pessoa. Isto é devolver o ferimento.
- Não faça nada pelas costas da outra pessoa. As políticas de vingança são complicadas e criarão ainda mais débito emocional.

Seja direto.
Seja corajoso.
Seja imediato.
Fale a verdade.
Fale agora.

Expressar a mágoa revela a importância que as coisas têm para você, e assim é sempre uma exposição pessoal. Reprimir a mágoa apenas o faz sofrer com raiva em combustão lenta. Expressar a sua mágoa traz alívio mesmo que a expressão não seja completamente aceita. Ser capaz de dizer à pessoa que o feriu: "Eu me sinto melhor agora", é a essência de deixar passar. E quando você admite o seu próprio comportamento prejudicial, pode começar a corrigi-lo.

Não há nada como sentir-se melhor para fazer com que você se sinta melhor.

8
Compreendendo a ansiedade: a antecipação da mágoa

A ansiedade é a expectativa da perda. Ela antecipa a dor no futuro, uma dor que ainda não aconteceu, uma dor que não é real.

A ansiedade se manifesta em sensações que vão desde a curiosidade, imaginação, enjôo, inquietação, desconfiança, pressentimento, preocupação, apreensão agitação e medo, até fobia, pavor, horror, pânico e terror.

A ansiedade *parece* real, mas você na verdade não sofreu nada; apenas antecipou uma perda ou um ferimento. A sua imaginação está tentando achar sentido em alguma coisa que você *espera* que aconteça.

A ansiedade é um bom instrumento para protegê-lo das ameaças de perigo. Ela permite que você antecipe de onde o ferimento pode vir e se prepare para se defender dele, usando o seu estado de consciência intensificado para sair-se bem em sua fuga.

A ansiedade funciona constantemente no mundo animal, em sua forma mais simples e mais direta. Por exemplo, uma gaivota evitará descansar no teto de uma casa de praia em que haja a escultura de uma coruja. A gaivota não irá confirmar se a coruja é real, mesmo depois da escultura ter ficado imóvel por muito tempo. A visualização do objeto temido sempre evoca uma resposta de evasão. Assim, sempre que o sinal visual de perigo for recebido, o pássaro foge. Se você precisa de uma prova adicional disto, tente se aproximar de um pardal.

Entretanto, para os humanos, é o contexto em que percebemos um sinal que lhes dá o poder de desencadear a resposta de ansiedade: tememos aquilo que acreditamos que deve ser temido. Tememos até aquilo que nos faz *lembrar* de algo que tememos, e podemos generalizar o nosso medo. A gaivota teme apenas a coruja, mas podemos passar a temer, por associação, também a casa da praia e talvez até mesmo o mar. Além disso, a nossa habilidade de reagir à linguagem como se ela fosse a realidade nos permite temer o símbolo da coisa tanto quanto a coisa em si. Podemos facilmente ficar condicionados a reagir com medo à mera menção do nome de uma pessoa temida, especialmente se ainda estamos escondendo os ferimentos que ela nos causou.

A ansiedade funciona como uma emoção efetiva quando damos atenção a seu sinal o mais cedo possível, reconhecemos o seu significado e agimos de um modo que garanta a sobrevivência. Contudo, ninguém pode sobreviver por muito tempo num estado de consciência intensificado sem esgotar as reservas emocionais.

Atingir a liberdade emocional não significa evitar os sentimentos, mas lidar diretamente com eles de forma mais econômica, para que você possa ter o máximo de energia para continuar o seu trabalho. A ansiedade não-resolvida interfere em seu desempenho e diminui a sua confiança porque tira o seu foco do trabalho construtivo. Ao não dar atenção aos detalhes, você comete erros e assim provoca a perda que teme. Este é o efeito paralisador da ansiedade.

Como o seu limiar de ansiedade varia

A própria vantagem da ansiedade, a antecipação da realidade que ela dá, é também o que nos causa problemas. As pessoas que são muito assombradas e alertas quanto ao perigo podem interpretar qualquer coisa como sinal de perigo iminente. Por exemplo, os soldados que estão esperando um ataque irão atirar numa folha caindo apenas porque ela está se movendo. O sentimento de ansiedade é válido quando o perigo é real. Quando o perigo é imaginado ou lembrado, a ansiedade é um fardo que distrai como um alarme falso.

Imagine que você vive abaixo de uma represa. Durante uma seca severa provavelmente você não pensaria que ela iria transbordar. Mas poderia começar a se preocupar com a represa quando a água estivesse em um nível alto. Você certamente se preocuparia com a represa se tivesse havido uma reportagem recente a respeito de vazamentos, a água estivesse subindo, e estivesse caindo uma chuva torrencial. Se você tivesse sido ferido no rompimento de uma represa no passado, poderia se preocupar sempre que o noticiário falasse de uma possibilidade de chuva, mesmo durante a estação da seca. Assim, a lembrança de um ferimento iria aumentar a sua preocupação com o perigo atual, reduzindo a quantidade de perigo necessária para soar o alarme e deixá-lo ansioso. Isto poderia ser chamado de aprender as lições da vida, mas estamos estão tão presos a essas lições que o estado de ansiedade é quase constante.

Grande parte da ansiedade que as pessoas sentem vem do desconhecido e do irreal. O desconhecido nos faz sentir incapazes de nos proteger e, por sua vez, isso desperta os sentimentos de dependência e nos leva a usar a negação para afastar os nossos medos. Infelizmente, isso nos deixa com medo mas ainda sem consciência daquilo que tememos. É um círculo vicioso, a nossa sensação de desamparo aumenta e o desconhecido parece ainda mais amedrontador.

Quando a ansiedade é sentida em relação a uma fantasia, ou como um sentimento que se relaciona a uma lembrança, ela reflete preocupações em relação a nós mesmos tais como: "Será que sou bom, digno de amor, inteligente, forte, valoroso, será que estou seguro, será que estou fazendo a coisa certa e do modo correto?". Se você teme ser inadequado é fácil interpretar acontecimentos e comentários inocentes como críticas temíveis ou como provas de seus piores temores. Dessa forma, a ansiedade tende a se tornar generalizada e a afastá-lo das questões reais com que você se preocupa.

Você precisa se acomodar a seus sentimentos — isto é, adaptar-se e lidar com os estímulos e não reagir a eles com uma fuga automática. Num certo sentido, você tem de aprender a reajustar o seu nível de percepção. Por exemplo, as pessoas do campo precisam se acomodar a um ambiente muito mais barulhento para que possam dormir na cidade.

De maneira similar, você acomoda os sentimentos pessoais de ansiedade ao expandir a sua experiência. Pense como o modo de você dirigir um carro agora é diferente do modo como dirigiu durante a sua primeira aula de direção. As ruas continuam tendo tanto perigo quanto tinham antes, mas você já não se preocupa mais com cada acaso; e, principalmente, não se preocupa com a sua habilidade de dirigir. Você planeja um curso pelo meio do tráfego, generalizando um caminho seguro sem se preocupar como cada objeto. Você trabalha com uns poucos pontos de referência para estar certo de ter o caminho livre. Esta é a função de aprender a dirigir, acreditar em você mesmo e desenvolver uma familiaridade com o nível de estímulos das ruas.

A persistência dos medos passados

Paramos de nos acomodar à realidade quando as nossas defesas nos separam da ameaça e assim em vez de nos ajustarmos a um perigo, escondemos o sentimento ameaçador e vivemos com um sentido de segurança falso, negando, criando justificativas, ou fazendo de conta que o perigo não existe. Mas é claro que a coisa que tememos ainda está oculta nas nossas defesas. De tempo em tempo, alguma ansiedade oculta é desencadeada e se libera. Isso é alarmante pois nossas defesas nos haviam levado a acreditar que tudo estava bem. A liberação da ansiedade antiga pode ser provocada pela ocorrência real de uma ameaça similar no presente, ou por algo que simbolize uma ameaça anterior, um tipo de *déjà vu* emocional.

O medo antigo liberado se liga ao medo presente, exagerando-o fora de contexto. Se o acontecimento antigo foi especialmente importante, mesmo um estímulo mediano pode provocar uma resposta máxima de ansiedade. A fonte antiga dificilmente é reconhecível, porque a nova ameaça tem toda a sua atenção. Assim, a sua reação fez pouco sentido para você.

Para dar um exemplo, seria como ficar com medo de todos os carros vermelhos, quer eles o ameacem ou não, simplesmente porque uma vez você foi atropelado por um carro vermelho. A expectativa de que um carro vermelho seja perigoso o leva a dirigir de modo inseguro. Dessa forma, o próprio sentimento de ansiedade que originalmente deveria protegê-lo, agora o coloca em perigo.

A ansiedade também vem do medo de aceitar o que aconteceu no passado. A dor que você sente ao lembrar-se de um ferimento antigo é um sinal de que não o aceitou completamente. Esta batalha entre o sentimento e as defesas que o mantêm no lugar lhe dá a sensação de estar perdendo o controle. Você também sente medo quando os sentimentos negativos se libertam do poder das defesas porque esta liberação é acompanhada pelo vazamento de dúvidas não-resolvidas a respeito de você mesmo. Assim, quando você tem uma lembrança súbita e assustadora, teme pelo seu valor além de temer pela sua segurança.

Sempre que uma perda antiga vem à consciência, ela parece real como se estivesse acontecendo agora. Os sentimentos dolorosos são gradualmente trazidos à consciência, pelo processo de luto, até que sejam plenamente aceitos e resolvidos. Até que o sentimento parcialmente oculto seja resolvido, ele amplifica os sentimentos similares no presente, fazendo com que você saiba que ainda tem situações não-resolvidas para cuidar. O que causa mais ansiedade é esta antecipação da liberação desta parte remanescente da dor.

Os acontecimentos dolorosos o prendem em seu poder assustador, até que você viva plenamente o luto. Quando está cheio de ansiedade, você chega a duvidar de sua própria integridade emocional. O processo de entender a fonte de sua ansiedade quase sempre revela uma perda que você não quer encarar, mas lhe dá o alívio tanto de seus sintomas de medo quanto da suspeita de estar louco. Encarar o medo por meio da compreensão da perda aumenta a sua auto-estima e revela uma verdade que o tempo todo você conhecia parcialmente.

O dano causado pela ansiedade

A ansiedade que deixou de ser útil se manifesta em muitas formas prejudiciais. Ela cresce e se acumula como ansiedade crônica, mantendo-o em estresse constante. Ela pode paralisá-lo, impedindo-o de assumir os riscos necessários para que você vá adiante. E ela pode levar a uma paranóia debilitante.

A ansiedade crônica

A ansiedade crônica desenvolve-se como resultado da repressão contínua dos sentimentos negativos. Lucy, uma mulher com problemas graves, limpava obsessivamente a sua casa doze ou quinze horas por dia, e sofria de grave tortura mental sempre que via uma gaveta desarrumada ou uma mancha nas roupas de seus filhos. Quando ela era criança, a sua mãe era abusiva e a espancava. Houve momentos em que ela desejou conscientemente que a mãe morresse. A combinação de culpa e raiva a levaram a decidir que seria a filha perfeita, embora não expressasse remorso em relação a esses desejos, e afirmasse que tinha perdoado completamente à mãe. Ela discordava com freqüencia desta, mas segurava a sua língua. No final, viu-se virtualmente cheia de bolhas de raiva, incapaz de admiti-las, e convencida de que simplesmente era uma pessoa má. Ela percebia cada fragmento de raiva como uma imperfeição, e assim mantinha simbolicamente a raiva no lugar ao manter a sua casa limpa.

A ansiedade crônica é sempre significativa porque o seu medo está lhe dizendo que você está numa situação que não é boa, quer seja um emprego ou um casamento. A ansiedade crônica mina a energia, causa problemas psicossomáticos, e ameaça a sua vida. Ela distrai a sua atenção, faz com que você realize menos do que a promessa de seu talento nato, e coloca seu foco em seu fracasso ou ferimento potencial. Você começa a ter medo de sentir medo e isto o impede de aproveitar a vida e simplesmente ser. O ambiente ou os outros não devem ser responsabilizados pela ansiedade crônica, mesmo que sejam a sua causa. A responsabilidade última é sua, porque você fracassou em dar valor a si mesmo e em realizar as ações necessárias para eliminar a sua dor.

Em última instância, a sua ansiedade é sua responsabilidade, o seu sinal para fazer algo a respeito do perigo que está enfrentando. A ansiedade se acumula quando você não realiza as ações para resolver uma ameaça. É esta acumulação que o sobrecarrega. Mesmo que assumir a responsabilidade por sua ansiedade lhe pareça um pouco duro, ainda é necessário nomear o seu medo, encará-lo, e resolvê-lo.

Ansiedade e arriscar

A ansiedade pode ser ou não uma parte normal e útil de sua vida e isto depende de uma medida quantitativa. Quanta ansiedade é demais? Se ela o prepara para considerar a possibilidade de perigo inerente em cada risco que você enfrenta e o ajuda a examinar a extensão do precipício que você está pensando em pular para poder praticar um pouco em terreno sólido antes, então ela está funcionando de modo apropriado para você. Se ela é percebida como entusiasmo — você se sente desafiado a dar o melhor de si mesmo para conseguir o que quer — ela é uma ansiedade útil e o motiva em vez de inibi-lo. O motivo pelo qual você se sente sobrecarregado quando arrisca é não se ter permitido sentir medo suficiente e não dirigiu a sua atenção para os perigos potenciais antes de arriscar. Você precisa se familiarizar com as exigências que o desafio provavelmente irá fazer-lhe, para assumir o risco com o máximo de conhecimento possível e poder lidar com o desconhecido. Ainda assim, nenhum risco é totalmente confortável.

Por outro lado, a sua ansiedade é um problema se o impede continuamente de assumir os riscos de que você precisa para ir adiante. Se você tem medo de arriscar porque teme perder, então o problema é você esperar que um simples sucesso ou fracasso seja uma afirmação importante demais a respeito de seu caráter e de seu valor. Arriscar fica realmente perigoso se você pensa que tudo depende de um risco específico.

Grande parte da ansiedade vem do medo de se comprometer com um desafio que o teste. Algumas vezes você tem medo do sucesso, por exemplo, porque se sente desmerecedor, e realmente acredita que um sucesso seria um acaso e que não seria capaz de sustentá-lo. Você na verdade não tem medo do sucesso, mas sim de perdê-lo. E teme que nesse momento o holofote se focalize em suas falhas. Algumas vezes, teme o sucesso porque se for bem-sucedido isto deixaria alguém que o feriu escapar, como um pai que o tenha ferido. Ser bem-sucedido não só permitiria que o seu pai participasse de seu sucesso mas, de algum modo, enfraqueceria a afirmação de que ele o prejudicou permanentemente. Esta questão é mais proeminente em adolescentes, mas também aparece em adultos que não perdoaram os seus pais.

Ansiedade e paranóia

Em algumas condições a ansiedade pode levar a sentimentos de paranóia, à sensação de que as outras pessoas estão contra você. Você já experienciou um sentimento de paranóia, leve e específica, quando enxergou uma patrulha rodoviária no espelho retrovisor após ter ultrapassado o limite de velocidade. O seu medo vem da solidão de quando você está isolado do contato humano. Você imagina que os outros estão interessados em você apenas para acreditar que pelo menos *alguém* o nota, mesmo que suspeite que essa pessoa não é boa. As pessoas controladoras tendem a sofrer de solidão e, como não podem admitir a sua necessidade dependente de outras pessoas, sempre imaginam que os outros têm intenções negativas, e se tornam punitivas e desconfiadas. A sua solidão é preenchida com raiva.

É mais provável que você se sinta paranóico quando fez algo errado, ou feriu alguém e portanto está se sentindo culpado e merecedor de punição. Esses sentimentos de paranóia não devem ser confundidos com a paranóia da psicose. A paranóia de ansiedade é transitória, associada com acontecimentos isolados e, portanto, reversível uma vez que o problema tenha sido identificado e resolvido.

A ansiedade e os três tipos de personalidade

As mesmas perdas dependentes, controladoras e competitivas que o ferem no presente, podem provocar a ansiedade a respeito do futuro.

Os exemplos a seguir mostram como cada um dos três tipos de caráter usa as defesas para lidar com os sentimentos ocultos. Conforme você estiver lendo, preste atenção em suas próprias tendências defensivas e pense em quando e por que você fica ansioso.

A ansiedade de uma pessoa dependente

O símbolo de uma perda esquecida pode ser sinalizado por um estímulo trivial ou quase imperceptível. Esta conversa, que aconteceu durante um telefonema a meu programa de rádio, mostra o alívio que pode ser alcançado ao encarar a perda original. Os meus esforços para determinar exatamente os sintomas da pessoa refletem a força de suas defesas.

Gloria: Meu nome é Gloria, e estou tendo problemas com ansiedade. Tenho crises de ansiedade todas as vezes que há uma mudança em minha vida.

D.V.: Que tipo de mudanças?

Gloria: Às vezes é algo tão simples quanto uma mudança em minha agenda. Eu voltei a estudar nesta semana, e me senti ansiosa com isto.

D.V.: Me dê um exemplo da sensação específica, para eu ter uma idéia dela.

Gloria: Eu me sinto paralisada. Eu não... eu tenho medo até mesmo de sair de casa.

D.V.: Tudo bem. Mas me diga, o que aconteceu nesta semana?

Gloria: Bem, eu fiquei realmente incomodada.

D.V.: Qual era a mudança que estava para acontecer, e qual a primeira vez em que você pensou nela?

Gloria: Quando eu acordei para ir para a escola.

D.V.: Foi quando você acordou, no dia de ir?

Gloria: Sim.

D.V.: Você não estava assustada na noite anterior?

Gloria: Não.

D.V.: Qual era a mudança que você sabia que ia acontecer, do que para o quê?

Gloria: De dona de casa para alguém que vai à escola.

D.V.: Esta foi a primeira vez em que você realizou esta mudança?

Gloria: Não, isto aconteceu no último semestre.

D.V.: Então você já está fazendo isto?

Gloria: Sim, e estou indo bem na escola.

D.V.: Tudo bem. Então esta foi uma mudança na sua rotina diária?

Gloria: Correto.

D.V.: E quando foi o primeiro momento em que você sentiu o medo? Você se lembra? Coloque-se de novo na situação.

Gloria: Quando estava saindo pela porta da frente.

D.V.: Saindo pela porta da frente... Em que você estava pensando logo antes disto? Me ponha na situação.

Gloria: Na verdade eu não lembro em que estava pensando.

D.V.: Lembre-se.

Gloria: Eu estava me assegurando de que tinha tudo o que precisaria, eu queria saber onde seria... para que classe eu iria... para que sala...

D.V.: Encontrando o seu lugar.

Gloria: Certo.

D.V.: E o que aconteceu no momento em que você saiu de casa? Quando você sentiu pela primeira vez? Que passo você estava dando quando sentiu pela primeira vez o medo?

Gloria: Saindo pela porta da frente.

D.V.: Você se lembra da sensação quando sentiu o medo?

Gloria: Sim, eu só... Eu fiquei apavorada. Eu queria voltar.

D.V.: Bem, me fale do primeiro momento. Você se lembra do momento exato? Volte para o momento.

Gloria: Eu tinha acabado de fechar a porta da frente.

D.V.: Você a ouviu fechar?

Gloria: Sim...

D.V.: E o que aconteceu quando você a ouviu fechar?

Gloria: Eu fiquei apavorada.

D.V.: Ao ouvir a porta?

Gloria: Sim, sim!

D.V.: O barulho da porta fechando.

Gloria: Certo.

D.V.: Você está do lado de fora agora.

Gloria: Sim.

D.V.: Você já ouviu o barulho da porta fechando antes em sua vida, quando você estava trancada do lado de fora e sem proteção?

Gloria: Sim.

D.V.: Quando?

Gloria: (*nenhuma resposta audível, longa pausa*)

D.V.: Você está se sentindo ansiosa agora?

Gloria: Sim.

D.V.: Tudo bem. Quando foi que você ouviu aquele barulho antes?

Gloria: Humm. Quando eu era adolescente.

D.V.: O que aconteceu?

Gloria: Eu fui expulsa de casa.

D.V.: Por quê? O que você fez?

Gloria: Porque eu tinha um namorado.

D.V.: E o que você sentiu?

Gloria: Rejeição.

D.V.: Por quem?

Gloria: Por ter sido expulsa. Eu fui rejeitada.

D.V.: Sim, mas quem a rejeitou?

Gloria: Meu pai.

D.V.: O que ele lhe disse?

Gloria: (*respiração difícil*) Ele me chamou de prostituta.

D.V.: E o que você disse a ele?

Gloria: Eu não disse nada. Eu só fui embora.

D.V.: Você nunca disse nada a ele?

Gloria: Não. Agora ele sabe.

D.V.: O que você disse a ele? O que ele sabe? Como você se sentiu?

Gloria: Bem, ele sabe que o que ele fez estava errado, e ele pediu desculpas depois.

D.V.: Para onde você foi depois que ele fechou a porta atrás de você?

Gloria: Eu fui viver com o meu namorado.

D.V.: Qual era a sensação de estar com o seu namorado?

Gloria: Eu estava realmente incomodada.

D.V.: O que você quer dizer com incomodada? Assustada? Ferida?

Gloria: Bem, apavorada.

D.V.: Apavorada com o quê?

Gloria: Eu não sabia o que ia acontecer a seguir.

D.V.: Você não sabia o que ia acontecer a seguir?

Gloria: Sim.

D.V.: Você havia sido completamente rejeitada e estava sozinha no mundo?

Gloria: Certo.

D.V.: E você sentia que não era amada?

Gloria: Certo.

D.V.: Mas você segurou tudo isto dentro de você. Quanto o seu pai sabe desses sentimentos?

Gloria: Bem, ele é alcoolista e está em terapia.

D.V.: E você se pergunta por que você não pode incomodá-lo?

Gloria: Certo. Eu tenho medo de contar a ele porque eu tenho medo de magoá-lo.

D.V.: É isto que está errado! Todas as vezes em que você tem de resolver uma situação sozinha volta o medo de ser expulsa, porque você ainda sente raiva de seu pai. Ele está sempre cheio de remorso, não é? Ele está sempre pedindo desculpas pelo que faz.

Gloria: Certo.

D.V.: Mas isto não faz que doa menos. Você ainda tem de contar a ele como está magoada, como você se sentiu rejeitada, e que quando você ouve uma porta fechando você fica ansiosa por estar sozinha. Isto já aconteceu antes quando você estava saindo pela porta?

Gloria: Sim... é...

D.V.: É aí que acontece?

Gloria: Sim.

D.V.: Então, quando acontece, você se lembra de estar sendo expulsa para o mundo e abandonada com sentimentos de raiva que nunca foram resolvidos. É hora de voltar e dizer a seu pai que isto ainda dói e que você não está interessada em ouvir desculpas, mas que você precisa que ele ouça quanta dor você sentiu. Você precisa compartilhar isto para deixar a dor sair, e então a ansiedade diminuirá, porque parte do medo é de perder o controle sobre a sua raiva em relação a seu pai, e arriscar-se a mais rejeição. Você está sempre criando desculpas sobre os motivos pelos quais você não pode ficar com raiva dele. Pobre papai, ele é apenas um bêbado que está dando duro na terapia e nos Alcoólicos Anônimos e em tudo mais, mas ele ainda é a pessoa que a feriu, e você ainda tem de lhe dizer como você se sentiu. Deixar que ele se desculpe sem que você se livre da dor não é de fato perdoar.

Gloria: Você tem razão.

D.V.: A sua ansiedade está lhe dizendo que chegou a hora de fazer essa reparação.

Havia muitas dicas a seguir neste caso. A mudança que Gloria realmente temia era uma lembrança de rejeição. Entretanto, ela não podia admiti-lo porque ela estava oculta. O som da porta se fechando era a parte do passado que interferia, um som mecânico, não-verbal que tem menos probabilidade de ser oculto por uma defesa. E assim ele simbolizava todas as preocupações dela. Gloria temia ser rejeitada novamente se ficasse com raiva e precisava restabelecer o relacionamento entre ela e seu pai, e por isso continuou a ocultar os seus sentimentos apenas para tê-lo de novo em sua vida. Em última instância este é o conflito dependente: querer ser amado, temer a rejeição.

É crucial ligar a ansiedade à sua fonte para resolvê-la.

Este caso também ilustra como a ansiedade não-expressa, do mesmo modo que a mágoa não-expressa, é guardada como débito emocional. A ansiedade de um medo não-confrontado se combina com outras e tem como resultado uma atitude apreensiva generalizada. Além disso, é difícil separar os sentimentos feridos guardados dos sentimentos ansiosos acumulados, e assim ambos podem ser liberados quando o medo é desencadeado. Dessa forma, Gloria experienciava alguma amargura e ressentimento, além da ansiedade, ao confrontar o seu passado.

O caso de Gloria também ilustra como o processo de luto fica congelado até que a força total da perda seja admitida e sentida. Até que isto aconteça, a pessoa sofre de uma apreensão aparentemente não direcionada, uma sensação de pressentimento generalizado, uma sensação de que algo ruim está para acontecer.

Quando a dor de uma perda importante é totalmente suprimida, cria-se uma suscetibilidade para que a emoção seja desencadeada subitamente e se manifeste repentinamente como um ataque de ansiedade. Um distúrbio de pânico é um padrão de evitar a mágoa que cria um reservatório instável de perdas temidas que continuamente ameaçam escapar. Mas quando elas alcançam a "massa crítica emocional" ou quando são precipitadas por um código simbólico, transbordam, criando uma grande instabilidade e dúvidas a respeito de si mesmo. As pessoas que sofrem deste problema normalmente sentem-se confusas. A forma como lidam com os problemas pareceu funcionar perfeitamente por anos, e agora não funciona mais, porque agora a capacidade de seus mecanismos de defesa para guardar emoção foi ultrapassada.

A ansiedade de uma pessoa controladora

Uma ansiedade passada não tem de ser especialmente antiga para interferir no presente; alguns meses podem ser suficientes. A chamada de Barbara para o meu programa de rádio ilustra a ansiedade de uma pessoa controladora. Conforme estiver lendo, note como a ansiedade parece um sintoma transparente e irreal. No entanto, é claro que o terror parece confuso e muito real para a pessoa que está sentindo a ansiedade.

Barbara: Eu tenho tido problemas com crises de ansiedade. Eu vou ao supermercado e meu coração começa a disparar. Eu começo a suar e penso que vou morrer. Eu fui a um psiquiatra e ele receitou tranqüilizantes, mas eles não ajudaram.

D.V.: Há quanto tempo esses ataques a incomodam?

Barbara: Duas semanas — não, dois meses.

D.V.: Onde o primeiro ataque aconteceu?

Barbara: No mercado.

D.V.: Sempre acontecem no mercado?

Barbara: Hummm... Sim, acho que sim.

D.V.: O que aconteceu dois meses atrás?

Barbara: Nada? (*fala quase como se fosse uma pergunta*)

D.V.: (*em tom incrédulo*) Nada?

Barbara: Nada que eu me lembre.

D.V.: Pense, dois meses atrás?

Barbara: Bem, meu pai morreu.

D.V.: Bem, isto é algo.

Barbara: Acho que sim...

D.V.: Como você passou por isso?

Barbara: Bem. Sem problemas.

D.V.: Você chorou.

Barbara: Bem, ele estava morrendo de câncer há mais de um ano, e eu estava cuidando dele. Minha mãe estava sobrecarregada com a situação, e eu tive de cuidar dela também.

D.V.: E...você chorou?

Barbara: Eu... eu estava ocupada demais. Eu estava cozinhando para ele e fazendo as compras e cuidando da casa e trabalhando, tudo ao mesmo tempo. E quando ele morreu, eu tive que tomar todas as providências para o funeral... Eu acho que não tive tempo para chorar.

D.V.: Nenhum tempo?

Barbara: Acho que não.

D.V.: Em que local dentro do supermercado você tem os ataques de ansiedade?

Barbara: Eu não lembro.

D.V.: Pense um pouco.

Barbara: O balcão de carne. Isso é engraçado porque eu sou vegetariana.

D.V.: O seu pai era vegetariano?

Barbara: Não, ele adorava carne.

D.V.: E você costumava fazer as compras para ele?

Barbara: (*em tom triste*) Sim.

D.V.: Então, quando você chega ao balcão de carne é que você deve se dar conta de que não existe mais razão para que você pare ali.

Barbara: É, não existe mais. (*suspiros*) Eu não tinha pensado nisto.

D.V.: É quando você passa pelo balcão de carne que você deve tomar consciência de que ele não está mais lá. E a lembrança de sua perda deve parecer como algo novo, como algo que será tirado de você agora pois você não viveu o luto por ele.

Barbara: Oh! (*chocada*)

D.V.: Você tem saudades dele?

Barbara: (*um momento de silêncio sentido, e depois soluços audíveis*) Sim... eu sinto.

D.V.: Da próxima vez que você passar pelo balcão de carne e começar a se sentir ansiosa, lembre a si mesma de que você está com saudades de seu pai. Você pode começar a chorar, mas isto irá resolver o problema. Quando você suprime uma perda que aconteceu, ela tenta aparecer até que seja vista. Agora você sabe, e assim sinta a tristeza por haver perdido o seu pai.

Barbara ligou de novo um mês depois para dizer que na vez seguinte em que ela se sentiu ansiosa no balcão de carne, ela lembrou a si mesma de que tinha saudades de seu pai, e caiu em lágrimas. A ansiedade parou e não voltou mais desde então.

Barbara queria controlar os seus sentimentos a respeito de seu pai, organizando e cuidando dos detalhes, uma adaptação à dor tipicamente controladora. Entretanto, essas atividades eram insuficientes para conter a realidade de ter perdido o pai de quem ela tinha cuidado tão dedicadamente. O seu jeito de se assegurar de que não teria nada do que se arrepender depois foi assumir as responsabilidades enquanto ele estava morrendo, em vez de expressar a dor.

O problema por trás de grande parte da ansiedade controladora é a ausência de permissão a si mesmo para se sentir vulnerável para viver o luto. Quer uma pessoa controladora sofra a perda de uma pessoa ou a perda de poder ou de dinheiro, é comum que ela faça uma tentativa para permanecer no controle e continuar normalmente com a vida, apesar da perda. Sentir uma perda é sempre assustador para as pessoas controladoras pois elas ficam imaginando que outras vulnerabilidades estão à espreita, esperando para serem expressas.

A ansiedade de uma pessoa competitiva

As pessoas competitivas experimentam a ansiedade como a ameaça de fracasso. Com freqüência essas pessoas realmente não acreditam em si mesmas. Elas apenas se convenceram de que têm valor porque se colocaram em situações em que puderam vencer facilmente sem testar suas habilidades reais. Elas encontram pouco tempo para aproveitar o sucesso, a não ser no momento da vitória, e não se dão folga suficiente para lidar com pequenos problemas, acreditando que sempre serão capazes de ir em frente com força e energia totais. Esta pode ser a forma como elas se motivam a agir, mas também provoca ansiedade considerável. E outras pessoas também podem provocar esta mesma ansiedade ao pressioná-las a provar a si mesmas, numa busca infindável por mais e melhor. Depois de um tempo, este uso da ansiedade como alavanca rói a sua crença em si mesmo até o osso.

Observe como as preocupações de Ted se relacionam com ser capaz de desempenhar e alcançar mais. Ele precisa das armadilhas do sucesso para se sentir bom. Ele sente medo quando sua habilidade de manter as aparências fica comprometida.

Ted: Eu não entendo. Eu deveria me sentir firme depois de ter conseguido uma promoção, mas eu não me sinto. Eu consegui uma promoção pela qual tenho trabalhado há anos, e agora que a tenho estou ansioso o tempo todo.

D.V.: O que você faz?

Ted: Eu sou gerente de vendas de uma grande empresa. Eu sei que posso fazer este trabalho, sei que sou qualificado e mereço a posição, mas estou tendo crises de ansiedade de novo.

D.V.: De novo?

Ted: Sim. Logo que me disseram que havia conseguido a promoção.

D.V.: De novo? Uma ansiedade anterior. Quando você sentiu ansiedade pela primeira vez?

Ted: Há quatro anos.

D.V.: O que você estava fazendo naquela época?

Ted: Eu trabalhava em vendas para a mesma empresa, mas trabalhava viajando.

D.V.: Quando ocorreu a primeira crise?

Ted: Eu não consigo lembrar.

D.V.: Veja se você consegue; tente.

Ted: Bem, eu estava no trânsito.

D.V.: Para onde você estava indo?

Ted: Eu não sei; para algum lugar no centro da cidade.

D.V.: Por quê?

Ted: Para comprar calças.

D.V.: Que tipo de calças?

Ted: Calças para usar numa festa à fantasia.

D.V.: Você estava apertado financeiramente naquela época?

Ted: (risos) Como você adivinhou? Eu estou sempre em dificuldades financeiras.

D.V.: Por que você precisava das calças?

Ted: Bem, essa era a pergunta que eu estava fazendo a mim mesmo: Eu preciso delas? Posso comprá-las?

D.V.: O que você decidiu?

Ted: (risos) Que eu não precisava delas e não podia comprá-las, mas que eu ia comprá-las de qualquer modo. (*mais risos*)

D.V.: E como você planejava pagá-las?

Ted: (com ar muito convincente) Oh, eu só trabalharia mais, venderia mais produtos, e conseguiria mais comissões. Na verdade, eu estava sempre correndo atrás.

D.V.: Espere um pouco. No seu novo trabalho como gerente de vendas, você recebe comissões ou um salário?

Ted: Salário. (*parecendo triste*)

D.V.: Que sentimento é esse?

Ted: Um pequeno desconforto.

D.V.: Então você está preso a um salário fixo. Não há mais uma forma de dar um jeito em seus gastos impulsivos.

Ted: Você está certo. Porque a primeira coisa que eu fiz quando consegui a promoção foi começar a procurar um carro novo, e percebi que não posso comprá-lo, e me senti ansioso no *showroom.* Eu pensei que fosse por ter segurado o choque da promoção, mas foi por estar limitado financeiramente. Eu me sinto aprisionado.

D.V.: Eu acho que você precisará aprender como viver dentro de um orçamento.

Ted: Você quer dizer viver sem incentivos?

D.V.: É isto que gastar significa para você? Incentivo?

Ted: Eu recompensava a mim mesmo por fazer um trabalho do qual não gostava. Eu me sinto num impasse agora ao encarar isto sozinho. Eu sou o chefe. Não há alguém para agradar.

D.V.: Então era isto que gastar significava.

Ted: Meu cartão de crédito era minha recompensa.

As pessoas competitivas temem a perda de qualquer coisa que signifique sucesso. Elas não querem ser vistas como inadequadas ou a segunda colocada. Grande parte da ansiedade que sofrem relaciona-se com a preparação para tarefas difíceis e cai na categoria de medo de palco e não na de crises de ansiedade. Se examinarmos de perto, o medo que elas sentem com freqüência pode estar ligado a preocupações e dúvidas sobre si mesmas que têm sido incômodas há muito tempo. Quando você sofre de uma ansiedade paralisante antes de um risco importante, isto pode significar que você está tentando realizar muito e cedo demais e com pouca preparação. Contudo, as pessoas competitivas geralmente se sentem impostoras e não merecedoras do sucesso, e assim elas muitas vezes se perguntam se o risco atual será o seu fracasso completo.

A perda de controle preocupa não apenas os tipos controladores, mas também as pessoas competitivas e as dependentes. As pessoas dependentes temem a perda de controle sobre aquilo que amam, assim como as pessoas controladoras, enquanto as pessoas competitivas, como Ted, temem perder o controle de sua reputação e recompensas financeiras.

Trabalhando com a ansiedade

A diferenciação de fatos que o deixam ansioso também revela o seu tipo de personalidade. Coisas diferentes o preocupam em momentos diferentes de sua vida, e freqüentemente você sente uma mistura de preocupações. Entretanto, a dinâmica da ansiedade sempre será a mesma: você está antecipando uma perda de amor, de poder ou de estima, e se sente incapaz de impedi-la.

Para trabalhar com a ansiedade, permita-se sentir o medo, e aí determine o que você teme perder, faça o que você puder para prevenir isto, e siga adiante. Quase todo o crescimento significativo é realizado com alguma ansiedade. A vida e o risco são seus. Não encontrar a felicidade é um alto preço a pagar pelo conforto duvidoso de evitar sentir medo.

A ansiedade é o seu sinal. Ninguém mais o ouve, e assim não espere que ninguém faça algo. Você é a única pessoa que pode cuidar de você. É sua a responsabilidade de responder.

9
As habilidades para lidar com a ansiedade: um manual

Ansiedade como um sentido especial

Ser emocionalmente livre é ser capaz de usar todos os seus sentimentos como sentidos especiais sem se defender deles. Se você pudesse admitir quando está com medo e pudesse encontrar a fonte de seu sentimento, você estaria muito mais à vontade e com muito mais autoconfiança do que se fingir que é corajoso.

O seu medo é como uma antena. Se você estiver aberto, pode sentir o perigo antes de discerni-lo com a sua mente. Isto não é percepção extra-sensorial mas, sim, a habilidade dos sentidos para responder em níveis muito baixos de estímulos e desencadear uma resposta emocional integrada. Simplesmente ter a noção de que algo não parece estar bem é normalmente a primeira pista de que você está com problemas e o alerta para a necessidade de definir o problema e assim liberar o estresse e, esperamos, afastar o perigo.

Cultive os seus sentimentos como um sentido especial. Não tenha medo de seguir os pressentimentos. Ligue para um amigo distante quando você estiver pensando nele. Você descobrirá, como já aconteceu com muitas pessoas, que está em contato por formas que desafiam qualquer explicação. Quando você sente ansiedade, mesmo que num nível baixo, examine a sua mente e fique alerta. Acorde, mesmo que a superestimulação da vida moderna ameace adormecer os seus sentidos!

Os sentimentos, especialmente a ansiedade, abrem uma janela emocional para a alma. Conheça aquilo que você teme. Deixe que isto o ajude a conquistar a si mesmo.

Encarando os medos

O medo pode nos paralisar ou nos dar poder para buscar a liberdade emocional. Vamos falar sobre alguns dos medos mais universais.

O medo da morte

Todos nós temos sempre algum medo da morte, até que tenhamos realizado algo que verdadeiramente represente a nossa essência e valor. O sentimento reflete um medo de que a vida tenha sido desperdiçada. Ele começa a diminuir quando a vida se aproxima de sua promessa. Você está realmente dizendo que teme não ter vivido a sua verdadeira vida quando diz que teme a morte.

Este medo cobre o mundo com um sofrimento silencioso. Deixe que o *seu* medo da morte o motive a arriscar-se a examinar o seu verdadeiro valor e o ajude a ter um sonho para a sua própria vida. Deixe que ele o ajude a valorizar o momento, a agir sobre ele e a viver nele. Deixe que o medo da eternidade o inspire a contribuir para a construção de um mundo melhor. Deixe que o seu trabalho se torne o seu monumento.

O medo da doença

Todos temos medo da debilitação, do dano físico e do desamparo. É o medo de depender dos outros para a satisfação de nossas necessidades sem ter nenhuma possibilidade de escolha, o medo de se tornar como uma criança novamente sem decisão sobre o nosso próprio destino.

A idéia de sofrimento é temida universalmente e motiva as artes de cura a aliviar a dor, e também as artes de entretenimento a tornar alegre o tempo da recuperação da fadiga, da doença ou do tédio.

Deixe que o medo da doença o faça cuidar de si mesmo.

O medo de ser ferido

O mundo é cheio de dor e grande parte dessa dor é causada por nossa própria indiferença ou por nosso fracasso em permitir aos outros o mesmo acesso às promessas da vida. Temos medo de ficar com menos se dermos aos outros, quando na verdade o oposto sempre foi verdadeiro. Nunca poderemos ficar livres da dor, mas podemos viver sem o medo de sermos feridos quando todos nós sentirmos que temos uma vida valiosa, temos a mesma chance de sermos melhor.

Ironicamente, evitar a dor não produz prazer. Na verdade, afastar a dor em geral aumenta a ansiedade. Considere o seu medo da dor como um guia para a liberdade emocional. Aceite que você não pode eliminar o ferimento, mas aprenda a saber o que o fere mais, de onde o ferimento pode vir, como e quando.

Não permita que o medo da dor prolongue o efeito doloroso de qualquer ferimento que você tenha sofrido. Deixe que o seu medo do ferimento o impulsione a resolver os seus problemas tão rapidamente quanto possível.

O medo do abandono

O medo do abandono ou da rejeição é muito semelhante ao medo da morte. No fundo deste medo está o temor da solidão, de ser indigno de amor. As pessoas dependentes sofrem especialmente desses medos.

Deixe que o seu medo do abandono o inspire a encontrar um eu ao qual você ame, com o qual se relacione, e com cuja companhia se divirta.

Torne-se uma pessoa com a qual você não se importaria de ficar sozinho.

O medo do fracasso

Todos temem o fracasso.

O medo do fracasso pode inspirar a busca da perfeição ou da invencibilidade, e sem dúvida é um medo que motiva muitos sucessos, especialmente aqueles que são medidos por riqueza ou realizações. Entretanto, o sucesso medido em termos materiais é desapontador por sempre poder ser comparado com um outro maior.

O sucesso é sempre frágil quando não é medido em termos pessoais.

Torne-se o padrão para medir o seu próprio sucesso. Não tenha medo de mover-se num ritmo que é diferente do ritmo dos outros. Você é a sua própria história, desenvolvendo-se à medida que vive a sua vida. Ninguém mais conhece a trama da história.

Deixe que os seus fracassos lhe apontem as experiências mais importantes e lhe ensinem as lições mais valiosas. Seja humilde. Não saia do campo de batalha sem avaliar os danos e calcular o custo para você mesmo. Se a sua causa for justa, ela o levará à vitória. Se a sua causa é equivocada, ela lhe dará a decisão para repensar os seus planos.

Deixe que o seu medo do fracasso o prepare para vencer, para permanecer no campo no meio da luta.

O medo de deixar as oportunidades escapar

Um dos medos universais mais poderosos é o de ser deixado para trás, de não obter tudo o que a vida oferece. A propaganda manipula este medo quando afirma qual estilo está na moda, qual é o restaurante correto em que você deve ser visto, e qual lugar de férias é *in*.

Todos querem "a boa vida". Mas a maioria das pessoas irá direcionar-se em realizar um sonho pessoal, ser capaz de pagar as suas contas, ser amado e amar. A verdade é que nada mais importa. Você pode perguntar a qualquer pessoa que já tenha estado lá.

Não é o que você tem que o torna rico, mas aquilo de que você não precisa. Um homem rico não precisa de nada.

Deixe que o medo de perder oportunidades faça com que você cultive os seus amigos, seja leal e compassivo.

Saiba que você precisa pertencer a si mesmo antes que possa pertencer a outra pessoa. Perdoe as suas próprias falhas e perdoe aos outros para viver livre de ressentimento.

A melhor vida é ter a liberdade de ser você mesmo. Insista nisto. O resto entrará em perspectiva, e você não dará importância àquilo que não vier para o seu caminho.

O medo da auto-aceitação

Nenhum de nós é tão bom quanto queremos ser, nem tão mau quanto tememos. A auto-aceitação é assustadora porque não queremos acreditar que somos aquilo que somos.

O fracasso em se auto-aceitar leva à pretensão, num extremo, e ao autodesmerecimento contínuo, no outro. Você precisa aceitar-se como realmente é. Afinal de contas, você é tudo o que tem. Não importa quais pessoas o tenham elogiado ou criticado — seus professores, seus pais, seu chefe, seu companheiro —, a sua vida está sempre se desenvolvendo e pode mudar a qualquer minuto para uma estrada mais elevada, em direção a um novo destino do qual você nunca tinha ouvido falar.

Esteja aberto para o seu coração. Entenda que você só tem um futuro quando é verdadeiro consigo mesmo. Você não pode imitar o estilo de uma outra pessoa, e ainda ser feliz. Você só tem uma vida quando vive por si mesmo.

Ninguém que tenha encontrado a si mesmo é pobre.

O medo do desconhecido

O desconhecido funciona como uma tela em branco sobre a qual projetamos a nossa ignorância e imaginamos o pior que pode acontecer conosco. Sabemos que estamos continuamente conseguindo menos que as nossas melhores intenções na luta para criar as nossas vidas, e colocamos sobre o desconhecido as mesmas dúvidas a respeito de nós mesmos. Esse medo de olhar para o desconhecido limita a nossa criatividade e o nosso crescimento.

Tememos que o desconhecido traga problemas não-resolvidos do passado, do sono do esquecimento, para nos assombrar nos dias de nossa incerteza.

Tememos que o desconhecido revele ações passadas e as exiba com zombaria e desprezo.

Tememos o desconhecido porque temos medo de não escapar à punição.

Tememos o desconhecido porque esquecemos que somos bons. Entretanto, o desconhecido é vazio.

Lembre-se de sua humanidade e não tenha medo de ser amaldiçoado ou desprezado simplesmente por ser você mesmo, por falar a verdade que você percebe.

O medo de expor as fraquezas

Todos nós temos medo de expor as nossas fraquezas. Todos nós temos defeitos — egoísmo, falta de consideração, sensibilidade exagerada, infantilidade, teimosia, rebeldia, lamentação e irracionalidade. Por que não admitimos simplesmente as falhas quando elas são um problema, em vez de temermos a exposição? O medo da exposição pode ser paralisante, impedindo-o de agir e ser o melhor possível. Tudo o que você pode fazer é fazer o melhor que puder neste momento e quando sentir que não tem mais nada para dar, então dê apenas um pouco mais. É fazendo este esforço extra que você cresce.

Ninguém pode tirar vantagem de seus segredos quando você conhece e aceita a si mesmo.

Não tenha medo de sentir medo

A ansiedade se alimenta de si mesma, mais do que qualquer outro sentimento. Lembre-se, a ansiedade é o sentimento menos real porque é a expectativa do ferimento que ainda não aconteceu. A ansiedade facilmente degenera em preocupação pela própria preocupação quando você começa a imaginar situações ainda piores do que aquela com a qual se preocupava. Ao se preocupar constantemente com o que vai acontecer, você finalmente perde a habilidade de agir com decisão no momento. Você exagera o significado de um acontecimento e toma uma única perda como símbolo de todas as perdas que já sofreu. Você submete as pessoas a uma análise retrospectiva de sua vida e as agrupa com a sua coleção variada de vilões e monstros, quando provavelmente elas são culpadas apenas de pequenos erros.

A maior parte do que acontece conosco não tem muita importância no esquema global das coisas. Este pode ser um conceito desagradável, mas é bastante verdadeiro. O que realmente importa são os princípios pelos quais nos guiamos, a verdade que cultivamos e o amor que damos como um canal para o amor mais amplo do mundo.

Mas você pode não importar muito no esquema maior das coisas.

E, no entanto, *nós* fazemos muita diferença.

Lembre-se disso. Isso o ajudará a manter a sua perspectiva quanto ao que lhe acontece. A pessoa que tem mais medo do medo é a pessoa que teme que a sua vida tenha pouco significado. Ela fica paralisada com medo de qualquer coisa que reflita a sua dúvida sobre si mesma.

Você não tem tempo de ficar com medo de sentir medo.

Você tem um trabalho a fazer.

Se você ainda não sabe que trabalho é esse, comece a procurar defini-lo.

A ansiedade não vai matá-lo

Só parece que vai.

O objetivo da ansiedade é alertá-lo para o perigo.

Não se apresse. Use algum tempo para discernir se o perigo é real ou imaginário.

Decida se você deve agir ou retrair-se, falar ou observar.

Pense a respeito de fazer este comentário simples: "Isto me deixa pouco à vontade".

Colocar os outros a par de sua preocupação faz com que eles tomem consciência da situação, você os envolve na confrontação de um perigo real, ou pelo menos faz com que eles saibam de seu desconforto e assim não está sozinho. A maioria das pessoas é gentil, e também sabe o que é a ansiedade, e assim tem prazer em ajudar.

Dê-se um pouco de tempo para agir tão fortemente quanto puder.

Seja paciente.

Espere que isso passe.

Quando estiver passando, deixe que passe.

Investigue a fonte do medo

Faça uma investigação. Pergunte a si mesmo:

"O que me assustou? Algo que eu vi, ouvi, cheirei, senti, lembrei ou sonhei?"

"Isto é real, ou eu estou imaginando isto?"

"Estou em perigo? Qual perigo?"

"O que tenho medo de perder?"

"Como posso ser ferido?"

"Por que isto é importante para mim?"

"O que este sentimento me lembra?"

"Do que realmente tenho medo?"

Decida qual é o perigo que você está enfrentando e então aja.

- Proteja-se, se for um perigo real.
- Aprenda com isto, se for a percepção de um problema que não tinha sido visto anteriormente.
- Tente entender, se for a confirmação de uma crença temida.
- Tente limitar o dano, se houve uma perda.
- Se já houve o dano, aceite-o e salve o que puder ser salvo.

Não existe uma verdade que você descubra sobre si mesmo que possa diminuir o seu valor, mesmo se o seu pior medo a respeito de si mesmo for provado. Na verdade, você estaria melhor porque ao conhecer a verdade saberia com qual problema tem de trabalhar.

Não transforme a ansiedade num problema. Faça de você mesmo o problema. Há trabalho para fazer consigo mesmo — objetivos para redefinir, situações para corrigir, pessoas que devem saber sobre os seus sentimentos, pessoas que você precisa perdoar, e outras das quais você deve desapegar-se. Trabalhe com isto.

A ansiedade é como uma área de descanso ao lado de uma estrada movimentada. Quando você sai da estrada, só fica se preocupando a respeito dela. Você não se aproxima nem um pouco de seu objetivo e não consegue descansar. Pior, o seu carro está enferrujado e o combustível está acabando. Mas não importa o que aconteça, você ainda tem de completar a sua viagem.

Confronte o medo

Dê um nome para o seu medo. Um medo sem nome sempre parece pior porque se torna parte do medo do desconhecido. Diga para você mesmo: "Eu tenho medo de..." e complete a frase com as primeiras palavras que vierem a sua mente. Essas palavras poderiam ser, "morrer, ficar louco, perder minha mente, perder o controle, não ser capaz de respirar, sair de casa". Mas elas não dão um nome a seu medo real. Investigue até que a sua resposta nomeie as perdas específicas que você está antecipando.

Quando você for capaz de nomear aquilo de que tem medo, descobrirá algum ferimento profundo que havia ignorado. Lide com este ferimento usando os passos que esboçamos. Uma vez que o ferimento antigo tenha sido resolvido, a ansiedade irá diminuir e desaparecer.

Um diário da ansiedade

Você perceberá que é útil manter um diário dos episódios de ansiedade para ajudá-lo a entendê-los e colocá-los em perspectiva, especialmente se a ansiedade for um problema recorrente. Manter um diário da ansiedade é um ótimo modo de conseguir um quadro mais claro daquilo que você considera verdadeiramente importante. Isolar os seus momentos ansiosos e dar-se um tempo para definir as questões subjacentes será um grande passo para construir a sua confiança, se você trabalha sob pressão. Tente manter um diário pelo menos por uma ou duas semanas. Se você tem ansiedade recorrente, pode desejar manter os registros por um mês ou mais.

Anote cada episódio numa página separada de um caderno, logo depois que ele acontecer. Para cada episódio indique:

- A hora em que a ansiedade começou.
- Como ela se manifestou: como medo, urticária, cólicas intestinais, tagarelice involuntária, risadinhas, ficar inexplicavelmente animado, tomar alguns drinques, usar uma substância química, ou comer compulsivamente?
- O que você estava fazendo ou pensando no momento em que ela começou e imediatamente antes: alguém falou? Você ouviu ou viu algo?
- Qual intervalo entre esse estímulo e o sintoma de ansiedade?
- O que você sentiu e fez nesse intervalo?
- De que você teve medo?
- O que deixou o medo pior: você contribuiu para o medo de alguma forma?
- O que deixou o medo melhor: o que você fez que ajudou?
- Quanto tempo ele durou?
- Por que terminou?

Depois que você já tiver feito diversos registros, compare-os. E pergunte a si mesmo:

- Eles têm alguma ameaça em comum? Todos eles aconteceram na mesma hora do dia? O que acontece nessa hora?
- O que os provoca? É alguma mudança? Qual a perda que poderia ser causada pela mudança? A perda de amor, de poder ou de estima?
- O que passa pela sua mente antes de cada episódio?
- Em cada um dos casos, o que deu poder ao estímulo para desencadear a sua ansiedade? (Esta é uma questão muito importante.)

Se uma revisão de seu diário sugerir que você sempre tem medos *irracionais*, provavelmente você não investigou profundamente, abaixo da superfície. Não é muito útil admitir que você teve medo de sair de casa por doze vezes. Você já sabe disso. No intervalo entre os episódios tente determinar os significados subjacentes:

- Qual é a realidade que você teme encarar?
- Qual é o fracasso que você está evitando?
- Por quê?
- De qual julgamento a seu próprio respeito você quer fugir? É de ser mau, indigno de amor, fraco ou sem valor? Como isto acontece?
- Há alguma outra emoção que você tenha medo de expressar, além do medo? Uma boa possibilidade é ter medo de sentir raiva de alguém amado, vivo ou morto, pois esta é uma emoção que você precisa expressar mas teme as conseqüências. Outra possibilidade é ter medo de admitir e expressar a mágoa.

Usando o diário para analisar as crises de ansiedade

Se você está sofrendo de crises de ansiedade, tente buscar em sua memória e escrever a sua lembrança exata da primeira crise que já teve. Cada episódio de ansiedade subseqüente foi desencadeado, de algum modo, por acontecimentos semelhantes, mas com o tempo o gatilho se torna mais generalizado e difícil de reconhecer. Se Barbara, que havia perdido o pai e aí experienciava ansiedade sempre que estava perto do balcão de carne, não tivesse sido tratada, a sua ansiedade poderia desenvolver-se em uma fobia com o passar dos anos. E então a ansiedade dela poderia ser desencadeada não só pelo balcão de carne, mas simplesmente por ir ao supermercado (onde ela poderia estar perto do balcão de carne), ir ao *shopping* (onde ela poderia encontrar um supermercado), dirigir (ela poderia passar perto de um supermercado) e finalmente por sair de casa (pois ela poderia estar num carro e passar numa rua onde houvesse um supermercado). Nesse ponto, a fonte real da ansiedade de Barbara pareceria completamente obscura. Quanto mais antiga a ansiedade, mais diluída ela parece. Finalmente, uma pessoa com ansiedade não tratada sente medo de tudo.

Por esse motivo, é importante esgotar a sua memória, coletando os fatos, o onde e quando do primeiro episódio. O porquê virá mais tarde. Dê-se algum tempo para examinar em detalhe aquele primeiro acontecimento. Se houver falhas na lembrança e na compreensão, focalize essas falhas e tente lembrar-se do que aconteceu. E se você não conseguir lembrar com certeza, escreva o que lhe parece provável. A primeira possibilidade que lhe vier à mente é um bom lugar para começar. Analise do mesmo modo os outros episódios de ansiedade. O acontecimento que desencadeia a ansiedade tem uma forte relação com os sentimentos que estão ocultos e pode trazer uma pista valiosa para ajudar a nomear o medo e compreendê-lo.

Administrando a sua ansiedade

Analisar a sua ansiedade e entender os seus medos são tarefas desafiadoras mas valiosas. Elas não serão completadas da noite para o dia, mas quanto mais você aprender a respeito dos seus sentimentos, dia a dia, mais perto você chegará da liberdade emocional. Existem formas práticas de administrar a sua ansiedade e diminuir os efeitos prejudiciais dela em sua vida cotidiana, enquanto você continua trabalhando nesse esforço que dura a vida inteira.

Passe pela ansiedade, fazendo o máximo que puder

Quanto mais você continua com as suas atividades comuns, menor a probabilidade de que a ansiedade o incomode. Lembre-se de que você está recordando um medo antigo. O jeito de superar o medo não é empurrá-lo para fora do caminho mas passar direto pelo meio dele, mantendo a consciência de que você está com medo mas fazendo aquilo que você tem a fazer. É um sentimento antigo. Não pode feri-lo.

Quando você pára as suas atividades normais, na verdade está criando evidências para as quais pode apontar e dizer: "Isto me parou". Vá em frente. Você sempre pode voltar a seu medo se tiver de fazê-lo, mas no momento continue em frente. E então você poderá dizer "Eu *estava* com medo, mas agora isso passou". Assim continue se mexendo e diga a si mesmo:

"Se eu não deixar que a minha ansiedade me pare, irei parar a minha ansiedade."

"Se eu me entregar e deixar que a ansiedade domine, ela irá tomar conta cada vez mais da minha vida."

Não se entregue nem se esconda. Agir de modo seguro é a mesma coisa que agir enquanto está com medo. Se a sua ansiedade é tão ruim que você se encontra incapaz de funcionar, é melhor envolver-se numa rotina simples e familiar. Quanto mais o seu corpo estiver envolvido, melhor, pois quanto mais você está envolvido numa atividade normal, mais normal você se sentirá.

Algumas sugestões de atividades

- Limpe a garagem ou conserte algumas prateleiras.
- Pinte as cadeiras do jardim.
- Molhe as plantas e o jardim.
- Vá à academia de ginástica.
- Dê uma longa caminhada.
- Tome um banho, faça as unhas, ou cuide da pele do rosto.
- Permita-se praticar alguma arte.

Faça a sua própria lista de projetos para realizar nesses momentos e junte com antecedência os instrumentos e o equipamento necessários e os mantenha num lugar especial. Planeje projetos que levem mais ou menos uma hora.

Volte a suas atividades normais quando tiver terminado. Se já for tarde da noite, passe alguns minutos organizando o dia seguinte. No dia seguinte, levante uma hora mais cedo e comece seu dia.

Não se entregue. É uma escolha.

Espere a ansiedade melhorar

Com o tempo as coisas vão melhorar.

Quanto tempo isto vai demorar?

Quão fortemente você quer segurar o seu medo? Você pode segurar a ansiedade e correr com ela, ou pode conquistá-la e ir adiante.

A maior parte dos medos é passageira, mas se você permitir que a ansiedade fique a sua frente, ela terá vantagem sobre as suas emoções e influenciará o modo como você se sente em relação a tudo.

Admita quando você começar a se sentir melhor

Se é importante esperar que a ansiedade passe, é crucial reconhecer quando você se sente melhor. No momento em que admitir que está se sentindo melhor, você sentirá uma onda de confiança e se sentirá ainda melhor.

Se você se perguntar se a ansiedade está diminuindo, encontrará evidências de que não está.

Em vez disso, procure evidências que sugiram que ela está passando. Admita e acredite nisso.

Seja um pouco mais corajoso

A forma mais elevada de liberdade emocional não é medir as suas emoções ou se preocupar em estar certo o tempo todo, mas ser espontâneo de modo que as suas emoções sejam fluentes, imediatas e diretas. Você estará livre de todos os sintomas psicológicos, se puder fazer isso. Você ainda terá sentimentos, mas eles vão aparecer e passar no momento em que ocorrerem, e você seguirá adiante. É assim que você cria a sua vida:

Afirme aquilo que você sente.

Não tenha medo de ofender os outros.

Não se retraia.

Não se prenda.

Expresse a você mesmo e siga adiante.

Tudo se resume nisto: seja um pouco mais corajoso. Não muito corajoso. Você não precisa conquistar o mundo. Você só tem de ser um pouquinho mais corajoso.

Encare o medo. Siga em frente.

Não saia enquanto você estiver enfrentando a ansiedade. Continue fazendo o que você estava fazendo. A ansiedade vai passar.

Lembre-se de que você está bem, independentemente do que estiver sentindo.

Faça a si mesmo um favor, e acredite no melhor.

Nada vai acontecer.

Se algo for acontecer, ignorá-lo por um ou dois minutos não vai fazer diferença. Se você realmente acredita que os próximos minutos podem fazer uma diferença no seu destino final (e não está pulando para fora de um caminhão em alta velocidade), provavelmente está enganando a si mesmo.

Assim, se nada vai acontecer no próximo minuto, talvez nada aconteça na próxima hora ou no próximo dia, ou semana, e talvez nem no próximo mês ou ano.

Dê-se o tempo para ser um pouco mais corajoso. Tudo o que você tem de fazer é acreditar que nada vai acontecer neste momento. Seja corajoso neste momento.

O que isso significa?

Isso significa não abrir a geladeira, não tomar aquele drinque, e tornar-se mais leve.

Respire de modo lento e profundo por algumas vezes, e siga o ar entrando e saindo.

Conte até dez.

Alongue-se. Lave o seu rosto e volte ao trabalho.

Escreva as palavras SEJA UM POUCO MAIS CORAJOSO num cartão de 7,5 x 12,5 cm, e olhe para ele sempre que perceber um momento de fraqueza.

Você se torna um pouco mais corajoso quando age de modo um pouco mais corajoso e não se entrega.

E agora me diga, do que você tinha tanto medo há um minuto atrás?

10
Compreendendo a raiva: o ressentimento por ter sido ferido

Enquanto a ansiedade é a antecipação de ser ferido, a raiva é a lembrança de ter experimentado a mágoa.

O objetivo da raiva é simples e direto: ajudar a expressar a mágoa.

A raiva toma muitas formas, desde ficar aborrecido, irritado, não gostar de algo, ser crítico, ressentido, indignado, incomodado, exasperado, contrariado ou amargurado, até sentir animosidade, inimizade, raiva, ira, ódio, fúria ou vingança, ou até mesmo ser homicida.

Esta amplitude de emoções torna claro que quanto mais tempo tenha passado entre o ferimento e a raiva, maior será a intensidade da raiva e menos fincada na realidade ela parecerá. Sem dúvida, no extremo, quanto mais você segura a raiva, mais louca ela parecerá.

Assim a sabedoria de expressar a mágoa quando ela ocorre se torna óbvia. E, na verdade, o objetivo da raiva é dar-lhe a energia para mostrar a mágoa quando ela acontecer. A característica principal da raiva fica clara se compreendemos isto. A raiva é naturalmente inclinada a ser expressa, não é um sentimento reflexivo como a ansiedade nem uma sensação passiva e voltada para si mesma como a mágoa. A raiva é voltada para a ação, seja a retaliação ou a autodefesa.

Quanto maior o débito emocional que você carrega, mais você teme ficar com raiva por temer a perda de controle sobre as emoções guardadas, e mais fora de contato com a realidade você fica. Se uma mágoa no presente o preocupa e o leva a acreditar que você vai perder o controle, esta é uma boa indicação de que você está vivendo no passado.

Ninguém gosta de sentir raiva. Ela é difícil de conter; tem um jeito de escapar por todos os lugares, fazendo com que você se sinta desorganizado e instável. O sentimento está contido nos grupos musculares. Você levanta a voz e bate as portas. Você fica bruto, empurra e puxa as coisas com força demais, quebra coisas por engano, e dirige rápido demais. A energia raivosa transforma atividades cotidianas inocentes em expressões raivosas. Ela altera o modo como você percebe a realidade.

Normalmente, na hora em que você está para agir, a sua mente toma conta e você reconsidera a sua situação. Você quer realmente começar alguma coisa aqui e agora, na frente destas pessoas? Você quer arriscar-se a ser ferido em represália? Você quer fazer os comentários terríveis que anda ensaiando e declarar guerra? Você não está levando tudo a sério demais? Você não prefere voltar-se para dentro e esperar pelo dia da vingança? Você dá a outra face e despreza a outra pessoa, considerando-a abaixo demais de você para que tenha raiva dela?

A dinâmica da raiva

O que acontece quando você fica com raiva? O padrão é sempre o mesmo. Você sofre um ferimento, adia a expressão da mágoa por um ou dois momentos e fica ressentido por ter sido ferido. Você mede o momento, tenta determinar o que aconteceu e decide o que fazer. E então faz com que sua mágoa seja vista, normalmente ao expressar-se de um modo raivoso.

Para que uma resolução satisfatória seja alcançada e a raiva passe, o volume da raiva que você expressa deve ser adequado ao ferimento que você sofreu. Se a sua raiva for expressa de modo insuficiente, o ressentimento restante fica na fila esperando para ser expresso no próximo ferimento, quando ele juntará forças com o resto de sua raiva acumulada. Por outro lado, se a raiva que você demonstra é excessiva ou vingativa, você termina ferindo a pessoa que o feriu. É muito provável que você esteja dando vazão a sentimentos antigos acumulados quando vocifera com as pessoas, grita, faz sermões, critica, diminui o outro, deprecia, ou aponta em detalhes dolorosos como o seu ferimento prova que a outra pessoa é má.

Algumas pessoas são tão fácil e profundamente feridas que você se inibe temendo feri-las com a sua raiva e tende a segurar-se para protegê-las. Não faça isto! Lide com essas pessoas e expresse completa e simplesmente a sua mágoa presente. Provavelmente elas se sentirão culpadas com o que fizeram, mas você terá evitado um acúmulo de raiva que iria feri-las — e a você mesmo — ainda mais profundamente.

Como os três tipos de personalidades expressam a raiva

Cada um dos três tipos de caráter sofre de uma raiva que tem um sabor próprio, e cada um tem inibições para expressá-la segundo seu sistema defensivo específico.

Crises de birra — o padrão dependente

As pessoas dependentes tendem a engolir a sua raiva ou a negá-la por medo de ofender ou de se arriscar a serem rejeitadas pela pessoa de quem dependem. O seu ressentimento vai se acumulando internamente. Por fim, quando a mágoa acumulada não pode mais ser contida, as pessoas as dissolvem num ataque de raiva e agem como crianças, expressando a raiva e a mágoa ao mesmo tempo. Freqüentemente, esta demonstração faz com que estas pessoas sejam rejeitadas por aquelas de quem mais precisam, ou faz com que os outros desconsiderem as suas queixas por serem exageradas, colocando mais lenha na fogueira.

Ruminações particulares — o padrão controlador

Para as pessoas controladoras, a raiva é ao mesmo tempo a emoção mais fácil e a mais difícil de expressar. Por um lado, ela lhes dá uma sensação de força, mas por outro lado deixa-as ansiosas, com medo de perder o controle de toda a raiva acumulada que têm; e assim ficam num impasse. Como elas tendem a *pensar* a respeito dos sentimentos em vez de senti-los e expressá-los, freqüentemente ficam obcecadas com a sua raiva, exagerando-a de tal modo que quando se sentem raivosas têm medo de ser inundadas pela raiva. O medo que as domina é o medo de perder o controle e não o medo de como a outra pessoa irá retaliar. Elas preferem voltar-se para seus planos de vingança e ficar perdidas em fantasias raivosas, enquanto deixam escapar a raiva para o mundo a seu redor por sua atitude crítica e não sustentadora.

Demonstrações públicas — o padrão competitivo

As pessoas competitivas tendem a ser explosivas em sua expressão de raiva. Como elas fingiram por tanto tempo que não haviam sido feridas, quando um sentimento de raiva é expresso ele rapidamente acende uma explosão cheia de rancor e de crueldade surpreendentes. A pessoa competitiva está deslocando o seu ódio de si mesma sobre os outros. A atuação raivosa normalmente é rápida e termina tão abruptamente quanto começou. Exemplos deste comportamento são jogar bebida no rosto de alguém durante uma festa, pisar no vestido de uma rival, fazer um comentário cortante ou perguntas embaraçosas na frente de toda a equipe, apontar falhas óbvias na tentativa de humilhar.

É claro que o modo como você expressa a raiva envolve uma combinação de respostas, numa combinação dos três tipos. Você tende a agir como uma pessoa dependente quando é desapontado por alguém de cujo amor depende, especialmente na privacidade de seu relacionamento (é por isso que às vezes os relacionamentos parecem trazer à tona o lado infantil de sua personalidade). Você pode expressar a raiva de um modo punitivo nas situações em que está lutando pelo controle, e pode tentar retaliar em público quando sofre um fracasso ou quando se sente exposto em público.

Como reagir às fontes da raiva

Traição

A violação da confiança é um insulto a sua auto-estima. O ato da traição é uma afirmação de que alguém não o vê como merecedor de respeito, lealdade ou consideração.

Não há razão para tentar acertar-se ou esclarecer as coisas com uma pessoa que o traiu. Tais pessoas têm pouco senso de moralidade, de justiça social ou de integridade, além de ter pouco senso de valor próprio. Apelos a seu senso de decência passam despercebidos, e tentar comunicar sentimentos a elas é uma perda de tempo pois elas não entendem essas questões. E lutar com elas apenas o diminui na visão delas, e valida o que fizeram. A conquista dos tolos é uma pequena vitória.

O modo de lidar com pessoas que o traíram é separar-se delas de um jeito tão limpo quanto possível, com tão pouca emoção quanto a que elas sentiram ao ferir-lhe. Qualquer tentativa de esclarecimento parece ter o objetivo de manter o contato, e elas podem interpretar quaisquer sentimentos em relação a elas, mesmo a raiva, como se você ainda se importasse com elas.

A traição ocorre mais comumente nos relacionamentos amorosos, quando uma das pessoas é infiel. Na primeira vez que isto acontecer é importante falar sobre a traição e demonstrar os seus sentimentos feridos. Dessa forma você pode chegar a um novo nível, em que tenha certeza de que o problema foi corrigido e de que foi atingido um nível maior de honestidade. Entretanto, uma pessoa que o traia duas vezes tenderá a traí-lo sempre. Uma pessoa que não sinta dor ao vê-lo ferido da primeira vez e que não aprenda com isto, sentirá cada vez menos até não sentir nada.

Mentiras

Ouvir uma mentira significa que alguém não sente que você mereça ouvir a verdade. Isto fere profundamente.

O amor só pode funcionar num relacionamento verdadeiro, porque o amor é a verdade, o padrão incorruptível de sua vida.

Alguém que mente para você não o está amando.

Alguém que mente para você está lhe dizendo que você não tem valor.

Alguém que mente para você está insultando a sua inteligência.

Alguém que mente para você está simplesmente tentando adiar o momento em que você saberá disto.

Como você sabe quando alguém está mentindo para você? Você se pega pensando: "Isto não faz sentido". Você fica imaginando por que está recebendo a informação desta forma. Você tem uma sensação vaga de mágoa, a dor da decepção. A outra pessoa está piscando, evitando olhar nos seus olhos ou, ao contrário, fixando diretamente os seus olhos por um tempo exageradamente longo, parece constrangida ou nervosa, sua, mostra-se estressada e demonstra uma necessidade de que você acredite na versão dela para a verdade. Você sabe que é uma mentira, mas não sabe por quê.

Quando você suspeita que alguém está mentindo, diga apenas: "Esta é a verdade?"; "Isto soa estranho."; "Isto não faz sentido."; "Por que você está me dizendo isto?"; "Que diferença isto faz?"; "Tem certeza de que você não está criando isto?".

Se você tem certeza de que a outra pessoa está mentindo mas não o admitirá, ouça a resposta desapegadamente e no final diga: "Está bem, vamos supor que seja assim. E o que você quer?". Você quer saber o motivo. Ele facilitará lidar com a situação.

Se a pessoa admitir ter mentido, faça estas perguntas: "O que você tinha medo de me dizer? Por quê?"; "O que você queria?"; "Por que você não confia em si mesmo?"; "Por que você está me contando a verdade agora? Como eu posso ter certeza de que isto é a verdade?".

Quando você perceber que está mentindo para alguém, corrija-se assim que possível, se necessário no meio da frase, dizendo: "Eu não me expressei bem. O que eu queria dizer era ..."; "Eu exagerei um pouco. A verdade realmente é..."; "Será que isto é realmente verdadeiro? Espere. Eu posso ter-me enganado aqui." "Bem, poderia ser...".

Permita-se ser suficientemente flexível para estar aberto. Não esconda a sua mentira. Você não precisa explicar cada vez que decepcionou alguém no passado, mas trabalhe no sentido de descobrir sobre o que você mente. As mentiras que você conta são apenas uma forma de evitar uma verdade dolorosa. Tente entender o que você está escondendo.

Má intenção

A parte mais difícil de ser ferido de propósito não é o ferimento em si mas a traição de sua confiança. Descobrir que a outra pessoa *não* era melhor do que você esperava faz com que você duvide de seu julgamento e se questione sobre a sua habilidade de se proteger. Você foi confiante demais, cego demais, ou — vamos encarar — carente demais?

O fato é que existem pessoas que não se importam com os sentimentos das outras e farão qualquer coisa para conseguir o que querem. Você precisa identificar essas pessoas tão rápido quanto possível. Alguém que o tenha ferido de propósito está lhe fazendo um favor. Agora não há mais enganos quanto às intenções dessas pessoas — elas lhe mostraram o seu verdadeiro eu.

Não enterre uma suspeita que você tenha sobre outra pessoa. Permita que sua suspeita venha à tona e pergunte a si mesmo:

"Esta pessoa está tentando conseguir tirar vantagem?"

"Esta pessoa está desesperada?"

"Esta pessoa tem um espírito mesquinho?"

"A quem mais esta pessoa já feriu? Por quê?"

Essas perguntas só são difíceis de fazer se você tiver medo das respostas. O seu amor e a sua necessidade de ser aceito pelas pessoas a quem você ama fazem com que você tenda a ficar em silêncio e a não discutir com elas quando o ferem com má intenção. Você tem esperança de não estar ouvindo aquilo que pensa que elas estão dizendo.

A sua esperança é sua inimiga.

Você precisa aceitar a verdade quando alguém o fere com má intenção. Se você tolerar sempre os ferimentos provocados por esta pessoa, estará preso pela necessidade de conseguir a aprovação dela, que você já deveria ter conseguido por ser quem realmente é, e não pelo que faz.

Fale assim que você perceber que foi ferido. Afirme a sua posição direta e sucintamente. Tudo o que você quer é que a outra pessoa tenha consciência de que você percebeu. Não tolere mais maus-tratos. Se você precisa do que a outra pessoa tem lhe dado, deixe que a sua dor lembre-a de que chegou a hora de começar a sustentar a si mesmo.

Na primeira vez que alguém o fere com má intenção, a culpa é da pessoa.

Na segunda vez, a culpa é sua.

Tratamento indiferente

Você se sente perturbado internamente quando é ignorado, quando a sua dor é desconsiderada, quando o seu sofrimento é depreciado e quando os seus interesses são negligenciados.

Você treme com uma mescla de ódio a si mesmo e de raiva quando os seus melhores esforços são minimizados pelos outros, e se pergunta por que está desperdiçando o seu tempo e a sua energia.

Você deseja ter importância.

Você quer que a sua contribuição faça diferença.

Você quer que sua vida tenha significado e propósito.

Você quer que o seu amor seja capaz de curar os outros.

Você quer que os seus talentos sejam apreciados.

Você não quer ser esquecido.

É por causa de sua bondade inata que você fica ferido e com raiva quando os outros lhe são indiferentes. É por querer ter importância e ser parte do grande quadro da humanidade que você fica ferido por algo que sugira que você não tem nada a dizer e nada de valor com que contribuir.

Mas a maior verdade é que, quando você é tratado com indiferença, as suas dúvidas internas são despertadas e a sua antiga autopunição é revivida. Você sabe que não pode ser tudo que deseja ser. Você sabe que ficou aquém de seus objetivos, talvez por ter ido pelo caminho mais fácil. Você revê a evidência em que acha que as outras pessoas estão baseando a reação indiferente a você e se pergunta se elas podem ter razão.

Assim, o grau em que a indiferença dos outros pode feri-lo é uma medida da sua falta de auto-aceitação.

Lembre-se de seu valor. Você não é perfeito. Você está crescendo, ficando melhor. Aceite seus erros e suas fraquezas.

Não espere que os outros reconheçam os seus talentos, que o incentivem a arriscar ou que lhe dêem apoio. A maioria das pessoas está absorvida com seus próprios medos e inseguranças. E isso, na verdade, é uma bênção disfarçada. Isso as impede de olhar de perto para os erros e fracassos que você tenha, e lhe dá tempo para se aperfeiçoar e aprender com esses erros antes de tentar de novo, e antes que os outros percebam.

Você é suscetível à indiferença dos outros quando mais duvida de si mesmo, e pode ser que haja uma boa razão para essa dúvida. Talvez o seu trabalho não tenha a qualidade que você deseja, ou talvez você não esteja na sua melhor forma. Deixe que a sua insatisfação consigo mesmo o leve a trabalhar com os seus defeitos. E aí a indiferença dos outros não terá tanta importância, pois a verdade é que é a sua indiferença consigo mesmo e o seu fracasso em fazer aquilo que você precisa para crescer que lhe provocam a maior dor.

Simplesmente começar a ser melhor irá fazer toda a diferença do mundo.

Desvalorização

O que é mais doloroso do que ouvir que os seus sentimentos não importam, que você está exagerando, enxergando os acontecimentos fora de proporção, criando tudo ou sendo sensível demais?

Uma pessoa que não se incomoda com os seus sentimentos, não se importa com você. As pessoas que desvalorizam os outros são insensíveis, ciumentas ou invejosas, inseguras e têm medo de não ser bem-sucedidas. Elas são críticos que não criam ou pessoas raivosas guardando rancores para dar vazão a autocríticas que não podem admitir. É bastante possível que não valorizem os próprios sentimentos e não amem a si mesmas.

Você nunca consegue agradar a alguém que não gosta de si mesmo. Você se importa com os outros apenas à medida que se importa consigo mesmo.

O que pode ser mais desanimador do que ouvir que os seus melhores esforços não são especiais? Quando você sente que está sendo desvalorizado, o seu primeiro passo é exprimir os seus sentimentos. Se descobrir que a outra pessoa realmente não se importa com você, tem de questionar por que ela tem um lugar tão proeminente em sua vida. A verdade é que a raiva que você sente quando é desvalorizado vem em grande parte de sua própria opinião sobre o seu trabalho e de seu fracasso em acreditar o suficiente em si mesmo para torná-lo melhor.

Você tem de ser o parâmetro para julgar o seu desempenho, e trabalhar para agradar a si mesmo. Então, faça o que lhe dá prazer. Siga o seu amor. Ele sempre o levará para o lugar certo.

Exploração

O problema com a raiva que você sente por ter sido usado é que grande parte dela é dirigida para você mesmo, por ter permitido que isso acontecesse.

Quando você é usado?

Você é usado quando dá mais do que deveria para conseguir mais do que pensa que realmente merece ou poderia receber se deixasse as coisas fluírem. Sua carência o deixa vulnerável a ser usado.

Você é usado quando tenta comprar a afeição, a lealdade ou a amizade de alguém.

Você é usado quando sacrifica a si mesmo por causa dos outros.

O fato de as pessoas usarem os outros não prova que elas são más, mas que os outros estão disponíveis. A maioria das pessoas não é má; só são preguiçosas, cheias de dúvidas sobre si mesmas, com medo de fracassar e inseguras sobre o seu valor. Não acreditam em si mesmas. Viram pessoas subalternas encontrar o caminho para o topo, a persistência ser recompensada em vez do talento e o amor ser dirigido a quem não o merecia. Quando vêem uma chance de ir em frente e encontram uma mão estendida, a seguram, erguem-se, seguem adiante e podem nem mesmo dizer obrigado. Não é nada pessoal. Na verdade, você também faz isto.

Na verdade, a maioria das pessoas nem pensa que está usando os outros quando age assim. É mais provável que acreditem que estão aproveitando uma oportunidade do melhor modo possível.

Quando você der algo a outras pessoas, faça-o abertamente, porque isso o agrada, sem esperar conseguir nada em contrapartida. Você se sente mais usado por causa de suas expectativas desapontadas do que pela falta de sinceridade da pessoa que você acha que o está usando. As pessoas que ficam com mais raiva e mais desapontadas ao serem usadas são aquelas que dão com a expectativa de serem recompensadas.

Para evitar a raiva de ter sido usado, solte as pessoas e permita que elas sejam livres para buscar o seu próprio nível de realização. Assim as pessoas que o amam podem amá-lo. As que não o amam irão deixá-lo em paz. As que trabalham para você irão trabalhar para si mesmas e apreciarão a liberdade de ser dona do próprio nariz.

Quando você se sente inibido na expressão de sua raiva

Quando você não expressa a raiva, você mergulha obstinadamente em seu dia normal, mas está um pouco mais propenso em achar defeitos nos outros, um pouco menos propenso a achar graça numa piada. Você não está tão livre para dar uma resposta criativa a um problema. A sua memória fica um pouco mais lenta. Você se afasta dos desafios emocionalmente interativos e vai em direção das coisas mecânicas. Desse modo, tem mais probabilidade de trabalhar para melhorar o foco da tela do computador do que em escrever um relato.

A sua raiva contida às vezes explode inadequadamente — na hora errada, no lugar errado, sobre a pessoa errada. E como ela permanece não-resolvida, você fica obcecado. Às vezes, o seu ódio é o único propósito que você sente, e apenas por esta razão, ficar com raiva parece autojustificável.

Conter a raiva também dá forma a sua atitude. Você se lembra da velha pergunta: "O copo de água está meio cheio ou meio vazio?". Dizer que ele está meio cheio sugere que você é um otimista, enquanto dizer que está meio vazio indica que você é um pessimista. É claro que a grande verdade é que o copo só contém água. Não é meramente a sua percepção da água, mas a escolha da escala para medi-la que influencia a evidência. Se você estiver em débito emocional, o copo de água nunca está meio cheio nem meio vazio. Ele sempre está vazio. A sua atitude se torna a realidade.

Fontes de ambivalência na expressão da raiva

É raro uma pessoa que não experiencie alguma ambivalência ao expressar a raiva. Como um sentimento natural se torna inibido em sua expressão? Estas são as principais razões:

- ·Não é bonito. Você aprendeu que não é bonito expressar raiva em relação a seus pais e a outras pessoas a quem deve respeitar. O dano causado a uma criança que foi proibida de expressar a raiva de um ferimento pequeno é maior do que o causado a uma criança que sofreu um grande ferimento mas teve liberdade de expressão.

- Alguém pode sair ferido. A sua raiva acumulou-se até o ponto de suas fantasias raivosas fazem-no duvidar de sua bondade. Você se preocupa com a possibilidade de ser mau e de expor-se e, assim, se contém.
- Você teme ser mal-entendido. Descrever os detalhes de ferimentos antigos é como tentar contar um filme que você viu quando era criança. Tudo está distante demais para que você confie nos detalhes. Portanto, discuta o *impacto* que a fonte da mágoa e da raiva teve em você e não apenas os detalhes dos quais se lembra.
- Você teme a rejeição. A raiva o assusta, pois ela oculta o seu amor a si mesmo. Você teme que expressar a raiva faça você sentir que *merece* a rejeição por ter sido uma pessoa raivosa.
- Você teme perder o controle. A sua razão para tentar manter o controle é parecer forte e bom, mas revelar a raiva evidencia que você tem um lado negativo.
- Você teme admitir a sua vulnerabilidade. Admitir que sente raiva é perder a proteção de sua máscara de indiferença e admitir a vulnerabilidade pode parecer um risco grande demais para ser assumido.

Débito emocional: a história da raiva

Para entender a dinâmica da raiva você precisa rever o conceito de débito emocional. Uma pessoa em débito emocional está vivendo de modo não efetivo e tendo menos prazer na vida. O débito emocional é a história da raiva — sua origem, desenvolvimento e herança dinâmica. Administrar efetivamente os seus sentimentos significa ficar sem débito emocional. Examinar em detalhes o débito emocional deixará isso mais claro.

Débito emocional reativo: a mágoa se transforma em raiva

Este é o débito emocional do momento, que consiste dos sentimentos criados em resposta a um acontecimento doloroso específico. É no período do débito emocional reativo que você descobre a sua capacidade de suportar, percebe que foi realmente ferido e que a perda ou ferimento específico é importante para você. Normalmente você se expressa e supera o problema.

Este é o débito emocional do "Hei, espere um minuto", em que você supera a sua sensação de atordoamento e junta sua coragem para expressar mágoa e raiva. Este período de reação pode demorar bastante se a perda abalar a sua vida. Mas, ainda assim, esta é a parte mais rasa do débito emocional, pois as emoções com que você está lidando estão na sua memória imediata e normalmente estão relacionadas a uma perda ou ferimento específico e bem definido. Este período dura de poucos minutos a algumas semanas.

A resolução do débito emocional reativo está na reação inicial, quando você diz à outra pessoa que você foi ferido, negocia a ofensa, avisa a pessoa que o feriu de que não gostou e, ao fazê-lo, revela a sua vulnerabilidade mas também afirma a sua intenção de resolver o conflito, encontrar a paz e seguir em frente.

Débito emocional recente: acontecimentos dolorosos se fundem

O débito emocional recente é definido como um conjunto de perdas ou ferimentos atuais que não foram expressos adequadamente e assim estão se acumulando.

Algumas vezes você fica tão atordoado com um acontecimento doloroso que sofre uma segunda, terceira e até mesmo mais perdas antes de conseguir lidar com a primeira. Às vezes, sua ambivalência e confusão impedem que você aja de modo claro no momento.

Como a raiva não-expressa proveniente desses sentimentos recentes se combina, ela vai crescendo e de vez em quando sobrecarrega as defesas que não conseguem contê-la mais. E assim está preparado o cenário para que uma explosão emocional seja desencadeada.

Com freqüência os sentimentos contidos no débito emocional recente foram gerados pela mesma situação contínua problemática de vida. O exemplo típico é um relacionamento amoroso durante um período de conflitos recentes não-resolvidos. As pessoas ficam em guarda, de modo que ferimentos adicionais são contidos pelo menos parcialmente. Isso leva suas defesas até o limite e cria uma situação instável em que qualquer um ou todos esses sentimentos recentes podem buscar expressão ao mesmo tempo, no momento em que algum novo ferimento os traz à tona. É por isso que alguns casais parecem brigar o tempo todo.

Podem ocorrer ferimentos adicionais quando esses sentimentos recentes irrompem. Mas esta também pode ser uma oportunidade para limpar a atmosfera. Se as pessoas forem verdadeiras ao se expressar, os sentimentos positivos com freqüência reaparecem de repente, bem no meio da briga, parecendo validar o amor que estava lá o tempo todo mas havia sido esquecido no meio do ressentimento oculto. Contudo, este também pode ser um momento de atos desesperados. Os sentimentos do débito emocional recente normalmente estão acessíveis, e até mesmo o preocupam, e a pressão pode motivá-lo a tomar decisões importantes quando você não está com a sua mente muito clara.

O débito emocional recente pode alterar o equilíbrio da expressão em qualquer sentido. A energia combinada dos sentimentos contidos tende a empurrá-los para a expressão, criando uma oportunidade para que você desenvolva a abertura emocional. Ou as implicações negativas desses sentimentos não-expressos podem fazer com que você duvide de si mesmo e assim reprima os seus sentimentos ainda mais profundamente.

A situação é ainda mais complicada pois os sentimentos contidos no débito emocional recente despertam sentimentos mais antigos provenientes do débito emocional remoto. Por exemplo, uma pessoa dependente que experiencia várias rejeições num curto espaço de tempo nega essas rejeições, o que faz com que os sentimentos feridos se acumulem como débito emocional recente. A mágoa é então convertida em raiva, o que abaixa a auto-estima da pessoa dependente. Nesse momento, a pessoa relembra de sentimentos similares armazenados no débito emocional remoto, com uma sensação de familiaridade negativa, o que provoca a sensação de que a situação atual é o modo como sempre foi e sempre será. E a pessoa então se pergunta "De que serve?", desistindo e semeando mais complicações em sua vida.

Débito emocional remoto: associação ressonante

Os sentimentos contidos no débito emocional remoto estão presos às defesas há muito tempo, e assim são "lembrados" por meio de associações ressonantes em vez de por uma memória direta. Isto ocorre quando um acontecimento no presente reflete algo no passado de que você não consegue se lembrar completamente, em especial algo temido, e o traz para a consciência como um sentimento vago de inquietação.

No início esta lembrança é incompleta, e muitas vezes consiste na memória do sentimento sem nenhum outro fato concreto. À medida que a memória do sentimento aumenta, os detalhes específicos começam a aparecer, especialmente as imagens visuais. Entretanto, esta progressão em direção da integração consciente pode ser cortada em qualquer ponto, conforme as suas defesas se reagrupam e você tenta manter algum senso de equilíbrio emocional, contendo a distância o seu passado assustador. Algumas vezes, o ponto em que este processo de rememoração parou fica sendo a única lembrança acessível por anos. Em outros momentos, acontece uma ruptura e o passado é lembrado em detalhes.

Esse padrão é típico de experiências traumáticas da infância que foram interceptadas defensivamente. A criança experiencia um acontecimento doloroso, tipicamente um abuso, e deseja esquecer. Ela bloqueia a memória, mas os antigos sentimentos dolorosos ressoam por associação durante toda a vida, sugerindo continuamente que há implicações assustadoras nas situações mais inocentes. Um sentimento vago de ter sido envolvido em alguma coisa ruim pode realmente fazer com que a criança acredite que está tentando esconder algum segredo terrível a respeito de si mesma, alguma coisa ruim na qual participou mas que não consegue definir. Seu valor pessoal é colocado em questão. Isso forma um centro interno de insegurança que desafia todas as tentativas de tranqüilizá-la, pois, de um modo muito profundo, a criança acredita que é má.

Essa crença residual de que ela é má persiste e pode motivar um comportamento autodestrutivo e extrema instabilidade de estados de espírito. Os *flashbacks* de acontecimentos traumáticos que foram trabalhados de modo incompleto usam o mesmo mecanismo de associação ressonante. Os acontecimentos originais finalmente vêm à tona, pelo desejo ativo de saber ou quando a realidade reforça as ondas de despertar que não podem mais ser negadas.

Quando Skip, um empresário de quarenta anos, foi abordado sexualmente por dois homens enquanto caminhava de modo inocente na rua, teve uma sensação de pânico e fugiu. Ele ficou chocado com a urgência dos sentimentos que o invadiram subitamente e o fizeram fugir. Nos dias que se seguiram, ele começou a lembrar que havia sido estuprado por um primo mais velho enquanto outro primo o segurava. Depois da violação, ele se defendeu e disse ao primo que ia se vingar e contou a seus pais.

Ele nunca mais se incomodou com isto, mas manteve o assunto em segredo. Bloqueou a memória por quase trinta anos, e quando ela retornou por associação ressonante, Skip foi dominado por um jorro de raiva e medo remotos que haviam sido evocados subitamente à consciência. Se alguém tivesse perguntado sobre o incidente, antes da abordagem, ele teria sido completamente incapaz de lembrar-se. Entretanto, ao ser colocado numa *situação de sentimento similar*, a sua memória adormecida foi energizada e evocada.

Esse exemplo representa o modo característico pelo qual os ferimentos ou ameaças atuais de ferimentos ativam as memórias antigas ocultas por meio da ressonância emocional. Novamente, o sentimento quase sempre é despertado sem que haja lembrança específica do acontecimento originalmente associado a ele. Quando isto acontece, ou a pessoa suprime de novo o sentimento redespertado, ou é impulsionada a descobrir um sentido nele e a resolvê-lo. Quando a ofensa envolve o abuso sexual, tipicamente a vítima sente alguma culpa por ter permanecido em silêncio, por não ter feito mais para se proteger, ou tem raiva de si mesma por ser tão vulnerável e desamparada. Assim, lembrar diretamente os detalhes pode trazer muito horror. E quando a vítima se sentiu sexualmente excitada, mesmo que de leve, isto pode ser visto pela pessoa como uma confirmação de que ela é má. Portanto, o incidente com freqüência é reprimido para proteger a vítima de si mesma, não do vilão.

Quando o despertar do débito emocional remoto não evoca uma lembrança específica, é comum que ele entre na consciência como uma sensação de nostalgia, um anseio vago mas urgente por algo que não pode ser definido, um vazio obscuro, uma empatia inesperada, ou uma pungência súbita associada a coisas comuns.

Trabalhando com a raiva

Se você lida com as suas emoções presentes, diminui o estresse em sua vida diária e, portanto, diminui o poder dos acontecimentos presentes para ativar as memórias antigas e jogá-lo em estados desamparados desmoralizantes. Na verdade, as técnicas práticas para lidar com sentimentos no presente é que irão libertá-lo do sofrimento, embora aprender a respeito das fontes de seus ferimentos passados possa trazer-lhe muitos *insights*. Você se sentirá muito melhor se puder tornar mais espontâneas e apropriadas as suas vivências emocionais do presente, mesmo se for sobrecarregado por antigos problemas emocionais. Além disso, à medida que aprende a expressar a sua mágoa de um modo imediato, parte de sua dor antiga é dirigida para o caminho da expressão emocional e é resolvida por tabela.

Toda dor é resolvida no presente, independentemente de quando aconteceu o ferimento.

Para começar este processo, tente manter uma atitude de esperança e crença em si mesmo. É possível ficar melhor simplesmente sendo mais honesto consigo mesmo. Você ficará surpreso pelo modo como os seus problemas passados parecem se resolver quando você faz isso.

Descrever um problema profundamente oculto significa apenas que ele é antigo. Os problemas emocionais superficiais são meramente de uma safra mais recente. Embora cada nova crise tenha o potencial para trazer problemas antigos à consciência, ela também traz uma oportunidade para olhar mais profundamente para dentro, entender a si mesmo, e crescer mais um pouco.

Tipo de Caráter e Débito Emocional

Tipo	Dependente	Tipo controlador	Tipo competitivo	Tipo maduro
Fica com raiva de qualquer coisa que simbolize:	Impotência, ser controlado, desamparo, abandono, ser maltratado, rejeitado, abusado, importunado, sofrer desvantagem injusta	Ser enganado, desobedecido, ouvir mentiras, decepcionado, superado numa luta de poder. Qualquer injustiça pode provocar retaliação.	Ser envergonhado, fracassar, cometer uma gafe social, rejeitado em favor de outra pessoa, ser iludido, zombaria e escárnio, humilhação, derrota.	Todas as situações precedentes podem ferir, mas o tipo maduro fica mais desapontado com os defeitos pessoais, com o fracasso em dar o seu melhor, ser desonesto, desistir cedo demais.

Tipo de Caráter e Débito Emocional (*continuação*)

Tipo	Dependente	Tipo controlador	Tipo competitivo	Tipo maduro
Medo que inibe a expressão da raiva ou mágoa:	Que a expressão piore as coisas e afaste ainda mais as pessoas. Que a pessoa possa ficar ainda pior ou mais sozinha.	Que a expressão chame a atenção para os seus erros, fraquezas, imperfeições e provoque mais rebelião.	Que a expressão revele a profundidade do ferimento da pessoa e mostre aos outros que ela realmente se importa e foi derrotada numa disputa que realmente queria vencer.	Que a expressão fira sem necessidade os outros e cause mais dano. Tende a fazer algo para tornar as coisas melhores em vez de reclamar ou sentir autopiedade.
Natureza do débito emocional	Vulnerabilidade raivosa, ressentido, lamentoso, vê rejeição por toda parte, demonstra sentimentos feridos, produz culpa nos outros, tem crises de birra.	Vingativo e punitivo, pensamentos raivosos obsessivos, dirige a energia para dentro conforme assume o controle, constrito, crítico.	Raiva instável com demonstrações histriônicas, vingativo, maldoso, pode ignorar completamente o ferimento e tornar-se hiperativo para provar a própria invencibilidade.	Tenta corrigir os erros, aprende com a lição contida no ferimento. Deixa que os outros deitem nas camas que fizeram sem tentar salvá-los. Deixa passar assim que possível.

11
As habilidades para trabalhar com a raiva: um manual

Problemas para expressar a sua raiva

Comumente é difícil expressar a raiva de um modo que a alivie e ao mesmo tempo faça sentido para a pessoa de quem você tem raiva, pois ela é um ferimento antigo, quer tenha sido experienciado recentemente, quer esteja enterrado há tempo. A outra pessoa pode ter esquecido o incidente que você deseja discutir, e uma negação pode complicar as coisas ao aprofundar o seu ferimento. Você pode ter consciência de apenas parte de seu antigo ferimento e por isso quando o trouxer à discussão, pode ouvir que o modo de o lembrar não é como aconteceu.

Você pode ter uma tendência a ficar sem palavras e frustrado quando expressa os seus sentimentos. Pode retrair-se ao encontrar os primeiros sinais de resistência, fazendo de conta que o assunto não tinha importância. E se mais tarde você tentar novamente discutir o assunto, só irá aborrecer as outras pessoas que pensarão que você está voltando a um assunto esgotado — então será ainda mais difícil esclarecer a questão.

A sua raiva pode ter inchado dentro de você até proporções tão assustadoras que você pode acreditar que expressar qualquer parte dela poderá causar dano a todo mundo.

Este capítulo apresenta técnicas práticas para superar esses obstáculos. Para início de conversa, tenha sempre estes pontos em mente:

- Por mais diplomático que você possa ser ao expressar a sua raiva, alguém provavelmente ficará pelo menos desconfortável e talvez fique magoado por causa dela.

- As outras pessoas têm outros pontos de vista. Você não deveria ter a expectativa de mudá-los. Você tem de trabalhar com os outros como eles são.
- Na *melhor* hipótese de qualquer vivência emocional você tem permissão para expressar a sua mágoa. A outra pessoa está disposta a ouvir o seu lado, de modo tranqüilo e sem corrigi-lo, e expressa alguma tristeza por você ter sofrido. Você ficará desapontado se esperar mais do que isto.
- Embora o seu ponto de vista tenha sentido e pareça correto para você, ele não é a verdade absoluta mas é a composição — distorcida e talvez exagerada — de muitas memórias acumuladas. Assim não se surpreenda se a outra pessoa desconsiderar a seriedade de seu pedido.
- Consiga tudo o que for possível da oportunidade de expressão que você criou. Lembre-se, este é um momento no tempo em que o passado e o presente se comunicam. Os ferimentos antigos reabertos têm uma inclinação natural para se curar e fechar tão rapidamente quanto possível. A repetição das tentativas de voltar e reabrir uma questão interferem com o processo de cura. Faça o ajuste que você deseja fazer. Deixe que todas as suas preocupações apareçam e deixe para depois as pequenas adições e correções. E deixe que a cura aconteça.

Expressando as mágoas atuais e recentes

Do ponto de vista ideal, você deveria simplesmente dizê-lo cada vez que fosse ferido, usando as técnicas que discutimos e resolver o incidente no próprio momento. A questão se resolve enquanto os sentimentos estão nítidos.

No entanto, as pessoas não têm tanta consciência de seus sentimentos: o momento nem sempre é o certo para se abrir; falta coragem; outras pessoas entram na sala; o outro é vingativo ou tem uma posição de poder, e assim o sentimento é adiado. O resultado disto, é claro, é que a mágoa se desenvolve em raiva e é guardada no débito emocional reativo.

Tudo o que você precisa para expressar os sentimentos deste tipo reativo é conseguir a atenção da outra pessoa, lembrar do incidente que acabou de acontecer e afirmar a sua mágoa.

Não comece afirmando a sua raiva. Isto colocaria a outra pessoa na defensiva, e seria o pior lugar de onde começar. Em vez disso, inicie revelando o seu ferimento. Indique o seu desapontamento, traição, ofensa e perda de fé. Admita que está com raiva, se o outro perguntar, mas mesmo assim volte para o ferimento. Se você expressar de modo aberto todo o seu ferimento, descobrirá que parte da raiva está naturalmente vinculada a ele e irá se resolver quando o ferimento for liberado.

Não use esta oportunidade para fazer com que a outra pessoa se sinta culpada. Se você fizer isto, ver-se-á emaranhado numa discussão amarga, sofrerá mais ofensas, e deixará o local erroneamente convencido de que você é sempre mal-entendido, além de ficar ressentido por ter sido punitivo e irracional.

Depois de expressar sentimentos feridos é típico que você sinta breves ondas adicionais de mágoa e raiva, de menor intensidade e com duração de um ou dois dias, mas elas devem passar rapidamente. Se alguns ferimentos adicionais vierem a sua mente depois e você quiser afirmá-los, isto ficará mais fácil pois você já puxou o assunto. Faça esses comentários adicionais num telefonema curto ou num encontro rápido. Lembre-se, a outra pessoa já está se sentindo punida, e é fácil exagerar e começar a desabafar novamente. Assim, aborde-a com um sentimento de amizade, agradeça antecipadamente e afirme que você deseja saber como ela está e também esgotar o assunto. Inclua os seus comentários adicionais nessas observações, sem deixar que eles soem como uma lista de reclamações. Termine dizendo à outra pessoa que você se sente melhor e que agradece por ela ter ouvido.

É claro que pode acontecer de você estar entristecido com raivas antigas não ligadas ao acontecimento. Neste caso pode ser que depois de expressar a sua mágoa recente, você sinta ondas de raiva antiga ainda vindo à tona, tornando-se conscientes pela associação ressonante com os acontecimentos recentes. Permaneça focado na liberação da mágoa atual. Tente manter a sua expressão sob controle, lembrando que o seu objetivo é comunicar a sua mágoa, mas reconheça para si mesmo que devem existir outras razões pelas quais você está com tanta raiva.

Para descobrir essas razões, pergunte a si mesmo:

- "De quem estou com mais raiva?"
- "De que outro ferimento eu me lembro?". Dê atenção aos primeiros ferimentos que vierem a sua mente, pois esses são os ferimentos passados que estão irrompendo novamente na consciência.

• "Existem outras pessoas que precisam saber que me magoaram?". Faça uma lista com os nomes!

Você tem a responsabilidade de resolver esses ferimentos antigos, e mesmo que eles possam ter sido lembrados por intermédio de um ato particularmente doloroso no presente, quase nunca é sábio expressar esse transbordamento para a pessoa que acabou de feri-lo. Você só irá ferir a outra pessoa e terminará se sentindo culpado, e o que inibirá ainda mais a expressão de seus sentimentos antigos.

Expressando uma ofensa mais antiga

Como você expressa os sentimentos mais antigos, aqueles sentimentos que você mal pode tocar? Como você confronta alguém quando os acontecimentos que o deixaram magoado provavelmente parecem remotos na memória da outra pessoa?

Como você lida com a sua raiva em relação a alguém que se suavizou com a idade, e com quem você tem agora um "bom" relacionamento, sem desfazer o duro trabalho de reconciliação que você fez ao longo dos anos?

Como você aborda questões de um passado difícil que nunca foram discutidas abertamente, em especial numa família que o acusa de estragar os bons momentos?

Esses são problemas comuns em psicoterapia, em que os pacientes estão continuamente descobrindo emoções antigas, reexperienciando-as com grande intensidade e sentindo uma necessidade urgente de exprimir a sua mágoa secreta. A resposta é: honestamente. Entretanto, se esta situação não for abordada com cuidado, isso pode gerar ainda mais problemas.

Primeiro, é importante lembrar que as defesas que ocultaram os seus sentimentos também os distorceram. Nesta posição, todos nós juntamos e combinamos informações para sustentar o nosso caso. Racionalizamos, explicamos e criamos justificativas internas. A maior parte dessa evidência de apoio é tão remota e pessoal que é inacessível e não pode ser corroborada, e assim considere-a inadmissível, e aceite que você tem uma visão parcial de sua situação. Você não vai chegar mais perto de seu objetivo se bombardear a outra pessoa com fatos, nem se agir de modo controlador ou crítico. Isso só provocará mais distância e você será considerado como a parte agressora. Você só será ferido novamente.

Lembre-se, o seu objetivo é liberar os seus sentimentos, fazer com que a outra pessoa saiba de seu ferimento, e encerrar o assunto.

Segundo, antes de continuar, avalie quão importante é expressar os seus sentimentos para essa pessoa. Às vezes, apenas tomar consciência de seu ferimento será suficiente para resolver a situação, mesmo sem contar para a outra pessoa. Se for este o caso, não desperdice os seus esforços ao tentar alcançar a vitória total.

Terceiro, esteja consciente da possibilidade de frustrações. De um modo geral, em que medida essa pessoa está disposta a ouvir as opiniões dos outros? Algumas pessoas simplesmente não ouvem ninguém e automaticamente irão cortá-lo. Isso não quer dizer que você não possa tentar, mas saiba contra o que está indo.

Quarto, certifique-se de que você sabe o que quer dizer. O que você quer contar para esta pessoa? Você deve ser capaz de afirmar a sua preocupação em poucas palavras que se relacionem diretamente ao ferimento que sofreu. Isso deve estar definido e claro em sua mente.

Por fim, tenha um objetivo específico em mente. Qual seria o melhor resultado que você poderia esperar de um intercâmbio aberto com esta pessoa? Lembre-se, você não pode tirar leite de pedra. Permitir-se ir de encontro a um desafio impossível apenas o deixará cheio de derrota e com uma sensação de que expressar os seus sentimentos e encontrar alívio é uma coisa inútil.

Colocando para fora a raiva antiga

Se você decidiu que precisa falar com a outra pessoa para encontrar a paz, então siga em frente, mas mantenha a sua cabeça no lugar. Você não quer se mostrar como um cometa emocional que está voltando e exigindo que o tempo ande para trás.

Para começar, diga à pessoa que o feriu que você está passando por um período de crescimento em que está reavaliando a sua vida, os seus objetivos e seus sentimentos, e gostaria que ela o ajudasse a esclarecer aquilo de que você se lembra.

Se possível, sente-se em frente da outra pessoa. Provavelmente você irá discutir questões sérias e sentirá emoções jorrando em você, e assim é importante começar do modo mais amigável possível.

Seja generoso. Compartilhe a sua gratidão pela oportunidade de falar.

Diga claramente qual o assunto para a pessoa.

Esboce o cenário — como você era inexperiente, assustado, confuso, quais eram as suas expectativas, pelo que você estava passando logo antes do acontecimento — e então indique que foi ferido.

Fale de seu ferimento, qual era a sensação, por que você não falou, o que você queria fazer, por que não foi possível, por que você segurou a dor, e como isso o afetou.

Fique no estado da mágoa. Não permita que ela progrida para a raiva.

Dê abertura para uma reação quando você tiver terminado.

A outra pessoa pode estar surpresa, chocada, sem fala, aflita, envergonhada, cheia de culpa, pode nem ligar ou pode ficar com raiva por você ter trazido tudo isso novamente.

Lembre-se, mesmo que não haja um desacordo doloroso entre vocês, a outra pessoa pode ter um ponto de vista bem diferente do seu. Como se trata da sua dor, você provavelmente tenderá a interpretar a insistência da outra pessoa em seu próprio ponto de vista como uma fuga à própria responsabilidade por seu ferimento. Mas essa insistência pode ser natural, e não uma fuga.

Depois de ter expressado a sua mágoa, fique quieto. Não espere nada. Apenas sinta a liberação e a sensação de alívio que ela traz. E diga que você se sente melhor simplesmente por ter tirado esse peso de seu peito. Não exagere no sentimento de mágoa.

A outra pessoa pode ou não responder. Continue a ouvir e observe a postura emocional revelada no modo como a pessoa lida com o que foi dito. Lembre-se, a sua comunicação será percebida como uma grande surpresa. Apenas observe. Você tem a oportunidade de enxergar essa pessoa mais objetivamente com a sua mágoa fora do caminho. Não desperdice esse momento exigindo que a outra pessoa concorde com uma rendição incondicional. Use-o para aprender como ela lida com o estresse. Pode ser que por fim você entenda que está lidando com uma pessoa emocionalmente disfuncional. Você pode de repente ver-se frente a frente com o antigo vilão. Você pode descobrir um novo aliado. Assim, neste momento fique com o seu ponto de vista mais amadurecido para poder enxergar tanto as possibilidades quanto as impossibilidades de mudança e entendimento da outra pessoa.

Agradeça à outra pessoa por tê-lo ouvido.

Se a outra pessoa acenar com o cachimbo da paz, aceite-o e perdoe.

Repita que você se sente melhor.

Lidando com a raiva dos outros

Quando o alvo real é outra pessoa

É impossível viver com outra pessoa e não ser alvejado de vez em quando com raiva antiga acumulada. Isso é verdadeiro para qualquer relacionamento próximo, pois é nele que você abaixa a guarda, coloca as expectativas mais irreais, e onde a dor não-resolvida do passado tenta ser expressa com mais freqüência pois é evocada pela consciência da intimidade de seu relacionamento.

Quando você estiver no meio de uma discussão em que sinta que está recebendo mais críticas ou acusações do que merece, tente colocar o absurdo do ataque em perspectiva antes de responder.

Se o ataque parece inadequado ou tão exagerado que claramente não se encaixa no contexto atual, você pode mudar a direção da discussão e torná-la mais clara, usando algumas técnicas simples:

Enquanto seu companheiro estiver expressando sentimentos que não fazem sentido para você, fique quieto. Não fale até que ele pare. E aí pergunte: "Tudo isto tem a ver comigo? É possível que você esteja bravo com outra pessoa?".

Não responda mesmo que você seja atacado.

Espere que a situação fique mais calma e pergunte de novo, com compreensão e sinceridade: "Isto não parece ser comigo. Você está com raiva de quem?". Antes de continuar, esteja certo de que não está usando esta técnica para fugir da responsabilidade por ter ferido o seu companheiro.

Você também pode dizer: "Eu sei que você está magoado pelo que eu fiz, mas toda essa raiva que está expressando soa antiga e dirigida a outra pessoa". Se você achar que sabe quem é o verdadeiro culpado, pode sugerir algo como: "Eu acho que você está com raiva da sua mãe porque ela o desapontou, e quando eu o desapontei você se lembrou da mágoa antiga e a jogou em cima de mim. Eu entendo. Se você quer expressar a raiva que sente de sua mãe, ficarei feliz em ouvi-lo e em ficar com você, mas não vejo razão pela qual eu deva ser o alvo de tudo isto. Eu estou do seu lado".

Convide o seu companheiro a subir ao palco e expressar a raiva em relação à pessoa do passado. Você pode agir como treinador, mas não exagere para não parecer manipulador. Quando o seu companheiro estiver expressando abertamente os sentimentos antigos, deixe que o processo continue.

Esta técnica precisa ser usada com cuidado:

- Ela não funcionará num relacionamento casual porque exige muito conhecimento da vida interior da outra pessoa e requer uma permissão tácita para discutir detalhes pessoais.
- Tenha *sempre* certeza de que você não está tentando fugir da responsabilidade por suas próprias ações.
- Você não pode se permitir ser consumido pela raiva do momento. Você precisa manter alguma distância quando as coisas esquentarem para identificar a inadequação dos sentimentos. Se você ficar envolvido no calor da discussão e aí tentar desviar a raiva para longe, isto parecerá um artifício — e pode ser mesmo.

Quando você é o culpado

Existem alguns pontos que você deve ter em mente, se estiver recebendo a expressão da mágoa de outra pessoa:

- Não tente provar a sua inocência. Isto seria entendido como uma fuga.
- Apenas ouça a dor. Este é o melhor presente que você pode dar.
- Diga que você sente muito pelo que a outra pessoa sofreu.
- Evite fazer afirmações de culpa ou dizer que a outra pessoa merecia, que ela está exagerando ou está inventando.
- De novo, aceite a dor do outro como real. Há alguma verdade nela, mesmo que a história pareça fora da realidade.

Agradeça a outra pessoa por ser tão corajosa e ter falado, e diga que você espera que o relacionamento de vocês possa ser mais aberto e livre como resultado dessa conversa.

- Lembre-se de que provavelmente você ouvirá muita distorção, confusão e que algumas coisas não são verdadeiras. Evite a tentação de corrigir imediatamente a outra pessoa. Apenas ouça. Perceba que a pessoa cujos sentimentos estão sendo expressos é alguém muito mais jovem, presa por anos de ressentimento e mágoa.
- Concorde, se a outra pessoa abordou um ponto válido. Explique o seu ponto de vista delicadamente. Admita a sua responsabilidade.

Dê informação adicional, mas não se justifique. Diga mais uma vez que você sente muito. Ouça e perceba a sorte de ter esta oportunidade de alcançar um maior nível de intimidade.

Técnicas para expressar a raiva em situações especialmente difíceis

Como você lida com alguém que simplesmente não quer ouvir, que nega, que odeia você, que o feriu de propósito e ficou feliz com isso e faria de novo se pudesse?

Como você lida com alguém que é punitivo e controlador, que encarará qualquer expressão de mágoa como uma revelação de vulnerabilidade e como uma boa desculpa para atacá-lo?

Como você lida com alguém que está louco, debilitado ou deteriorado?

Como você lida com alguém que irá deixar as coisas ainda piores se você disser a verdade?

Como você lida com um chefe que o feriu?

Como você diz a alguém que já morreu que ele o ofendeu?

Essas são situações perturbadoras porque a expressão dos sentimentos ou é fisicamente impossível ou vai criar mais problemas do que resolver. Existe uma lei de economia emocional que precisa ser observada. Você não pode desperdiçar sua energia vital resolvendo mágoas triviais; você precisa encontrar um modo de ser emocionalmente livre.

As técnicas a seguir foram criadas expressamente para essas situações difíceis e podem ser adaptadas a uma diversidade de circunstâncias. Elas podem parecer primitivas ou até mesmo feitiços. Mas tenha em mente que os mecanismos, que são ativados por elas, são sutis mas válidos. E, mais importante, podem ser extremamente úteis para externalizar a raiva e encontrar o alívio.

Faça uma lista das pessoas de quem você tem raiva

Faça uma lista de todas as pessoas de quem você tem raiva. Esta é a sua lista-alvo — não é uma palavra agradável ou civilizada mas serve a seu objetivo. Escreva a natureza da ofensa ao lado do nome de cada pessoa.

Pode ser que para as pessoas significativas — isto é, as pessoas com as quais se importa profundamente — você precise de uma página separada para listar todas os ferimentos que elas lhe causaram. Apenas as pessoas a quem você ama podem chegar perto o suficiente para feri-lo profunda e repetidamente.

Se você tiver questões não-resolvidas com pessoas que já morreram, o nome delas certamente deve constar dessa lista. Não se preocupe com o que fará com este material; só reúna os seus sentimentos.

Se a sua lista for muito longa, estará revelando não só quantas pessoas o feriram, mas também que não sabe como se defender adequadamente, nem falar sobre seus sentimentos nem perdoar os outros no momento presente.

Ao examinar a sua lista, você vê alguém a quem não perdoará de modo algum? Por quê? Então essas são as pessoas que exercem controle sobre a sua vida emocional. Os ferimentos causados por pessoas a quem você não perdoará vivem dentro de você como sabotadores ocultos. Por exemplo, se você não perdoará a seus pais, poderá fracassar e a razão secreta será desapontá-los. Não posso pensar num preço mais alto a pagar por não perdoar a outra pessoa.

Depois de cada nome escreva a punição que você gostaria que a pessoa recebesse por tê-lo ferido e como você gostaria que isso acontecesse. Faça isso apenas pela experiência de fazer, sem intenção de realizar de fato. Você pode ser tão severo ou tão brando quanto desejar, mas escreva detalhadamente a punição. Não hesite. Apenas escreva tudo o que vier a sua mente. Escrever fará com que você se sinta melhor. Se sentir a necessidade de explicar por que a punição é tão severa, pode fazê-lo, mas isso deve ser lido apenas por você. A verdade é que só o fato de pensar em começar a se liberar, já fará com que você se sinta melhor. Se você pensar que só escrever a punição pode ferir a outra pessoa, acredita em magia e tem vivido demais na sua cabeça, e essa é uma das razões por que você está com tanta raiva agora.

Se houver algo que você quer estar certo de dizer à pessoa, escreva também ao lado do nome dela.

Mantenha todos esses nomes e seus destinos secretos num lugar particular ao qual só você tenha acesso. De vez em quando, lembre-se de quem está em sua lista. Se você sentir-se inclinado a perdoar alguém, tire esse nome da lista.

Escreva uma carta

A técnica a seguir o ajudará a resolver os seus sentimentos, quer você pretenda ou não enviar a carta.

Para começar, você precisa juntar os seus sentimentos, lembrar dos detalhes e organizá-los.

Escreva o nome da pessoa com quem você está bravo no alto da página. Abaixo do nome escreva as coisas que você mais deseja que ela venha a saber: como você foi ferido, como se sentiu com isto, por que aquilo feriu tanto, qual o dano adicional que você sofreu como resultado da falta de consideração dela, e qualquer outra coisa que ache importante dizer.

Escreva tudo o que você sente exatamente do modo em que veio à sua mente. Não tente colocar nada em ordem neste momento. Só deixe sair do jeito que vier. Seja tão preciso quanto possível. Escreva fatos específicos, mágoas, datas, lugares, circunstâncias e reações. Depois que tiver escrito tudo em que conseguir pensar, junte o seu material e faça um envelope separado para cada pessoa.

Guarde esse envelope num lugar seguro, de preferência um lugar em que você possa vê-lo, por exemplo, numa estante, com apenas um parte visível entre dois livros. Guarde-o aí por algumas semanas. Sempre que um pensamento doloroso ou raivoso vier a sua mente, escreva-o em cartões ou em pedaços de papel e os coloque no envelope.

Depois de algum tempo você descobrirá que não tem mais comentários a acrescentar. Quando algum pensamento raivoso que você já expressou passar por sua mente, lembre-se de que já o colocou no envelope. Nesse momento, visualize o envelope no lugar em que o colocou e lembre a si mesmo de que o seu pensamento raivoso está lá. O objetivo disso é dizer a si mesmo que o pensamento raivoso está fora de você. E aí você pode pôr de lado o pensamento porque sabe que já o expressou.

Espere pelo menos um mês antes de terminar este período de acumulação. Depois disso, pegue o envelope e organize o material segundo a ordem de importância que tem para você. Comece a carta assim:

"Eu tenho alguns sentimentos importantes que preciso partilhar com você. Tenho consciência de que muito do que tenho a dizer pode parecer-lhe apenas vagamente familiar porque não se trata de informação recente. Você pode já ter ouvido parte disto, mas não tão completamente como eu preciso agora lhe contar. Espero que você entenda os meus sentimentos e meu ponto de vista e que possamos chegar a um novo entendimento."

Então comece com: "Eu devo dizer como você me feriu". Continue com a sua lista de mágoas. Faça um parágrafo curto para cada mágoa, escrevendo a informação que é importante para você.

Termine agradecendo a outra pessoa pela atenção e diga que se sente melhor por ter compartilhado isto.

Quando a carta estiver terminada, leia em voz alta para si mesmo. Corrija qualquer erro. Acrescente ou retire algo, se quiser.

Reserve algum tempo para escrever essa carta, mas também não exagere. Apenas escreva.

Coloque a carta terminada de volta no envelope e espere pelo menos uma semana. Aí releia a carta e a corrija de modo que ela reflita perfeitamente os seus sentimentos.

Agora que você tem a sua carta, ou cartas, tem diversas opções. Pode guardá-la na estante, recorrer a ela, acrescentar-lhe algo, guardá-la num arquivo e não enviá-la. De novo, de vez em quando lembre-se de que os seus sentimentos agora estão fora de você. Lembre-se e sinta novamente o alívio que escrever a carta lhe trouxe. Se só pensar na carta já lhe traz alívio, ela já está servindo a seu objetivo.

Você pode usar a carta como base para organizar os seus sentimentos em relação à outra pessoa.

Você pode usar este exercício como uma forma de treinar a si mesmo para ser mais expressivo e espontâneo quando for ferido no futuro.

Faça contato

Se você pensa continuamente sobre a carta, considere a possibilidade de enviá-la ou de usá-la como base para uma conversa com a outra pessoa.

Existem várias formas de fazer isso.

Você pode ligar para a pessoa e lhe dizer que está mandando uma carta, e gostaria de uma resposta. Mas se você fizer isso estará colocando o controle do tempo nas mãos da outra pessoa. Se, por exemplo, você estiver escrevendo para seus pais a respeito de uma mágoa de sua infância, é provável que a resposta demore muito ou nunca chegue. Neste intervalo você ficará sofrendo ao antecipar uma rejeição.

É melhor marcar um encontro com a outra pessoa e entregar a carta em mãos, se o assunto tiver grande importância para você. Vocês devem estar sozinhos nessa conversa. Entregue a carta e peça à pessoa que a leia em sua presença. Ou você pode ler a carta em voz alta e entregá-la quando acabar de lê-la. Você pode deixar que a outra pessoa leia silenciosamente a carta, enquanto você lê uma cópia em voz alta. Isso torna mais forte a voz da carta. É especialmente útil entregar a carta quando a outra pessoa o deixa inibido para se expressar verbalmente. Peça que não haja interrupções enquanto você a lê. Assegure-se de que a leitura não leve mais de cinco ou dez minutos, no máximo.

Peça que a outra pessoa responda, quando você tiver acabado de ler. Você também precisa ouvir a dor da outra pessoa, para que esta conclusão possa durar. Além disso, sempre existem circunstâncias das quais você não tem consciência. Você quer que o confronto leve a um nível de verdade mais elevado entre vocês. Para que isso possa acontecer, deve estar preparado para ouvir ambos os lados da verdade, liberar a mágoa que está expressando na carta e permitir que o assunto chegue ao fim.

Soltar-se da mágoa é o primeiro passo do perdão.

As pessoas que não querem perdoar mantêm a sua mágoa em fogo baixo para evitar sentir-se culpadas por causa de sua raiva. Esta também é uma boa definição de sofrimento.

Você terá atingido o seu objetivo se a pessoa expressar remorso. Você irá se decepcionar, se espera que ela rasteje, coma o pão da humildade, rasgue seu coração de tanto pesar, e implore de joelhos por seu perdão, oferecendo-se para reparar qualquer dano que você possa ter sofrido.

Se você não sente que as desculpas foram suficientes, pode ser que esteja vendo os limites emocionais da outra pessoa, e antes de expressar a sua insatisfação, deveria considerar se poderá esperar vir algo de bom ou exigir mais dessa conversa.

O máximo que você pode conseguir num confronto desses é que a outra pessoa esteja disposta a ouvir sobre a sua dor e a sua raiva e aceite a sua história como a sua visão de sua experiência, mesmo que não concorde com todos os detalhes dela. Você já conseguiu muito se chegou a este ponto. Se isso não foi possível, pode ser que não haja mais nada a fazer no momento, e você terá agora uma nova compreensão de que pode estar lidando com uma pessoa emocionalmente contraída. É triste chegar a esse ponto, mas também é libertador. Quando você consegue enxergar a outra pessoa sem a distorção das defesas que seguram a sua raiva, pode até mesmo sentir piedade e perceber que foi um pouco tolo esperar tanto de alguém tão limitado.

Desabafe as emoções contidas

Se enviar a carta ou encontrar a outra pessoa estiver fora de questão, escreva a carta cuidadosamente quando ela estiver completa, como se você estivesse planejando enviá-la, pois é isso que você vai fazer num sentido simbólico. Você precisa criar uma cerimônia para externalizar a sua mágoa e raiva antigas. Para fazer isso você precisa expressar os seus sentimentos de uma forma simbólica que seja tão memorável e expressiva que você possa lembrá-la mais tarde como o momento em que se libertou. As próximas páginas contêm diversas técnicas para fazer isso.

Exercícios de liberação

I

Vá sozinho para um lugar deserto de uma praia, imediatamente antes do pôr-do-sol. Pode ser no mar, em um lago ou em um rio.

Você deve estar sozinho.

Tire os sapatos.

Sente-se na areia à beira da água e coloque o envelope com a carta na areia a sua frente.

Contemple o que você está para fazer.

Respire suavemente.

Sinta o seu lugar no planeta. Sinta a vastidão da água e do céu. Focalize-se no lugar onde você está agora.

Lembre-se de seu objetivo: liberar os sentimentos pela carta.

Quando o sol for apenas uma bola tocando o horizonte, fique em pé e leia a carta em voz alta e clara, expressando toda a emoção necessária. Não hesite em chorar ou em gritar qualquer coisa que venha à sua mente durante a leitura ou depois que você tiver terminado de ler.

Só se sente depois que o ímpeto da emoção tenha passado.

Coloque a carta e o envelope num buraquinho na areia.

Lembre-se novamente do que está contido na carta. Lembre-se de como você se sentiu.

Agora deixe que a calma desça sobre você.

Pegue um fósforo e ponha fogo na carta. Enquanto você acende o fogo diga: "Eu libero estas emoções".

Veja a sua dor e o seu sofrimento sendo consumidos pelas chamas enquanto a carta queima. Veja o seu lado escuro sendo purificado.

Quando a carta estiver queimada, junte as cinzas em suas mãos e entre na água.

Levante as mãos, segurando as cinzas acima de sua cabeça e diga em voz alta: "Eu estou livre".

Jogue as cinzas para a brisa e deixe que o vento leve o passado embora.

Lave as suas mãos e o seu rosto na água.

Saia da água, estique os seus braços, e diga: "Está acabado".

Improvise uma dança do perdão. Você também pode rir e chorar.

Mais tarde, não se sinta desanimado quando sentimentos semelhantes vierem, pois eles sempre vêm para todas as pessoas. Não os afaste. Apenas feche os seus olhos e lembre-se da cena da libertação e da sensação de liberdade que você teve. Permita-se sentir quaisquer emoções que tenham retornado momentaneamente, e apenas as libere enquanto as sente.

Deste momento em diante, todos os crepúsculos poderão simbolizar a promessa que você fez a si mesmo.

II

Escale uma montanha e realize uma cerimônia de libertação no seu pico da montanha. Queime a carta e enterre as cinzas sob um marco de pedra.

Será bom se esse local puder ser visto a distância, para você olhar para ele e lembrar a si mesmo que liberou os seus sentimentos nele.

III

Vá para um lugar especial acompanhado por uma pessoa a quem você ame e que possa apoiar e testemunhar o seu ato de libertação. Você deve ser cuidadoso ao escolher o lugar da cerimônia. Eu encorajei uma paciente que havia sido manipulada por toda a sua vida a escrever uma carta libertando-se de sua mãe controladora. Como enviar a carta estava fora de questão, ela decidiu levar a carta para um lugar numa colina que dava para o oceano e lê-la tendo o seu marido por testemunha. Ela nunca havia sido capaz de expressar nenhum sentimento em relação a sua mãe, e assim este acontecimento estava cheio de expectativas e promessas. Ela foi para o local escolhido e começou a ler. Quando estava chegando à parte mais emocional da carta, e estava ansiosa pela liberação, seu marido chamou-a numa voz abafada: "Fique quieta. Há um touro atrás de você". Eles haviam esquecido de examinar o lugar e haviam se metido numa situação precária. O touro ficou por ali por quase uma hora e durante este tempo a mulher teve uma recapitulação total de suas tentativas frustradas para ser aberta e expressar os seus sentimentos para a sua mãe. Os sentimentos aumentaram até chegar a um ponto insuportável e, finalmente, quando o touro foi embora, ela explodiu com a raiva de toda uma vida. Essa expressão mudou a sua vida. Mas ainda assim é melhor escolher um lugar seguro para a sua cerimônia. Escolha cuidadosamente o seu lugar, levando em conta a privacidade e a ausência de interrupções em sua leitura.

IV

Pegue parte das cinzas de alguma dessas cerimônias de libertação ou queime uma cópia de sua carta e envie as cinzas, para a pessoa a quem as emoções eram dirigidas, pelo correio, num envelope sem endereço do remetente. A ação é simbólica para você pelo que as cinzas representam.

Este envio das cinzas é um gesto poderoso. Mantenha a atenção plena a cada passo da cerimônia de libertação — queimar a carta, colocar as cinzas num envelope, endereçá-lo, enviar a carta.

Lembre-se da caixa de correio que você usou. Ela é o seu ponto expressivo. Cada vez que você passar por ela, experiencie novamente a liberação.

No cemitério

Se a sua carta for dirigida a alguém que já morreu, será uma experiência poderosa levá-la ao cemitério. Você pode querer que um amigo o acompanhe, pois essas excursões podem ser perturbadoras. Se a pessoa estiver enterrada numa cidade distante, pense a respeito de levar a carta com você na próxima vez em que fizer uma visita. Pense nesta cerimônia como uma peregrinação de libertação. Essa não é uma coisa menor, mas um modo de comemorar a expressão de sua mágoa e raiva, e de terminar um capítulo doloroso. Seja determinado. Seja valente. Leve isto a sério.

Fique em pé em frente ao túmulo. Diga: "Eu vim aqui para completar um assunto não-resolvido com você".

Leia a carta em voz alta.

No final declare: "Eu o perdôo por toda a mágoa que me causou, e agora o libero".

Queime a carta em frente da lápide.

Enterre as cinzas na grama ou na terra ao lado do túmulo.

Permaneça em pé por um momento, consciente da situação e do que você acabou de fazer.

De agora em diante, sempre que chover, você saberá que as cinzas de suas emoções estão sendo filtradas para baixo.

O sentimento doloroso está fora de você.

Outras formas de externalização

Eliminar os sentimentos

Pegue uma fotografia da pessoa e rasgue-a. Se não tiver uma, escreva o nome da outra pessoa num pedaço grande de papel e rasgue-o em pedacinhos, como uma vingança. Pegue os pedaços de papel e jogue-os no vaso sanitário.

E com total consciência daquilo que você está fazendo, use o vaso sanitário e puxe a descarga.

Se isso traz um sorriso à sua face, você está experienciando uma libertação apenas por visualizar a liberação de seus sentimentos raivosos.

A razão pela qual este artifício funciona tão bem é que você realmente faz algo para colocar o sentimento negativo para fora. Esta é uma regra poderosa. O lado bom deste exercício é que você pode repeti-lo várias vezes até que a raiva desapareça.

Na próxima vez em que você encontrar essa pessoa, lembre-se de seu segredo. Isso lhe dará força e uma sensação de estar no controle.

O telefonema

Qualquer uma das conversas de confronto que foram esboçadas aqui pode ser realizada por telefone. Muitas pessoas sentem que se comunicar diretamente é ameaçador, especialmente se dependem da outra pessoa e ainda não estão prontas para fazer uma declaração de autonomia.

Às vezes é útil ligar para a pessoa de quem você tem raiva, e quando ela atender, ouvir por um momento, não dizer nada, e aí apertar o botão que suspende a ligação. Enquanto o som da voz dessa pessoa está nítido em sua mente, diga-lhe o que você sente. Isso simula uma conversa, mas é claro que é parcial. A voz da outra pessoa pode ser um estímulo útil para a expressão de sentimentos antigos.

Mas assegure-se de ter emudecido ou suspendido a ligação.

Uma lição do Tibete

O Tibete é uma região cheia de rodas e bandeiras de oração, de cilindros giratórios cheios de orações que se transformam em um fluxo de movimento contínuo. Os crentes acreditam que suas preces são ativadas pelo movimento físico das orações. E quem pode dizer que não são?

Aqui estão algumas sugestões para que você crie o seu próprio artifício expressivo.

I

Escreva o nome da pessoa de quem você tem raiva na sola de seu sapato e esteja consciente durante o seu dia de que este nome está sob seus pés.

Permita-se sentir-se bem com isso.

II

Escreva o nome da pessoa nos pneus do seu carro e mantenha a atenção plena de que ele está ali conforme você dirige por obstáculos, água, poeira, e assim por diante.

Permita a si mesmo sentir a libertação.

III

Escreva o nome da pessoa num papel e embrulhe uma pedra com este papel. Jogue a pedra na água.

Mantenha a atenção plena do que isso simboliza enquanto você observar a pedra afundando.

IV

Escreva o nome da pessoa num pedaço de papel e coloque-o num lugar malcheiroso, como um banheiro público — ou numa série de banheiros públicos pela cidade — e imagine o que as pessoas estão fazendo ali.

Mas não conte ao Dalai Lama.

Visualização

As técnicas de imaginação a seguir podem ser úteis se você não puder expressar totalmente os seus sentimentos de raiva em relação a alguém por causa da posição de poder que a pessoa tem sobre você, ou porque o relacionamento é complicado, ou por qualquer outra razão.

Quando você estiver com a outra pessoa, olhe para o rosto dela por um momento, e aí a imagine vestida de um modo estranho, como uma fantasia de pato ou coberta de penas da cabeça aos pés. Mantenha a imagem em sua mente enquanto estiver lidando com ela.

Tente manter uma expressão neutra enquanto você estiver imaginando essa pessoa numa roupa ridícula. O que quer conseguir é a liberação da tensão.

Se a outra pessoa perguntar a você se há algo errado, responda dizendo: "Está tudo bem" e *pense consigo mesmo*: "Você só está parecido com um pato, nada mais."

Você pode imaginar qualquer outra coisa que deseje e que funcione para você.

Liberação da raiva

A técnica a seguir funciona bem quando você está rompendo com alguém mas ainda sente um impulso poderoso para voltar mesmo sabendo que o relacionamento não é bom para você.

Faça uma lista de todas as coisas que você não gosta na outra pessoa e no relacionamento, colocando cada item numa linha. Inclua os modos em que esse relacionamento o fere, inibe o seu crescimento, isola-o dos outros, e não o deixa viver o seu melhor. A lista pode ser tão longa quanto você quiser.

Quando você for para a cama à noite, leia lentamente a lista, entendendo o significado e o impacto de cada item, e lembrando como ele lhe provocou dor.

Faça a mesma coisa pela manhã, ao acordar.

Leve a lista com você durante o dia, e sempre que sentir o anseio irracional pela outra pessoa, dê-se um momento para ler a lista do mesmo modo deliberado.

Não leia a lista. Medite sobre cada item.

Uma pessoa, que uma vez me ouviu sugerir esta técnica em meu programa de rádio, estava tendo dificuldades para deixar o marido e assim criou a sua própria lista. Ela leu a lista diversas vezes por dia, por cinco ou seis meses e foi parando gradualmente. Ela deixou o marido e começou uma nova vida. Depois de um ano ela me ligou para dizer que havia encontrado a lista numa gaveta, lido-a, e disse: "Eu não sou mais esta pessoa".

Esse procedimento simples permitirá que você deixe para trás qualquer situação negativa. O único modo de perceber como ele é eficaz, é experimentando.

Um calendário pessoal

O exercício a seguir o ajudará a extrair um sentido adicional de sua vida emocional. Crie um calendário em que você relacione os aniversários de todas as suas vitórias e derrotas importantes, de nascimentos e mortes significativas, progressos e retrocessos — de todos os dias importantes que fizeram diferença em sua vida, tanto positiva quanto negativamente. É bom se você puder ver o ano inteiro de uma só vez, como num planejamento anual. As reações emocionais que acontecem no aniversário de um acontecimento importante são chamadas de reações de aniversário e podem revelar as fontes ocultas de seus sentimentos esquecidos. Elas incluem a lembrança das perdas cujo luto está incompleto. Embora seja típico ficar triste no aniversário da perda de alguém amado, manter-se totalmente atento à data do aniversário de outros ferimentos antigos também ajuda a localizar os sentimentos perdidos, a colocá-los em perspectiva, e a resolver a mágoa. Quando você estiver incluindo uma perda em seu calendário, diga a si mesmo: "A vovó morreu em março.", "Eu fui despedido em julho.". Não hesite em pedir ajuda a membros da família em relação a datas.

Lembrar os momentos de seus sucessos também o ajuda a lembrar-se daquilo que você realizou e renova a sua auto-estima.

É típico que reações emocionais provenientes de sentimentos esquecidos tendam a se manifestar nas estações em que eles aconteceram originalmente, apresentando-se como sensações vagas de anseio e inquietação. Embora você possa lembrar com facilidade que seu avô morreu num dia de nevasca, o fato de antecipar o inverno com tristeza como uma lembrança simbólica dessa perda pode fugir à sua compreensão até que você o veja num calendário.

Estabelecer a associação entre os aniversários das perdas e as estações em que elas aconteceram pode explicar alguns mistérios antigos. É sempre surpreendente a facilidade em esquecer e quanto alívio você pode experienciar quando faz essas conexões óbvias.

Visitando o seu passado com uma lâmpada mágica

A sua compreensão dos princípios discutidos até este ponto cria o cenário para uma oportunidade única de colocá-los em prática para ajudá-lo a resolver os sentimentos do passado.

Pense nos piores momentos de sua infância, nos momentos em que estava mais sozinho, em que mais precisava de um conselho amigo, em que mais precisava de compreensão, em que estava mais ferido.

Liste esses momentos.

Para cada um desses momentos difíceis, escreva um bilhete separado, da pessoa que você é hoje para a criança que você foi um dia.

Assuma que por algum milagre você possa voltar atrás no tempo e deixe o bilhete para esta criança incompreendida e com problemas. Escreva o bilhete numa linguagem que você poderia ter entendido naquele momento difícil.

- O que você mais quer que essa criança saiba?
- O que a criança mais precisa saber ou ouvir nesse momento difícil?
- Por que a criança quer ou precisa saber disso?
- O que você tem mais necessidade de dizer a essa criança?

Volte no tempo com seu olho mental e encontre aquela criança perturbada. Localize a sala. Observe a luz. Veja a expressão do rosto daquela criança. Coloque o bilhete onde a criança possa encontrá-lo.

Mantenha essa imagem mental por um momento.

Agora entregue-se a essa fantasia e transforme-se novamente naquela criança.

Visualize-se sozinho. Você ainda é você mesmo, mas como aquela criança de um outro tempo. Lembre-se. Esteja lá como esse eu mais novo, olhando pelos mesmos olhos, mas anos atrás.

- Onde você está?

• O que você estava fazendo?
• O que você está sentindo?

Agora veja a si mesmo descobrindo aquele bilhete e lendo-o. Leia em voz alta para si mesmo como se você fosse aquela criança pequena, sentindo o impacto que o bilhete lhe causa.

• Qual o efeito de ler isto?
• Qual o dano que isto evitará?
• Que entendimento isto lhe dá?
• Qual a liberação que você sente?
• Que força isto desperta?
• Que perguntas são respondidas por este bilhete?
• Que questões são levantadas por ele?

Agora dê um poderoso salto de fé:

Imagine que isso não seja uma fantasia, mas uma memória real, uma lembrança real de você mesmo descobrindo a informação contida em seu bilhete quando você era menor. Assuma que você tinha lido o bilhete e integrado tanto quanto pôde em sua experiência de vida mas havia se esquecido dele até agora. Afinal de contas, alguma parte de você tinha parte da consciência de que você tem agora, mas não sabia o que fazer com isso. Talvez você se sinta até mesmo louco por saber aquilo que sabia ou sentir aquilo que sentia. O que você não entendia é que os seus sentimentos eram a verdade, pois naquele momento eles eram novos para você e provavelmente o deixavam confuso porque desafiavam o que sempre haviam-lhe ensinado ou aquilo em que você acreditava.

Mas em seu coração você sabia a verdade contida em seu bilhete. Você o sentia, mesmo que não tivesse consciência disso. Assim, na verdade este bilhete é um lembrete para o seu eu anterior. Ele diz:

• Você tem uma consciência maior do que imagina.
• Você sabe e entende mais do que percebe.
• Você é mais forte do que percebe.
• Você sobreviverá mesmo que agora pense que não há esperança.

Este bilhete é do sobrevivente para a parte de você que *sabia* que você sobreviveria mas temia que isto pudesse não acontecer. Esta é uma comunicação entre uma parte mais jovem e uma parte mais velha do mesmo eu superior — o você eterno e sem idade. Num sentido real você pode voltar a seu passado, despertar este conhecimento e permitir que ele seja reintegrado em sua experiência. Assim, quando você se visualizar descobrindo o bilhete e sentindo a força que ele lhe traz, aceitará a força como uma parte de você desde aquele momento, mesmo que pense que não tinha consciência dela. Aceite que o conhecimento no bilhete existiu durante todo o tempo em que você estava sofrendo.

Agora, desperte para este conhecimento. Liberte este conhecimento dos rígidos elos do tempo e permita que ele esteja presente como uma parte de sua memória de si mesmo.

Deixe que ele o cure e o torne mais inteiro.

Repita este exercício para cada período difícil em sua lista.

Não importa qual desses exercícios você use, entregue-se a ele. O benefício que você recebe aumenta com a sinceridade de seu compromisso.

Sua integridade emocional depende de dominar as habilidades para trabalhar com a raiva. Agora tudo já foi dito e feito, a diferença entre estar ou não feliz depende de saber o que fazer com a raiva.

12
Compreendendo a culpa: quando a sua raiva o fere

Quando a raiva não pode ser expressa externamente, ela precisa ser redirecionada em nível interno. A intenção da raiva é sempre a mesma: buscar um alvo. Assim, se a raiva não puder ser expressa externamente, ela buscará um alvo interno. Infelizmente, só existe um alvo nessas condições — você mesmo.

A raiva dirigida a si mesma é chamada de culpa.

A amplitude da culpa

A culpa varia em intensidade desde sentir-se triste, cheio de desculpas, envergonhado, arrependido ou pesaroso até lamentar a própria sorte, sentir-se ressentido, amargo, com remorsos ou com dor na consciência, ou até mesmo sentir-se contrito, culpado, digno de ser repreendido ou punido, ou merecedor de condenação.

A culpa vem de engolir a sua mágoa e a raiva porque você sente que expressar os seus sentimentos confirmaria que você é uma pessoa ruim. Às vezes você se sente culpado por ter ficado com raiva de alguém que o feriu. Outras vezes se sente culpado por ferimentos que realmente provocou nos outros. Na maioria das vezes em que você fere os outros ao expressar a sua raiva, o faz para romper a influência e o controle que eles detêm para poder expressar aquilo que precisa expressar, que é o que você deveria fazer o tempo todo. Se você tivesse insistido em ser livre e verdadeiro desde o começo, em vez de segurar os seus sentimentos por medo ou por fraqueza, você teria evitado a necessidade de voltar a sua raiva para dentro, isto é, não se sentiria culpado.

O que compra o seu silêncio

No mundo das emoções qualquer coisa que faça com que você reprima os seus sentimentos o possui. Não há nada tão poderoso quanto ser controlado por suas próprias inibições. Em algum grau, você é insultado por algum sentimento secreto que tem medo de admitir. Você pode nem ter consciência de qual é este sentimento, mas ele o faz duvidar de seu valor próprio e temer olhar de perto para si mesmo. Todas as pessoas têm algumas dessas dúvidas.

Você não precisa ter feito nada de mau para acreditar que é ruim. Você pode juntar com facilidade numerosas evidências negativas para testemunhar contra o seu próprio caráter, se estiver inseguro de si mesmo. Você é ambos, o juiz e o júri. A sua consciência testemunha em favor da vítima de seus crimes, sem encontrar oposição, e as regras da evidência são ditadas por sua baixa auto-estima. E como resultado basta a lembrança de um único ato negativo para concluir que você é ruim.

Não é a evidência que você traz que prova a sua culpabilidade, mas o modo de se sentir a seu próprio respeito que o leva a criar e a dar peso a essa evidência. Em parte você deseja ser punido para livrar-se de sua culpa, para consertar as coisas e sentir-se livre para agir de novo sem o fardo doloroso de viver sem perdão.

Você tende a exagerar os seus sentimentos de baixo valor pessoal sempre que faz algo errado e a reforçar estes sentimentos com a lembrança de antigas transgressões não confessadas, e esse é um caminho de autodepreciação que você vem trilhando há anos. Por isso é tão fácil torturar a si mesmo quando faz algo errado ou quando reprime a sua raiva.

Culpa e débito emocional

A raiva dirigida para dentro cria a maioria dos sentimentos que você não expressa. De modo similar ao dos padrões de outros sentimentos acumulados, o jeito de se sentir culpado cai em três padrões diferentes dependendo de quando o sentimento aconteceu. A reação imediata de ter uma consciência culpada vem de você ter acabado de fazer ou dizer algo prejudicial ou moralmente errado. Sentir-se depreciado por estar com raiva é o débito emocional de sentimentos acumulados recentemente. Por fim, sentir-se envergonhado de quem ou do que você é ou de onde você vem é típico da culpa do débito emocional remoto.

A consciência culpada: a culpa do débito emocional reativo

Você se sente culpado quando as suas ações o levam a concluir que não é tão bom quanto pensa ou quando você fica aquém de seus padrões de comportamento. Incluem-se nessa categoria as culpas por omissão e esquecimento, como esquecer aniversários, faltar a compromissos, e todos os comentários impensados que faz e que ferem outras pessoas. A culpa que você sente a respeito dessas ofensas é reforçada também por fragmentos de lembranças de atos prejudiciais similares e de pensamentos raivosos. O auto-ressentimento em relação a esses atos provoca dor imediatamente em sua consciência. A característica que distingue essa categoria de culpa é a de a ofensa ser recente e você poder identificar facilmente a fonte do seu erro e corrigi-lo.

A regra para consertar todos esses problemas é dizer a verdade e corrigir o engano assim que possível. Se isso lhe parece simples demais, provavelmente é porque você tem medo de admitir a verdade.

Fontes comuns de uma consciência culpada

Estão incluídas aqui algumas categorias básicas de atos errôneos e de ofensas aos outros. Em sua maioria eles são desculpáveis quando resultam de pressões do momento, como estar sobrecarregado. Mas também podem resultar de problemas mais duradouros como não confiar em seu próprio valor e, portanto, não acreditar que você conseguiria o que deseja se agir de modo correto e direto. Assim esses atos prejudiciais resultam também de não gostar realmente de si mesmo, de insegurança, ou simplesmente de ser infantil.

O fato de as ações a seguir o deixarem incomodado é um sinal de que você transgrediu os seus padrões morais ou éticos. Lembre-se, sentir remorso também é um sinal de que você é bom. Um psicopata que tivesse cometido essas ofensas nunca pensaria duas vezes a respeito disso. A facilidade com que você admite esses atos errôneos é uma medida de sua bondade e já é um grande passo para aliviar a sua culpa.

Desonestidade e mentira — Você mente não para enganar os outros, mas para esconder as suas fraquezas de si mesmo. Toda desonestidade é uma tentativa de retratar a realidade para você parecer melhor. Uma pessoa desonesta pensa que merece mais do que tem e assim se sente justificada em pegar o que não é seu. Toda desonestidade e mentira vêm de uma baixa auto-estima e de falta de auto-aceitação. Diga a verdade. Crie o hábito de corrigir os seus lapsos.

Roubo — Uma pessoa honesta simplesmente não rouba. Você está com problemas quando rouba e racionaliza o que está fazendo. Dizer que todos o fazem ou que você merecia mais, apenas o deixa mais fraco. Roubar de seu patrão porque você se sente mal pago apenas abaixa a sua auto-estima. Você deveria pedir um acordo mais justo, não enganar para conseguir o que quer. E, em primeiro lugar, você precisa sentir-se bem consigo mesmo para pedir aquilo que merece. Roubar só incentiva mais roubos.

Acredite em si mesmo. Dê algo a si mesmo ao agir à altura de seu valor nas coisas que importam e trabalhe em direção a seus objetivos.

Tirar vantagens — Tirar vantagem injusta das fraquezas aparentes dos outros, intimidando-os ou dando a eles a gratificação suficiente para mantê-los envolvidos, é uma violação da inocência e da confiança. Incluem-se aqui todas as seduções, insinceridades e explorações da ignorância dos outros — todas as vezes em que você deu às pessoas o que elas disseram que queriam para conseguir tirar mais delas.

Quando você tira vantagem dos outros, rouba de si mesmo a autoestima que teria desenvolvido se tivesse feito o seu melhor por si mesmo.

Egoísmo — Agir de modo mesquinho, desprezível, ou sem dar a mínima em relação à impressão que você causa, reflete apenas a crença de que você está carente e não tem o suficiente para si mesmo.

Seja suficientemente egoísta para reservar algum tempo para entender a si mesmo e crescer. Só isso o preencherá.

Trapaça — Quando você acredita que perderia numa competição honesta, pode cair na tentação de usar sua posição superior, influência ou contatos para conseguir uma vantagem injusta sobre os outros. Existe uma linha estreita a ser traçada: quando ser um cliente preferencial é um incentivo e quando é um suborno?

Quando você trapaceia, esquece quão bom é na realidade. Você não cresce. Pior ainda, você diminui a sua auto-estima ao acreditar que precisa trapacear para vencer. Essa é a mentalidade de um perdedor.

Infidelidade — Ser infiel é não estar disposto a trabalhar de um modo aberto com os problemas entre você e a pessoa que ama. Ser infiel é quase sempre um sinal tanto de falta de comunicação quanto de medo daquilo que precisa ser comunicado, além de refletir uma falta de compromisso. Qualquer argumento que você tivesse antes de ser infiel, perde a legitimidade para você. A sua culpa o impede de encontrar a melhor solução porque você não sente que mereça ser feliz.

Ferir os outros — Reagir exageradamente e ferir aqueles a quem você ama tem o poder de diminuir mais drasticamente a sua auto-estima do que qualquer outro item neste rol de atividades produtoras de culpa. Com freqüência isso é resultado de não expressar espontaneamente os seus sentimentos e mais tarde explodir e ferir os outros.

Ser defensivo — Não ser o seu melhor pode ser uma fonte de consciência culpada para as pessoas que se inclinam à excelência. O grau de desconforto que você sente ao perceber que foi defensivo ou não agiu de seu melhor modo reflete a sua motivação para crescer. Aprenda a aceitar graciosamente a sua humanidade, imperfeições e inconsistências.

Autodepreciação — Quando você fere os outros acidentalmente, sente-se culpado mas acha possível pedir desculpas e ser perdoado.

Quando você fere os outros de propósito, sente-se tão envergonhado de si mesmo que sempre volta atrás, sofre e lembra-se de outras ofensas que cometeu.

Novamente, ter uma consciência culpada não significa sempre que você fez algo de errado, mas que você fez algo que pensa estar errado.

Durante férias no Havaí, minha amiga Sharon virou-se para mim e perguntou: "Por que eu me sinto culpada por não ter trazido as crianças?".

"Você queria ter trazido as crianças?"

"Na verdade não", disse Sharon rindo.

"Você acha que deveria ter querido trazer as crianças?", pressionei.

"Sim. Eu penso assim."

"Então, o que significa a seu respeito dizer que você não quis trazer as crianças nas férias?"

"Que eu sou má?". Sharon parecia um pouco apreensiva.

"Talvez queira dizer que você é normal. Ter três crianças pequenas em cima de você o tempo todo, pedindo coisas e querendo a sua atenção, não é fácil nem divertido."

Sharon concordou.

"E você é a mãe mais paciente do mundo. Eu vi você cuidando delas. Você nunca fica com raiva delas?"

"Sim, mas não tanto."

"Não tanto quanto você sente às vezes?"

"Tá bom, eu admito isso."

"Então aonde vai a raiva?"

Sharon encolheu os ombros.

"Talvez algumas vezes se transforme num desejo de estar sozinha e longe delas. E assim você enxerga o seu desejo de ficar sem elas como se fosse um pensamento raivoso. Agora que o desejo foi realizado você começa a pensar que é uma mãe ruim."

"Então está tudo bem em não querê-las aqui? Para dizer a verdade estou contente que não haja ninguém me puxando. Hei, sabe que estou me sentindo melhor agora?"

Um pouco de compreensão do medo e da mágoa subjacentes a sua raiva internalizada ajuda muito a aliviar a sua culpa.

Amargura: a culpa do débito emocional recente

A maior parte da raiva resulta da acumulação da raiva não-expressa proveniente de uma sucessão de ferimentos recentes. A raiva é redirecionada para dentro. Num certo sentido, você fica com raiva de si mesmo por estar com tanta raiva. Como a raiva contida é administrada principalmente pela mente, ela provoca terríveis fantasias raivosas cuja negatividade repulsiva e qualidade bizarra fazem com que você duvide de si mesmo. Você fica envergonhado de seu pessimismo, cinismo e desejo de vingança. Depois de algum tempo esta raiva dirigida para dentro sabota sutilmente a sua auto-estima de modos difíceis de entender ou de compartilhar.

Quando você fica com raiva de si mesmo, acredita que deve sofrer. Você dá a si mesmo a tarefa de sair em expedições de caça em seu passado, procurando por tudo que fez de errado. Com o tempo você junta provas contra si mesmo que ninguém mais conseguiria juntar nem acreditar. A evidência é parcial e completamente preconceituosa sobre você. Essa é a mão pesada de culpa.

Se você permitir que a culpa corra solta desse jeito, ela estabelecerá um padrão de internalização de todos os sentimentos negativos, e você terá de usar quantidades cada vez maiores de energia para manter a sua raiva segura. Você se torna mais defensivo. Você mente para si mesmo, justifica as suas ações e cria desculpas posteriores para convencer a si mesmo de que não foi tão ruim, de que tinha uma boa razão para fazê-lo, ou de que agiu do jeito que o mundo real é. Mas se você não se sente tão ruim ou o que fez não foi tão ruim, por que não consegue tirá-lo de sua mente? Você não faz sentido.

Os álibis defensivos não têm limites para ocultar a sua culpa. Por exemplo, quando o noivo de Betty, Mickey, a infectou com herpes genital, ele não só negou como a acusou de tê-lo infectado e insistiu que ela sabia o tempo todo que estava infectada. Ele acreditava nisto, e em vez de admitir a verdade, cancelou o casamento.

Na adolescência, as defesas são facilmente sobrecarregadas e os jovens têm freqüentemente dificuldades em lidar com a raiva internalizada porque a sua auto-estima é bastante frágil. É também típico de adolescentes agir de modo a levar os outros a puni-los quando sentem culpa e não conseguem lidar com ela. Isso explica por que algumas atividades produtoras de culpa são tão óbvias nos adolescentes.

Tommy, um garoto de catorze anos que vivia com a mãe alcoolista numa base do exército enquanto o seu pai estava servindo em outro país, não conseguia lidar com seu ressentimento. Ele ficava desmoralizado com as explosões violentas em que ela o depreciava e o comparava com raiva ao marido ausente. Um dia, sem conseguir tolerar sua angústia, Tommy roubou um caminhão do exército, passou pelo portão da segurança da base e saiu da cidade pela rodovia principal. Quando ficou sem gasolina parou perto de um carro da polícia estacionado onde um guarda estadual estava multando um motorista. Ele escorregou para o assento da frente do carro do policial e dirigiu de volta à cidade, numa velocidade que se aproximava de 160 km por hora, e de algum modo conseguiu escapar de ser pego. Ele estacionou o carro em frente da delegacia e tocou a buzina. Ninguém notou. Finalmente Tommy jogou uma pedra pela janela da delegacia, gritando: "Não há ninguém aí para me prender?".

Embora essa história possa parecer exagerada, é típica de centenas de adolescentes presos que entrevistei, e em cujos casos se suspeitava que existissem fatores emocionais que haviam influenciado os seus crimes. Não consegui encontrar um deles sem problemas emocionais. Todos os atos criminosos estavam relacionados com culpa e com baixa auto-estima, normalmente proveniente da raiva por ter sido abusado. Algumas vezes, quando esses adolescentes não podiam mais conter a raiva, cometiam crimes.

Confessar as suas transgressões é uma liberação poderosa porque atravessa as suas atividades defensivas. Você fica limpo. Você afirma a verdade simples, que foi egoísta, desonesto ou ressentido. Você lista os exemplos de suas más ações, e assim fica livre. Confessar a sua culpa é começar a redirigir a sua mágoa novamente para fora.

Aliviar a agulhada dessa culpa também exige admitir que você foi ferido e expressar a mágoa para a pessoa que o feriu, do mesmo modo que na dinâmica de expressão da mágoa e da raiva. O problema é que uma pessoa dirigida pela culpa pode interpretar a admissão de raiva como uma confirmação de que ela é má. O Capítulo 13 discutirá como resolver esse problema.

Vergonha: a culpa do débito emocional remoto

Vergonha é a crença a longo prazo de que você é ruim ou fez algo de ruim. Normalmente, as pessoas que sentem vergonha tiveram experiências na infância que lhes provam que não eram boas. Essas experiências são de diversos tipos.

As crianças, cujos pais eram pobres demais emocionalmente para dedicar tempo ou afeto a elas, ou apenas fingiam amá-las mas na realidade eram manipuladores, desenvolvem uma baixa auto-estima e são altamente suscetíveis a internalizar os defeitos de sua família e incorporá-los em seu caráter sob a forma de um sentimento de vergonha. Isso é típico de filhos de pais alcoolistas. A maioria dessas crianças sente-se sem valor pela raiva que nutrem por seus pais não as amarem. Raras vezes eles discutem isso abertamente. Algumas vezes essas crianças se tornam pessoas submissas e com desempenho muito elevado, mas secretamente ainda odeiam a si mesmas por sua raiva. Como não conseguem expressar diretamente a sua raiva, punem a si mesmas. Um bom exemplo é a anorexia-bulimia. O comer demais e vomitar da bulimia são símbolos da tentativa de se livrar desses sentimentos ruins. A anorexia expressa a raiva ao chamar a atenção de todos para a aparência terrivelmente magra da criança e marcar o ponto: "Veja como o amor de meus pais não é nutridor". Esta demonstração pública embaraça a mãe — um ferimento intencional — mas como o ato é tão autopunitivo, limita a culpa que a filha sente. Este modo de aliviar a culpa proveniente da raiva é típico de todos os comportamentos autopunitivos.

Sofrer abuso físico, emocional ou verbal durante a infância reforça a crença da criança de que ela é ruim, burra ou sem valor. Embora seja rara a pessoa que não lembre de uma perda de controle dos pais ou de um incidente em que a xingaram, as pessoas que sofreram esse tipo de abuso raramente conseguem se lembrar de outra coisa. Os pais de quem elas dependiam para ter o seu primeiro senso de valor próprio lhes deu a mensagem: "Você é ruim e merece que coisas ruins aconteçam a você".

Ainda assim essa situação abusiva por si só não é suficiente para produzir vergonha. Afinal de contas, você certamente pode encarar a atividade de seus pais como louca, decidir que eles são doentes e infelizes, e concluir que você não tem de ser desse jeito. Entretanto, essa declaração de si mesmo nunca é fácil porque você sempre tem alguma expectativa de que seus pais o amarão e lhe darão o que você precisa desde que você seja um pouco melhor. E assim pode tentar ser perfeito para o caso de eles mudarem. Abandonar essa expectativa é um pré-requisito para colocar distância entre você e o abuso que eles cometeram. É sempre doloroso abandonar a esperança, mas quanto mais cedo você o fizer, menos dano será provocado, e o processo de cura poderá começar.

O fato que torna o abuso mais prejudicial é a aceitação que a criança tem dele. Mesmo crianças saudáveis têm consciência de fazer coisas erradas. Imagine como crianças não-amadas devem se sentir quando seus pais continuamente as xingam e citam exemplos infindáveis para justificar-se. As crianças passam a se sentir indignas de amor. Elas suspeitam do pior em relação a si mesmas. O conceito de que seus pais são incapazes de amar é assustador demais para ocorrer a elas, e quando finalmente isso acontece é freqüente que o neguem e redobrem os seus esforços para agradar a seus pais.

Depois de algum tempo, a mágoa internalizada começa a produzir ressentimento e raiva, e isso leva as crianças não-amadas a concluir que seus pais estavam certos em sua avaliação. Elas se tornam determinadas a não demonstrar raiva e tentam agradar aos outros. Normalmente essas tentativas fracassam. Sua raiva se aprofunda e se transforma de culpa em vergonha. Elas supõem que são ruins por sentirem-se deste modo em relação a seus pais. Essas atitudes podem ser estabelecidas numa idade muito tenra.

A rebeldia adolescente nessas crianças pode ser manifestada sob a forma de comportamento anti-social com atividade criminosa baseada na raiva, ou elas podem desenvolver os mesmos problemas de adicção de seus pais. Por outro lado, o medo de expressar qualquer raiva pode inibir totalmente a rebelião, e essas crianças podem se tornar pessoas passivas que tentam agradar aos outros. Mais tarde, a raiva inibida comumente se expressa em explosões abusivas em relação a seus próprios filhos. Isso reacende o seu antigo senso de vergonha, pois elas sentem que não são melhores que seus pais.

As crianças sexualmente abusadas invariavelmente ficam comprometidas. Elas sentem que são parte de um terrível segredo. Sentem que fizeram algo errado. Sentem-se horrorizadas com o abusador e freqüentemente consigo mesmas por terem sido estimuladas, curiosas ou passivas. Sentem que são cúmplices dos conspiradores, mesmo se foram forçadas, mesmo se estavam paralisadas de medo. Esses sentimentos de vergonha se intensificam quando as crianças mantêm silêncio. Se contam a seus pais e nada é feito, ou se eles não acreditam nelas, sentem-se desvalorizadas. O pior é o pai não-abusador parecer agora parte do exército inimigo, e a mágoa da criança e a raiva subseqüente aumentam e alimentam o seu sentimento de culpa. Isso se desenvolve para o padrão de vergonha em que as crianças sentem sua crença na maldade ser confirmada.

Você precisa acreditar que, como criança, era inocente, para poder lidar com a vergonha, não importa o que tenha acontecido, nem o que o fez acreditar que foi um participante consentido, nem quanto você tomou parte nisso, o tolerou ou até mesmo teve prazer com o abuso, nem quanta raiva sentiu depois dele.

Você era inocente mesmo que tenha ficado excitado.
Você era inocente mesmo que tenha ficado em silêncio.
Você era inocente mesmo que tenha agido de modo sedutor.
Você era inocente mesmo que sinta que provocou o abuso.
Você era inocente mesmo que tenha ficado com raiva.
Você era inocente mesmo que tenha feito coisas terríveis por causa disso.
Você era inocente porque era uma criança.

O impacto da vergonha

As pessoas que se sentem envergonhadas têm dificuldade em assumir riscos porque se sentem desmerecedoras. É freqüente sabotar os seus esforços bem no momento em que o sucesso está ao alcance da mão, pois encaram o fracasso como uma punição que irá equilibrar a sua raiva e fará com que se sintam melhor.

A perversão da vergonha é fazer as pessoas aceitarem a dor e o sofrimento, permanecerem em casamentos sem amor, e parecerem provocar abusos adicionais além de perpetuar dificuldades sociais e financeiras. É comum as pessoas que sofreram abusos não estarem dispostas a aceitar que foram feridas ou a admitir que seus pais as feriram de propósito. Por isso percebem o fato de serem abusadas no casamento como algo familiar. É freqüente que crianças abusadas percebam pela primeira vez o fato quando têm um filho e descobrem que amam a criança e sentem-se bem em ser um pai amoroso. E uma pergunta passa por sua mente: "Por que meu pai não foi um pai tão bom para mim quanto eu sou para o meu filho?". E aí elas percebem o impacto de terem sido abusadas. Então, podem tomar coragem para crescer, mas quando a sua raiva reprimida vem à tona, podem perder o controle e ser abusivas com os seus filhos, pois não têm outro lugar para liberar a raiva. Deste modo, o abuso se torna uma profecia auto-realizadora. Quando isto acontece, a culpa pode ser mais do que elas podem suportar, e ficam com raiva de seus filhos porque eles relembram o fato de terem sido abusadas e serem abusivas — uma autocontradição infantil e destrutiva.

A vergonha é ativada pela associação ressonante, como a maior parte dos sentimentos no débito emocional remoto. Cometer uma ação vergonhosa reativa os antigos sentimentos de vergonha e intensifica todos os sentimentos de perda e de depressão.

Culpa e os três tipos de personalidade

Os três tipos de caráter lidam de seu modo típico com a culpa. A tabela a seguir pode parecer extrema, mas tenha em mente que a profundidade do sentimento mostrado aqui é severa e define a culpa no nível em que ela interfere com a habilidade de funcionar produtivamente.

	Dependente	Controlador	Competitivo
Dinâmica de crescimento da raiva no débito emocional	Conter o ressentimento de rejeições sucessivas, durante as quais a raiva foi reprimida, permite que a pessoa mantenha uma aparência amável. Pequenas explosões de raiva a denunciam. Amargura chorosa.	O fracasso duradouro em admitir a vulnerabilidade leva a internalizar toda a mágoa e raiva. A preocupação com as más intenções dos outros o torna cínico e negativo. Ele não pode aceitar quando alguém é bom para ele. Os outros se afastam.	A raiva contida aumenta a ponto de causar uma profunda amargura em que os fracassos autopunitivos e o egoísmo da pessoa se combinam para abaixar a sua auto-estima. Ele não consegue desempenhar mais com a mesma magia. Ele não acredita em si mesmo.
Como a culpa é precipitada	Quando a sua raiva escapa, ele perde o controle, age de modo impulsivo, e passa para o lado do inimigo, traindo a outros e perdendo o seu apoio. Sente-se separado, autodestrutivo, entra em pânico.	Sua punição vingativa volta-se contra si mesmo, levando-o ou a ser abandonado ou a realmente prejudicar a outra pessoa sem dar satisfações e isso é pior do que aquilo que foi feito a ele.	A sua raiva ou a sua representação faz com que ele perca algo com que realmente se importa e do qual dependem os seus bons sentimentos.

	Dependente	Controlador	Competitivo
Natureza da culpa	A culpa e o desespero são intercambiáveis. Reluta em assumir a responsabilidade de seus atos raivosos e insiste em se colocar como vítima. Isso o impede de aceitar que feriu outras pessoas. Permanece em relacionamentos abusivos para punir a si mesmo.	Tem fantasias perturbadoras de vingança, roga pragas, xinga o outro, chafurda numa sensação de mal. Sombrio e rígido. Não deixa que ninguém se aproxime, protegendo a sua vulnerabilidade com um escudo de melancolia.	Abandona o emprego, foge, representa o lado baixo da vida. Comportamento autopunitivo ou que provoca punição.
Como a culpa é aliviada	Para que possa aceitar o seu papel no dano causado aos outros e pedir perdão a eles quase exige que a outra pessoa garanta antecipadamente o seu perdão.	Freqüentemente provoca depressão, com um intervalo depois que a pessoa sente que já se puniu suficientemente.	A quebra da auto-imagem leva a uma admissão pesarosa de quanto ele se importava e quanto ele precisa daquilo que abandonou impulsivamente. O filho pródigo retorna.

13
Perdoando: um manual para desprender-se da mágoa

O perdão é uma parte vital da liberdade emocional.

Sem o perdão estamos presos ao passado. Algumas vezes magoamos os outros por não entendê-los, ao não lhes dar o benefício da dúvida, ao darmos uma impressão falsa, ao agir com raiva, mesquinhez ou egoísmo, ou simplesmente por não darmos o melhor de nós mesmos. Assim, de vez em quando precisamos ser perdoados. E como algumas vezes somos magoados, traídos, ignorados, iludidos, decepcionados e maltratados, também precisamos perdoar aos outros.

Quanto mais você foi magoado, mais precisa perdoar à pessoa que o feriu.

Você não quer perdoar?

Talvez você sinta ter sido ferido de modo tão cruel e tão propositadamente, que não pode encontrar forças em seu coração para perdoar. O que vem a seguir é especialmente importante para você, se perdoar lhe parece deixar barato e permitir que os outros façam o que querem.

Quando você não perdoa aos outros, isso acontece porque você não quer libertá-los do compromisso ou da culpa. Mas você termina vivendo em ressentimento quando não perdoa a pessoa que o magoou. Como já viu, a raiva contida é perigosa pois diminui a sua produtividade e sua auto-estima.

Não perdoar não se parece com uma vitória. Não é. Ao não perdoar, você se torna um prisioneiro de sua própria raiva, carregando um fardo de dor desnecessário.

Guardar rancor

Você intencionalmente impede que a sua raiva seja resolvida, quando alimenta um rancor. Alimentar a raiva e deixá-la crescer para fortalecer a sua decisão de vingança é a matéria das tragédias de Shakespeare. Basicamente, você está se preparando para assassinar alguém. Fantasiar sobre isso pode lhe dar alguma satisfação, mas não resolve o problema. No máximo, pode fazer com que você questione se é melhor do que a pessoa que o feriu. Você acaba destruindo a si mesmo quando não perdoa.

Quando você não perdoa mantém viva a mágoa que a outra pessoa lhe causou para sustentar a sua raiva. Você reconta a sua dor e como foi prejudicado. Você faz o papel de vítima inocente e transforma a pessoa que o feriu num monstro. Você assume cada vez menos responsabilidade por sua mágoa e não aprende com seus erros.

Depois de algum tempo as outras pessoas não querem estar com você. Uma pessoa que tenha sofrido uma ofensa semelhante poderia tolerar as suas explosões de raiva e até mesmo incentivá-las, liberando a raiva por proximidade. Na verdade, isto é típico da dinâmica das conversas em grupos de apoio, que têm como um de seus benefícios a oportunidade de compartilhar a dor e a raiva. Afinal de contas, ninguém mais quer ouvir, a maioria das pessoas quer deixar para trás e seguir com a vida. O problema com os grupos de apoio é que algumas pessoas ficam tão dependentes deles que mantêm a raiva viva apenas para sentir que pertencem a eles e permanecer neles, ou como membros ou como líderes que podem ainda desabafar sua raiva pelos outros.

Tenha em mente que a raiva acaba. O mundo continua. Você se cura. Sustentar artificialmente a raiva é sempre autodestrutivo.

Por que as pessoas não perdoam — os três tipos de personalidade

Existem três razões básicas pelas quais as pessoas não perdoam.

A *pessoa dependente* usa o papel de vítima para obter uma superioridade moral ou para manipular a partir da posição passiva, fazendo com que o ofensor pareça ainda pior. O tipo dependente fica calmo ao ostentar esta atitude desamparada e uma aparência desesperada, na tentativa de conseguir simpatia, mas o mais provável é que provoque ainda mais desprezo que se parece bastante com um castigo paterno.

A pessoa dependente precisa perdoar para poder crescer. Se você pode culpar outra pessoa por incapacitá-lo, nunca terá de olhar para dentro, encontrar a sua força interior, assumir a responsabilidade, arriscar ou dar o seu melhor.

A *pessoa controladora* teme revelar a vulnerabilidade. Perdoar significa admitir a ofensa. Esta pessoa pune indo aos tribunais, apertando as regras e fechando a carteira.

As pessoas controladoras precisam perdoar mais do que qualquer outra pessoa, porque sempre podem racionalizar e justificar os seus próprios defeitos. Isto apenas as faz parecer rígidas e velhas, porque parecem ser resistentes a aprender e crescer. Elas precisam desistir dos privilégios que pensam que têm por estarem certas, e liberar os outros. De outro modo, os outros simplesmente libertarão a si mesmos e abandonarão a pessoa controladora. Ninguém gosta de não ser perdoado.

Por causa de um orgulho falso, a *pessoa competitiva* faz de conta que não se abaixa ao nível da outra, enquanto mantém um desdém errôneo. As pessoas competitivas punem os outros tratando-os friamente, criando uma publicidade má por meio de fofocas ou rumores, e fazendo cenas. Elas precisam perdoar para poder tirar a máscara da indiferença. De outra forma, se tornam amargas e convencidas de que o mundo inteiro é desmerecedor e que os seus esforços não têm significado. Isso pode levar a um ciclo autogerador de comportamento autodestrutivo.

Por que perdoar?

Quando você não perdoa a pessoa que o feriu acaba por acreditar que a retaliação contra ela seria justificada. Infelizmente, quando você não expressa a sua mágoa original até mesmo uma pequena punição parece injustificada aos olhos da pessoa que você está tentando punir. A raiva expressa pela punição não trará libertação porque só irá magoar e provocar raiva na outra pessoa. A sua mágoa antiga não será entendida, e a sua tentativa de punir o outro parecerá irracional e a outra pessoa facilmente a usará contra você.

A razão para perdoar às outras pessoas não é deixar que os outros façam o que querem, mas libertar *a você mesmo* do fardo de odiar. O pior dano que você sofre é aquele que é causado por você mesmo, se a ofensa que alguém lhe fez transforma a você mesmo numa pessoa cheia de rancor. Inicialmente a resposta correta teria sido defender a si mesmo do ferimento. Talvez você tenha sido incapaz porque era muito jovem e havia sido ensinado a respeitar a pessoa que o feriu. Mas qual é a sua desculpa agora? Como você justifica reprimir toda a sua mágoa e viver para a vingança? Você só irá magoar a si mesmo nesse processo, e atrapalhará o seu próprio caminho.

Tudo o que você deseja na vida depende de ser aberto, livre da raiva antiga.

Você precisa perdoar.

Perdoar à outra pessoa é libertar-se da mágoa, e dizer que você não está mais sofrendo.

Perdoar deveria ser uma parte comum de sua comunicação cotidiana com os outros. Sempre que expressa mágoa ou raiva, você precisa fazer um gesto de perdão. Quando perdoa a alguém, indica que a dor que você sentiu já passou, e que você a liberou. Se você não pode dizer à pessoa que a perdoou, frente a frente, precisa fazê-lo em seu coração. Você perdoa à pessoa e a liberta ao mesmo tempo. Você pode escolher nunca falar novamente com ela, você precisa sentir-se livre da dor. É por esse motivo que isso é tão importante.

Ser perdoado

Você precisa ser perdoado.

Pense por um momento em uma pessoa que você tenha ferido profundamente.

Não é agradável lembrar.

Agora tome consciência de como você se sente ao lembrar do incidente. Sentimentos sombrios, que levantam questões a respeito de seu valor, virão à tona. Você provavelmente já respondeu muitas dessas perguntas dentro de si mesmo. Você pode ter raciocinado que a outra pessoa estava errada, que ela não assumiu responsabilidade por si mesma, ou que de algum modo ela merecia ser ferida, mas essas são apenas as desculpas com que você recobriu o incidente para parecê-lo mais aceitável e para sentir-se menos vilão. Mas o fato de que você fez algo que feriu alguém permanece por baixo das desculpas.

Não é agradável de sentir.

Agora imagine que a pessoa que você feriu lhe telefonema e diz: "Lembra de como você me feriu? Bem, eu já superei completamente, e não me sinto mais magoado".

Como você se sentiria?

Você se sentiria aliviado e mais leve, feliz pelo fato de a outra pessoa não estar mais sofrendo. Você também ficaria feliz por você mesmo, porque agora qualquer ferimento que tenha causado estará curado. A evidência que poderia confirmar que você é uma pessoa ruim está mais fraca.

Que coisa poderosa!

Na realidade, o perdão inclui um dos conteúdos emocionais mais poderosos de sua vida. Perdão, absolvição, purificação, um novo começo, renascer, renúncia — essas palavras tocam o núcleo de seu coração em seu anseio para ser libertado de suas ações negativas, tornar-se inteiro e bom novamente. Você quer redimir a si mesmo.

Libertação

Você precisa libertar-se de sua dor antiga e seguir adiante.

A vida mais plena que você deseja depende de libertar-se de suas mágoas e resolver os ferimentos que causou nos outros.

Os exercícios nos Capítulos 7 e 11 definem o modo de liberar a sua mágoa antiga e você deve comprometer-se com o processo que eles descrevem. Você precisa libertar-se.

Se você decidir usar uma dessas técnicas para liberar sua mágoa e perdoar, assegure-se de incluir os pontos a seguir, seja qual for o modo de liberar a sua mágoa, mesmo que seja numa carta que você queime num cemitério.

"Eu não sofro mais pelo que aconteceu entre nós."

"Eu prometo que nunca deixarei que a mágoa cresça entre nós novamente, pois me importo muito conosco e comigo mesmo."

"De agora em diante falarei sobre meus sentimentos feridos assim que eu os sinta."

"Eu me sinto melhor agora."

"Eu perdôo a você."

Repetindo, você não precisa dizer para a pessoa que a perdoa, mas precisa ficar em paz com o seu coração. O dano que as pessoas causam aos outros sempre volta para assombrá-las. Você não precisa desempenhar o papel do grande inquisidor: a consciência culpada da outra pessoa o fará. Você precisa viver feliz, mas ser alegre em sua sobrevivência exige que você perdoe aqueles que o feriram e se dedique à bondade da vida.

Proceder a reparações

Isso não será fácil.

Faça uma lista das pessoas a quem você feriu.

É provável que muitas das pessoas da lista sejam pessoas com quem você mora ou trabalha neste momento, e não pessoas do passado distante.

Ao lado de cada nome escreva o ferimento que você provocou. Quanto mais curta a sua descrição, mais provável que você esteja no caminho de perdoar a si mesmo, porque pode afirmar claramente qual foi o dano. Quanto mais longa for a sua descrição, mais provável que você esteja sendo defensivo e dando explicações.

Ao lado de cada nome escreva uma frase que comece com: "Eu sinto muito por..." e fale em voz alta sobre o ferimento que escreveu. Esta é a mensagem que você precisa dar à outra pessoa, por intermédio de um bilhete, pessoalmente ou num telefonema. Se a pessoa não estiver viva, pense numa carta semelhante à descrita no Capítulo 11. Peça perdão e o dê a si mesmo apenas no momento em que terminar a carta.

Quando você estiver pedindo perdão por um acontecimento do passado imediato, pode ser suficiente dizer apenas para a outra pessoa que você estava errado e sente muito. Isso poderá abrir uma conversa em que outros detalhes sejam discutidos, mas tenha o cuidado de não ficar envolvido demais na comunicação inicial. Apenas esteja atento para expressar o que for necessário em suas desculpas para a pessoa. Quando você estiver falando frente a frente, lembre-se de que a sua tendência natural ainda será defender-se, em especial se a outra pessoa sentir-se suficientemente confortável para responder expressando a mágoa. Lembre-se de que permitir que a outra pessoa expresse a mágoa é o ato de perdão que você está buscando.

Não tente justificar as suas ações.

Apenas ouça.

Não crie desculpas para as suas ações.

Apenas continue ouvindo.

Agradeça à outra pessoa por expressar a dor e seja sincero quando diz que espera que isso a ajude.

Não aja de modo magoado mesmo que você tenha de algum modo desencadeado uma demonstração escandalosa de mágoa da outra pessoa. Muito do que a outra pessoa disser pode ser exagero, distorção ou completas mentiras — afinal de contas, a outra pessoa tem vivido com essa mágoa por tanto tempo quanto você tem vivido com as suas. Mesmo assim, deixe que a outra pessoa use este momento. Será o melhor para você. Isso é especialmente verdadeiro se a outra pessoa for seu filho e estiver exagerando selvagemente uma queixa. Morda a sua língua. Apenas ouça.

Você pode corrigir um fato importante ou dar informação que expanda a verdade, como o fato de não saber de alguns fatos na ocasião.

Mas reduza ao mínimo esse tipo de comentário ou irá ferir novamente a outra pessoa ao negar a sua responsabilidade.

Isso quer dizer que você deve ser um capacho? Bem, se isso for necessário para permitir que a outra pessoa fale de sua mágoa e pare de sofrer. Permitir que a outra pessoa expresse a sua mágoa é uma expressão de amor. Além disso, você sempre pode proteger a si mesmo ao saber que está fazendo uma coisa boa e não deixar que isso o perturbe. Isto significa ser terapêutico. Essa compreensão lhe dará força para passar por isto. O amor nem sempre é confortável, porque exige que toda a verdade seja dita.

Pedir perdão por uma ofensa remota causada por você exige uma comunicação mais complicada e detalhada. Quer você esteja falando frente a frente, ou por carta, a mensagem ideal deveria conter alguns dos seguintes pontos:

- "Eu sinto muito por tê-lo ferido ao agir do modo como agi."
- "Naquela época, eu era egoísta e não me importava com ninguém mais a não ser eu mesmo."
- "Eu agi por ganância e por medo."
- "Eu não dei o melhor de mim."
- "Eu pensei com freqüência no modo como o magoei, e isso me fez sentir dor."
- "Eu quero que saiba que não esqueci, que eu sofri ao lembrar minhas ações desastrosas."
- "Eu gostaria de poder voltar atrás naquilo que fiz ou falei, mas não posso. Aquilo que aconteceu está vivo em mim como incômodo."
- "Eu sei que não posso fazer com que sua dor vá embora, mas espero que você compreenda que sinto profundamente."
- "Por favor, aceite as minhas desculpas."
- "Eu desejo o melhor para você."

Não deixe que o seu orgulho ou falso senso de retidão o impeça de passar por isso. Você começará a se sentir melhor se expressar a sua tristeza por suas ações, mesmo que a outra pessoa nunca o perdoe.

Se você foi abusado precisa perdoar a seu abusador. Mesmo que sua família não acredite em você, mesmo que você não possa fazer as pazes com as pessoas que cometeram crimes contra você, perdoe-os e os liberte. E então continue com a sua vida. Tudo de bom na vida depende disso.

Você merece o melhor. Você merece perdoar e ser perdoado.

A negatividade do passado, quando é perdoada, transforma-se numa lição aprendida e na motivação para ir em frente.

14
Compreendendo a depressão: o custo de conter a raiva

Tristeza não é depressão, embora toda pessoa deprimida se sinta triste. A tristeza é a sensação de estar exaurido e estar experienciando uma perda. A depressão é um sentimento muito mais profundo, muito mais antigo, mas como na verdade ela é um padrão de evitar os sentimentos, é também um estado emocional complicado que envolve todas as emoções discutidas até aqui.

As pessoas deprimidas sentem-se feridas porque foram feridas e também porque conter os sentimentos é prejudicial.

As pessoas deprimidas estão com raiva porque a mágoa antiga se transforma em raiva.

As pessoas deprimidas estão ansiosas porque temem perder o controle de sua raiva reprimida e ferir alguém.

As pessoas deprimidas se sentem culpadas e sem valor, porque redirigiram a sua raiva para dentro de si mesmas. Embora todos nós soframos abalos em nossa auto-estima de vez em quando, as pessoas deprimidas permitiram que a sua culpa provocasse erosão na base de seu valor pessoal a tal ponto que elas não conseguem ver a sua própria bondade e têm dificuldade em encontrar qualquer significado na vida.

A amplitude dos sentimentos depressivos

A depressão vai desde estar sombrio, triste, derrotado, acabrunhado, melancólico, sofrendo, aflito, miserável, atormentado, angustiado, desanimado ou desalentado, até sentir-se desesperado e condenado e suicida.

A dinâmica da depressão

A dinâmica da depressão é direta:

1. A pessoa é ferida mas internaliza a mágoa em vez de expressá-la.
2. A mágoa se transforma em raiva.
3. A raiva não expressa é voltada para dentro como culpa.
4. A energia usada para redirecionar a raiva internamente e confiná-la no débito emocional esgota as reservas emocionais. O esgotamento da energia é chamado de *depressão*.

A depressão será mais profunda e de maior duração, quanto mais firmemente estabelecido estiver esse padrão de ocultar as emoções.

Montando o palco para a depressão

Normalmente, as depressões agudas são o produto da sobrecarga emocional de uma ou de uma série de perdas diferentes. É importante perceber que é rara a pessoa que passa pela vida sem acumular no débito emocional alguns sentimentos que possam levar à depressão.

Quando você leva em conta que o estresse é a pressão de um sentimento não expresso, percebe quantos sentimentos são desviados para o débito emocional a cada dia de sua vida. Você sofre de preocupações não-resolvidas a respeito de sua auto-estima, de seus relacionamentos, de seus filhos, de seu trabalho e de seus pais. Você lida com a competição de seus colegas de trabalho e com a arrogância dos patrões. Você luta com suas finanças pessoais e com seus fracassos. E acima disto tudo lida com dúvidas a respeito de si mesmo e questiona se está fazendo o seu melhor ou aquilo que deveria fazer. O mundo a seu redor o bombardeia com preocupações adicionais: guerras, fome, epidemias, crises financeiras, escândalos políticos, impostos, inflação, crime, poluição e degradação ambiental.

Não se espera que você resolva todos esses problemas, mas você está exposto a eles, e eles o preocupam. Existe um limite de indiferença que você pode obter para se adaptar a um mundo que está enlouquecendo. Afinal de contas, a indiferença é o estado de fingir não se importar, e ela por si mesma aumenta o seu débito emocional. É fácil perder-se ao dizer que os seus problemas são insignificantes se comparados a esses acontecimentos e assim ignorá-los.

O que você faz para lutar contra isto? Você experimenta exercícios e esporte. Você se distrai com artes; faz amor; viaja. Você mergulha em seu trabalho. Você esconde os seus sentimentos ao comer demais, beber demais, dormir demais, trabalhar demais. A cada dia você se defende de um exército de ferimentos quase imperceptíveis e os oculta em vez de abrir-se. Afinal de contas, nenhum deles é realmente tão importante para você, e você está ocupado demais ou impotente demais para mudar o mundo. Além disso, sempre há algo mais importante para ser feito. Você tem pressa. Esta é a natureza de nossa época.

Embora expressar os seus sentimentos abertamente no presente alivie parte do estresse, muitos sentimentos podem crescer ao longo dos anos. Essa é a acumulação de pequenos ferimentos antigos, vindos de muitas fontes e não reconhecidos. A decepção com a sua vida particular e com o mundo a sua volta, combinada com a perda de energia e de auto-estima ligada ao envelhecimento, tornam você suscetível à depressão. A acumulação de sentimentos no débito emocional *é* um fator de envelhecimento psicológico e é por esta razão que você tende a ficar rígido e irritável quando fica mais velho.

Na chamada crise da meia-idade, você é atingido pela conscientização de que a sua vida está passando, e assim se sente pressionado a conseguir o que puder antes que seja tarde demais. A dinâmica que precipita essa situação envolve tipicamente apaixonar-se por alguém fora de seu casamento, quer seja alguém próximo e que o corresponda, quer seja alguém distante e que não retribui o seu amor. A vulnerabilidade que o amor confere faz você estar mais aberto aos sentimentos que reprimiu ao longo dos anos, e você conclui que não foi verdadeiro consigo mesmo. É freqüente que em vez de admitir o "caso" você afirme que precisa de mais espaço e tempo para encontrar a si mesmo. Uma confissão mais verdadeira seria a de que a competição não funciona mais para você e você não tem mais a energia necessária para fingir.

Uma acumulação de sentimentos não-resolvidos semelhante acontece no desenvolvimento da depressão involutiva, a depressão da menopausa em que a mulher sente que não tem mais um propósito na vida pois os seus anos de criação de filhos já acabaram. (Obviamente também existem mudanças hormonais que agravam a situação.) O ressentimento suprimido de muitas ocasiões de auto-sacrifício ou de uma mágoa específica pode contribuir para o seu débito emocional: um casamento infeliz, um filho ingrato, uma carreira deixada de lado. Infelizmente, essas mulheres muitas vezes voltam a sua raiva contra si mesmas, sofrendo de culpa por seu ressentimento. É usual que elas desenvolvam doenças psicossomáticas que contêm simbolicamente os seus sentimentos não expressos, dando-lhes uma expressão segura de sua autovitimização.

À medida que ficamos mais velhos, a doença e o processo de envelhecimento diminuem a energia para lidar com a vida, e assim nos tornamos mais frágeis e sensíveis emocionalmente. O isolamento causado pela negligência da família e dos amigos, real ou imaginária, e os sentimentos de estar abandonado e descartado podem partir o seu coração. Normalmente, o resultado dessa situação é a depressão, pois há poucas reservas, nenhum lugar para ir e pouca energia para fazer o que lhe dava prazer ou distração.

Considerando tudo isso, é surpreendente que o número de pessoas que sofrem de depressão não seja maior.

Depressão aguda

Você pode ficar deprimido subitamente — ou de modo agudo — depois de sofrer uma breve série de perdas que sobrecarreguem a sua capacidade de sentir de modo aberto. O propósito de suas defesas é ocultar as suas emoções até que esteja pronto para processá-las, liberando-as aos poucos à medida que estiver pronto para lidar com elas. Infelizmente, a maior parte de seus sentimentos dolorosos é desviada para o débito emocional quando o volume total de perdas excede a sua habilidade de administrar sua dor.

Bem, você é confrontado com uma sobrecarga emocional que cria sentimentos estranhos de vulnerabilidade. Você tenta ocultá-los sem sucesso, em vez disso você se torna irritável e ríspido com as pessoas. Você fica preocupado, negativo, melancólico e encontra pouca alegria no mundo a sua volta. As pessoas têm dificuldades em fazer contato com você. No começo você dá um sorriso automático, e depois pára completamente de sorrir. As pequenas coisas que nunca o haviam incomodado começam a deixá-lo nervoso. Isso faz com que se sinta inseguro, e a fragilidade que você percebe diminui a sua auto-estima e a sua coragem. Você está procurando resolver um problema, mas algumas peças do quebra-cabeças foram ocultas por suas defesas. É como se parte da sua mente não estivesse funcionando, e os seus métodos usuais para lidar com as situações não fossem mais corretos. O seu senso de convicção e a motivação gerada pela crença em si mesmo estão ausentes.

Mas há um lado positivo: todos esses sintomas da depressão aguda podem assustá-lo o suficiente para que avalie a si mesmo. A sua nova vulnerabilidade o deixa aberto para examinar os seus sentimentos e considerar se você realmente quer aquilo que afirma. Você vê a futilidade das buscas impossíveis, e de tentar vencer apenas para agradar a outra pessoa. Você admite o fracasso. Percebe que não tem nada a perder e assim resolve fazer o que quer, o que o agrada.

A depressão aguda normalmente se resolve à medida que os acontecimentos que contribuíram para as suas mágoas são resolvidos. Na maior parte dos casos, a depressão aguda é suave ou moderada, e é uma questão simples de identificar as suas perdas e viver o luto delas.

Depressão crônica

As pessoas deprimidas de modo mais severo não acumulam apenas os insultos cotidianos que todos sofremos, mas têm também uma longa história de reprimir sentimentos importantes de perdas sempre que eles acontecem. Sua baixa auto-estima os impediu de lidar com sua mágoa e raiva quando estavam frescas, e assim elas têm engolido esses sentimentos durante anos. Elas acabam tendo medo de encarar qualquer um de seus sentimentos.

Embora alguma perda ou ofensa atual tenha precipitado a depressão, resolver a dificuldade atual não resolve o problema real dessas pessoas. Quando as pessoas estiveram deprimidas durante anos seguidos e não buscaram ajuda, as fontes de sua mágoa e raiva em geral estão enterradas tão profundamente que chegam a parecer inacessíveis. Essas pessoas são rotuladas erroneamente como tendo depressão endógena, querendo-se dizer com isso que a depressão vem inteiramente de dentro, sem fonte discernível. Na verdade, a maioria dessas depressões internas é uma coleção de depressões reativas cuja causa foi esquecida. A depressão original e a causa da baixa auto-estima ficaram tanto tempo sem tratamento que foram sendo reforçadas por ofensas subseqüentes.

Infelizmente, esta busca pelas fontes da depressão original é com freqüência negligenciada pela terapia atual, e apenas os sintomas são tratados (Veja a seção sobre o desequilíbrio químico na página 247).

Os sintomas da depressão grave

A raiva reprimida pelas pessoas deprimidas provoca pesadelos, que certamente interferirão em seu padrão de sono. Elas levantam mais cedo, perdem o sono e se sentem ainda mais cansadas. Elas também evitam dormir para fugir aos pesadelos. Algumas pessoas deprimidas dormem o tempo todo, mas nunca se sentem descansadas ou renovadas. A perda de sono diminui ainda mais as suas forças, pois a sua energia já está sendo consumida pelo redirecionamento da raiva para dentro.

À medida que sua energia é drenada, fica menos disponível para o mundo exterior, e assim o foco de atenção dessas pessoas se internaliza cada vez mais. E então o mundo lhes dá pouco em resposta. Elas não podem ser incomodadas para brincar com seus filhos, assim sentem-se maus pais. Não conseguem dar atenção ao filme que foram ver, e assim se sentem ainda mais deprimidas pela comparação com as outras pessoas. Não conseguem aproveitar um dia bom; sentem que há algo errado com elas, e se voltam ainda mais para si mesmas, desejando que chovesse para combinar com o seu estado de espírito ou que acontecesse um terremoto que as engolisse.

O seu apetite diminui, ou elas podem comer o tempo todo para preencher o seu vazio. Elas tendem a ter prisão de ventre. Sua fala e seu andar se tornam mais lentos, e seu processo de pensamento fica inerte.

Pensamentos suicidas vêm à tona como uma forma de punição mental. Esses pensamentos algumas vezes se tornam obsessivos como uma forma de fugir à dor. Em momentos difíceis, as pessoas gravemente deprimidas podem tornar-se motivadas para agir sobre esses pensamentos: um sério revés financeiro, a perda do cônjuge que as faz sentir-se abandonadas, ou a dor e o desamparo de uma doença crônica; mas raramente têm energia para realizar essas ações.

Os pensamentos suicidas são parte do processo da culpa, e comumente apenas expressar os sentimentos por trás desses pensamentos alivia a pressão, liberando-os.

Uma palavra sobre o desequilíbrio químico

Demonstrou-se que quando uma pessoa está deprimida, ocorre um desequilíbrio em nível dos neurotransmissores no cérebro. Muitos fatores afetam essas disfunções neurofisiológicas. Qualquer que seja o mecanismo do problema, a situação fica ainda pior quando as emoções não são expressas. A tendência a não admitir os próprios sentimentos é resultado principalmente das defesas e do desenvolvimento do caráter, mas é também possível que um longo período de contenção das emoções possa alterar o modo de funcionamento dos mecanismos bioquímicos. Também demonstrou-se que esse desequilíbrio químico tende a ser revertido quando a pessoa deprimida lida com o problema apenas com terapia. Você também pode experienciar alívio com uma intervenção psicofarmacológica em que os mecanismos bioquímicos voltam à ordem normal. Entretanto, isso não altera a situação de vida que causou originalmente o problema. Administrar antidepressivos pode reverter a ordem bioquímica, mas as tendências de seu caráter e de suas defesas para recriar a perda que causou o desequilíbrio mantêm-se inalteradas. Você ainda precisa aprender sobre si mesmo e sobre o significado de seus sentimentos.

Acreditar que a origem de seu problema é exclusivamente bioquímica roubaria a sua humanidade e o seu desejo de assumir a responsabilidade sobre a sua vida.

A vida nunca é tão simples.

Existe um preço a ser pago pelo uso de antidepressivos:

- Um aparecimento e uma resolucão rápida da depressão pode ser apenas uma fuga química de seus problemas reais, um "vôo para a saúde" farmacológica.
- Um antidepressivo pode dar a um paciente suicida a energia para realizar os seus pensamentos autodestrutivos.
- A pior herança dos antidepressivos é a crença em sua incapacidade para fazer coisas por si mesmo e de que você não conseguiria lidar com isso sem as drogas.

Se você continuar em seu caminho defensivo anterior depois de uma intervenção psicofarmacológica bem-sucedida, será apenas uma questão de tempo antes da volta de problemas bioquímicos similares.

É importante ter em mente que embora os antidepressivos possam mudar dramaticamente a sua vida, eles são apenas instrumentos que aumentam o nível de energia no cérebro, deixando mais energia disponível para examinar e resolver os seus problemas. Isto é, eles só poderão produzir curas duradouras se o dano bioquímico causado pelo débito emocional for corrigido temporariamente, permitindo que você assuma novamente a responsabilidade. Você precisa aproveitar a oportunidade para crescer, no momento em que essa correção temporária ocorrer. Combinar o trabalho de autocompreensão com o uso de drogas é muito importante para o processo de cura. Na verdade, os novos *insights* que você tem quando as suas defesas são abaixadas, e freqüentemente não são compartilhados com o médico que receitou o antidepressivo, podem ser a autoterapia que dá ao antidepressivo o seu efeito curativo, e o levam a um caminho mais honesto.

Tendência de cada tipo de caráter à depressão

Cada tipo de caráter tem uma predisposição especial para a depressão. Algumas *pessoas dependentes* percebem perdas em todos os lugares, pois são muito sensíveis a elas. Esta tendência impregna a alegria do momento, mesmo quando não é muito forte. O fracasso em resolver os sentimentos das perdas percebidas, que são meramente triviais ou imaginárias, coloca um fardo sobre a capacidade de armazenagem do débito emocional. Ao longo dos anos as pessoas dependentes guardam tanto ressentimento por ferimentos pequenos e exagerados aos quais elas são especialmente sensíveis que todos eles se aglutinam, e perdem a nitidez e a sua identidade. Para a pessoa dependente este ferimento é real e imobilizador e corrói por dentro.

Algumas *pessoas controladoras* funcionam mecanicamente pela vida e parecem ser frias emocionalmente em relação ao amor e à ternura. Isto acontece por causa de sua estrutura defensiva e de sua tendência a conter os sentimentos. Este estado é equivalente à depressão. As pessoas que não assumem a responsabilidade por seus sentimentos não podem resolvê-los. Qualquer pessoa que viva defensivamente irá ficar deprimida depois de algum tempo.

As *pessoas competitivas* estão continuamente acumulando toda aquela mágoa que fazem de conta que não se importam. À medida que os anos passam, o seu grande débito emocional as torna mais irritáveis e inclinadas a atuar a sua raiva em explosões súbitas e irracionais, ferindo os outros e envergonhando a si mesmas. A habilidade que a pessoa competitiva tem para fingir que nada disto importa será finalmente sobrecarregada por toda essa atividade prejudicial. As fontes usuais de auto-estima, como ser admirada pela beleza física ou pela capacidade de realização passam a ser acidentes do passado quando a idade ou a doença aparecem. Isso diminui ainda mais a auto-estima e monta o palco para o aparecimento da depressão.

Tratando a depressão

A cura para a depressão não é a liberação da raiva mas a da mágoa, a partir da qual a raiva se desenvolveu.

Esse é um ponto crítico.

Os terapeutas que ajudam as pessoas deprimidas percebem que elas têm raiva e as incentivam a liberar a raiva, mas com freqüência descobrem que os sistemas de defesa rígidos e sobrecarregados de seus pacientes não permitirão que a raiva escape. E assim, quando a raiva é mobilizada, às vezes ela imediatamente se volta para dentro de novo e é direcionada para a pessoa deprimida, aumentando a culpa e aprofundando a depressão. Na verdade, mobilizar essa raiva só pode confirmar para a pessoa deprimida que ela é ruim — uma tática perigosa.

O tratamento psicoterapêutico da depressão deve ser dirigido para identificar a mágoa mais recente que precipitou a raiva, que por sua vez sobrecarregou o equilíbrio emocional da pessoa. O paciente deveria ser incentivado a encarar o novo ferimento, ver como ele o afetou, e expressar a mágoa que sente. Ele deveria ser incentivado a reconciliar-se com ferimentos antigos semelhantes e expressar também a mágoa desses ferimentos.

O paciente deveria ser ajudado a avaliar os seus ferimentos antigos e a compreender o motivo pelo qual os conteve, como eles cresceram e acrescentaram ofensas ao que já estava ferido, e também identificar aquilo que tem medo de expressar e por quê. Deve-se chamar a atenção para as semelhanças entre os antigos e os novos ferimentos.

O paciente é guiado e apoiado na expressão de sua mágoa. Alguma raiva deve vir à tona, e o paciente deve ser ajudado a compreendê-la como resultado de ter sido ferido.

Quando esse processo foi iniciado e a pessoa deprimida começou a se abrir, alguma raiva pôde ser expressa e dirigida para alvos seguros, como uma viúva que fica com raiva da companhia de seguros que está atrasando o envio do cheque. Mesmo assim, não se deve encorajar a pessoa a expressar muita raiva, nem mesmo dirigida a esses alvos seguros. Para começar, o sistema defensivo da pessoa deprimida é frágil e está sobrecarregado, e a expressão da raiva exige auto-estima para que possa ser benéfica. Mesmo uma pessoa saudável sente-se incomodada ao exprimir muita raiva. Uma pessoa deprimida pode se sentir abalada.

Um tratamento admirável para a depressão

Uma terapeuta ocupacional que trabalhava num hospital de saúde mental criou uma atividade terapêutica para pacientes deprimidos, com base em sua crença de que a punição tinha um papel em reverter a culpa da depressão. Cada paciente ficava numa escrivaninha que continha oito garrafas cheias de pequenas contas, uma cor em cada garrafa. A terapeuta ocupacional então colocava as contas numa grande vasilha, misturava-as com a mão e dava a vasilha ao paciente, que era instruído a pegar as contas e encher as garrafas novamente. Quando o dia de trabalho terminava, ela dizia ao paciente que ele havia feito um bom trabalho, e então imediatamente, em frente ao paciente, ela esvaziava novamente as garrafas na grande vasilha, misturava as contas, e deixava tudo pronto na escrivaninha para o próximo dia de trabalho. Isso aconteceu por duas semanas, cinco dias por semana.

Depois deste período todos os pacientes mostraram melhoras. Alguns ficaram suficientemente bem para voltar para casa.

A dinâmica disto é clara e se relaciona com o núcleo do problema de trabalhar com a depressão. O paciente estava fazendo um trabalho repetitivo e sem significado que poderia ser visto como punitivo, como escrever: "Eu não vou conversar durante a aula" quinhentas vezes, mas ainda com menos significado. Os pacientes distinguiram os detalhes do trabalho diário, sentiram-se ressentidos com a terapeuta ocupacional quando ela os fazia continuar com a sua tarefa sem objetivo, e reclamaram com outros pacientes sobre como isto tudo era estúpido. Isso deu aos pacientes uma forma segura de deixar escapar coletivamente a sua mágoa e raiva, aliviando a culpa que tinham dificuldade de colocar em palavras.

Eu me lembro de quando era médico residente no Hospital Estadual de Boston, onde as mulheres deprimidas davam entrada no pavilhão psiquiátrico e se transformavam em demônios de limpeza, esfregando os assoalhos e os tetos. As enfermeiras nunca tiveram nada contra e até mesmo dirigiam parte de sua atividade para os lugares em que elas poderiam ser mais úteis. É claro que o ato da contrição faz com que a pessoa se sinta bem ao desfazer fisicamente a culpa.

Tudo isso sugere que o trabalho voluntário, dar-se socialmente, e as atividades comuns como limpar a garagem e colocar as coisas em ordem têm o potencial de oferecer alguma ajuda simbólica para aliviar a depressão, mesmo quando a pessoa não sente que teria a energia necessária para realizar a atividade. O próximo capítulo oferece sugestões mais específicas para trabalhar com a depressão.

15
Trabalhando com a depressão: um manual

Aprendendo com a depressão

Embora não se recomende que você fique deprimido para aprender com as lições da vida, quem sofre de depressão recebe algumas oportunidades especiais para aprender. Aqui estão alguns pontos para guiá-lo:

Você não estaria deprimido se aquilo que perdeu não fosse importante para você

- O que foi que você perdeu, e qual a importância disso para você?
- O que você poderia ter feito para mudar isso? (Não se culpe, apenas veja como você não assume responsabilidade por suas ações ou sentimentos.)
- Como você permitiu que seus sentimentos crescessem?
- Por que você não fez aquilo que sente que deveria ter feito?
- O que ficou em seu caminho?
- Por que você deixou que isso ficasse em seu caminho?
- Quantas das coisas que ficaram em seu caminho você ainda pode mudar?

Se você sente que o mundo é exigente demais ou que você se vendeu a um padrão de vida que não o torna feliz, precisa olhar mais de perto para isto. Algumas vezes, você alcança o sucesso fazendo algo de que não gosta, e espera ter mais tempo para realizar-se algum dia. A sua depressão é um alerta justo de que hoje é esse dia, e que talvez você não possa se dar ao luxo de ignorar mais os anseios de seu próprio coração.

Existe algum lado brilhante na sua perda?

Não tenha medo de admitir, porque é a esse ponto que você deve voltar. Se perdeu o seu negócio, pelo menos está livre da tensão de ir trabalhar e esperar pelo desastre. Se você perdeu uma pessoa amada depois de uma longa doença, pelo menos aquela pessoa não sofrerá mais e você não ficará vivendo numa expectativa mórbida.

Encontre alguma coisa pela qual deva ser grato!

Quando alguém fica deprimido é comum que desista de tentar agradar às pessoas, de fazer o trabalho de todos, de tentar manter tudo sob controle. Isso torna possível perceber que parte de sua atividade na verdade era desnecessária e talvez você estivesse fazendo tudo isto para provar algo a outras pessoas. Talvez você possa desistir de parte disso sem nenhuma conseqüência negativa séria.

O apego a uma causa perdida acaba com o ânimo de qualquer um.

Do que você precisa desistir? Não há vergonha em abandonar algo que está terminado. Você não pode começar a aprender a lição de uma experiência até que admita os erros que cometeu.

O novo necessita da morte do velho.

Encare a depressão como uma faxina mental. Alinhe a sua vida. O que realmente faz diferença para você? Redefina o que você ama.

Saiba como você se meteu nessa confusão.

- Entenda as suas fraquezas.
- Lembre-se de suas forças.
- Assuma a responsabilidade pelo seu sofrimento.

É difícil acreditar em si mesmo quando você está deprimido, porque se sente maculado por sua raiva oculta. Aceite que isso pelo que você está passando é o resultado lógico de não lidar no momento com as suas emoções. Aceite tudo na situação como o modo de as coisas serem assim. Faça isto simplesmente, sem se diminuir. Toda a verdade que você pode admitir e absorver se transforma na base para o futuro.

Só porque tudo está negro agora, não quer dizer que não vá melhorar.

Se você aprender e crescer, este período de depressão o tornará capaz de aproveitar os bons tempos e dar mais valor a eles. Em grande parte do tempo em que se sentia bem você não trabalhou duro ou com objetivo. Lembrar-se de sua depressão pode servir-lhe de inspiração.

Uma depressão lhe dá maior compreensão de suas reservas e limitações emocionais. Você entende melhor aquilo que é importante e assim fica mais sábio e trata com mais respeito a sua necessidade de ser aberto.

Isso é o que significa crescer.

Falar diretamente sobre seus sentimentos

Falar tão verdadeiramente quanto possa é curar a si mesmo. Qualquer coisa que o desvie da honestidade tende a levá-lo à depressão. Usar as defesas é apenas um outro modo de ser menos aberto, mentindo de novo. Expressar uma percepção honesta de sua mágoa é resolvê-la.

Existe uma forma curativa de falar sobre os sentimentos. Você precisa falar de suas emoções numa linguagem clara.

Em vez de dizer: "Estou deprimido", seja específico e diga: "Estou me sentindo esgotado porque acabei de perder meu emprego"; ou, "Estou triste porque minha namorada me deixou". É muito mais doloroso falar desta forma, mas esta forma direta dá início ao processo de cura.

Cada vez que menciona a fonte de sua mágoa, você a resolve um pouco mais.

A cura começa quando você diz a verdade a respeito da mágoa.

Em vez de dizer: "Tenho um distúrbio de pânico"; diga: "Tenho medo de ser demitida", ou "Estou preocupado com a possibilidade de não ter dinheiro suficiente". Mesmo que isso pareça óbvio, ser específico a respeito de seu medo é muito importante para iniciar o processo de organização de seus pensamentos e fazer algo para proteger a si mesmo. Se você não identificar do que tem medo, terminará por temer a tudo. Se o seu medo lhe parece ridículo, não fale dele. Não diga: "Tenho medo de ficar sozinha". Pense um pouco mais profundamente. Em vez disso diga: "Sinto que o meu ressentimento afastou os outros". Ache um medo que não lhe pareça tão irracional e fale isso. Em outras palavras não diga: "Tenho medo de micróbios", diga: "Tenho medo de não fazer nada com a minha vida e de morrer sem deixar nada de importante".

De um modo semelhante, fale de sua raiva ao identificar aquilo que o feriu e expresse a mágoa, não a raiva. E então faça algo a respeito do problema para torná-lo melhor (ver o Capítulo 13).

Lidando com pessoas deprimidas

É bastante óbvio que as pessoas que têm mais probabilidade de feri-lo são aquelas que estão transbordando de raiva antiga e sofrendo por estar em débito emocional. Freqüentemente, você fica tão preso ao modo como elas o feriram ou como o comportamento delas é vergonhoso que perde a oportunidade de lhes ser útil e também de limitar os danos que sofre nas mãos delas.

Os comentários a seguir devem ajudar quando alguém o está ferindo sem necessidade. Eles lhe darão uma distância terapêutica, e assim o deixarão com a situação na mão — tome apenas o cuidado de não usá-los para manipular a outra pessoa. Esses comentários também o protegem de um sofrimento desnecessário. Se for sincero e agradável, você será útil e a outra pessoa poderá até mesmo agradecê-lo.

Da próxima vez em que alguém agir de modo irritante ou prejudicial, experimente uma das afirmações a seguir. Sempre leve em conta como você se sentiria se estivesse na situação da outra pessoa e alguém lhe dissesse isto. Deste modo, você poderá avaliar o impacto potencial das afirmações.

"Você parece desapontado."

Isto abre a porta para que a mágoa seja expressa.
Afirme-a com sinceridade.
Espere uma resposta.
Ouça tranqüilamente.

Se você for atingido por uma raiva sem motivos, pode acrescentar neste momento:

"Eu fico imaginando se você não poderia estar um pouco desapontado consigo mesmo."

Este é um comentário ligeiramente mais arriscado e, desse modo, seja casual e evite olhar nos olhos da outra pessoa, para diminuir a possibilidade de que ele seja visto como um interrogatório. Não confronte a outra pessoa. Você só está fazendo uma observação. Apenas ouça.

"Você está tendo um dia difícil?"

Esta é uma afirmação de simpatia sincera e suave. Você abre o caminho para que a outra pessoa comece a expressar os seus sentimentos, ao dar um explicação que indica que está disposto a aceitar até mesmo o comportamento do qual a outra pessoa possa não ter consciência.

Não se envolva numa discussão. Você não quer debater com a outra pessoa, só ajudá-la a abaixar as defesas para expressar a mágoa que está carregando, para que possa trabalhar melhor ou se relacionar mais abertamente com ela. Se você está tendo problemas com alguém com quem vive, este é o modo de ajudá-lo a começar a descarregar os seus sentimentos.

Você pode não estar disposto a ser o facilitador emocional na vida da outra pessoa e pode querer evitar um papel tão ativo. Então considere o seguinte: quando você tem um relacionamento íntimo e não está disposto a ouvir de modo empático os problemas da outra pessoa, sempre irá acabar num ambiente mais fechado emocionalmente. Esses mesmos sentimentos, se não forem expressos, irão se acumular e tornarão a sua vida ainda mais desagradável.

Pense na disponibilidade para ouvir como o seu melhor investimento e o seu ato mais amoroso. Você não precisa comentar ou aconselhar. Não precisa ser um terapeuta. Não precisa nem mesmo ser inteligente. Esteja presente e mostre que se importa. Não mime o outro. Não o trate como um bebê. Apenas convide-o a expressar os sentimentos e tente entender.

"Eu estou percebendo que você não está se sentindo bem consigo mesmo."

Isso também deixa subentendido: "Você quer falar algo a respeito disso?". Se a outra pessoa responder, você já terá ajudado. Se a outra pessoa não responder, pelo menos ela sabe que você se ofereceu. Você pode fazer com que ela saiba que a oferta ainda está de pé se mantiver uma atitude de abertura e indicar que você sempre está pronto para ouvir.

Este comentário implica algum risco pois uma pessoa defensiva pode vê-lo como uma acusação. Para diminuir essa possibilidade, você deveria fazer esse comentário como o seu entendimento sobre a explicação do comportamento negativo da outra pessoa. Lembre-se de que você não a está atacando por ela ter agido de modo impensado ou prejudicial; ao contrário, lembre a si mesmo que ela é basicamente uma boa pessoa e que você acredita que a única razão pela qual faria algo tão prejudicial é que ela não se sente bem consigo mesma. Assim, você está dando a ela o benefício da dúvida. Você está querendo dizer, "Oh, você está tendo um dia ruim".

Se você encontrar resistência ou for atacado, diga apenas que só estava pensando alto e mude de assunto ou faça outra coisa. Deixe que o comentário faça o seu trabalho terapêutico.

III
Para onde você está indo

16
Descobrindo o seu talento: o Quadro de Ação

Ninguém é mais livre do que você quando descobriu seu talento e o está compartilhando com os outros, pois nesse momento você encontrou a si mesmo e está fazendo uma diferença no mundo. Você cria a sua própria felicidade ao fazer aquilo que ama. Você permanece jovem ao esperar ficar melhor com tudo o que faz. É fácil amá-lo porque você não precisa do amor de outra pessoa para ficar feliz. Você já está feliz.

Encontrar a si mesmo não faz a vida ficar magicamente perfeita nem o torna imune aos problemas do mundo. Os caprichos do destino e a crueldade do mundo ainda devem ser levados em conta. Contudo, você não é mais esmagado pela indiferença, humilhado por seus erros, nem paralisado pela perda. Você age como uma pessoa com identidade própria.

Não importa qual seja o seu talento, nem se ele é grande ou importante. O que importa é ele ser seu e você ser livre para dá-lo. Dar o seu talento não o esgota mas em vez disto o valida e o preenche, porque dar reafirma o significado da vida.

Quando você encontra a si mesmo, é o guardião de seu lugar no mundo. E é responsável por si mesmo. O seu trabalho é assegurar-se de aproveitar as oportunidades que busca. Você cria a sua própria sorte ao estar preparado para assumir riscos, em seu próprio interesse, sempre e onde as oportunidades aparecerem. Para fazer isso precisa saber o que quer. Conhecer a si mesmo é a melhor preparação.

É difícil fazer pesquisa de mercado quando se trata de encontrar o melhor para sua vida. Você não pode experimentar a vida de outra pessoa para ter um maior entendimento da sua. Quando tenta igualar um estilo de vida que naturalmente não é o seu, sempre acabará perdendo algo de si mesmo e se tornando um prisioneiro de suas necessidades. E se você tentar se conformar ao caminho errado, sua vida parecerá incompleta e terá muitas dúvidas. É desanimador passar pela vida sempre questionando se você fez as escolhas corretas ou se deixou passar a sua própria vocação.

A vida melhor para você precisa ter uma atração especial para os seus sentidos e ter também a capacidade de prender a sua atenção, apagando os números do marcador do relógio para só o seu trabalho determinar a passagem do tempo. Estar feliz em seu trabalho é ter sucesso.

A pessoa em quem você finalmente se transforma sempre é uma parte do que você faz. Se o seu trabalho for o trabalho correto, ele é o amigo que nunca o deixa na mão, o mestre que o faz trabalhar mais duro e o terapeuta que mais o conhece e entende o crescimento que você teve. É o seu objeto de amor, a sua diversão, e, finalmente, a lembrança que você deixa. Embora deseje que seus amigos e sua família pensem bem de você, e queira que as pessoas sintam sua falta quando se for, é aquilo que você faz que faz a diferença — esse é o seu tributo duradouro.

Sempre se pode dizer que você é o amor que dá aos outros. É claro que isso é verdadeiro, mas como você seria bem mais feliz se o amor que tem para dar fosse expresso em seu trabalho! Cada dia seria completo se você estivesse trabalhando com aquilo de que mais gosta. O trabalho poderia continuar sendo difícil, mas ao menos ele o aproximaria da auto-realização. Você não ficaria se perguntando se está desperdiçando a sua vida.

O mundo tem uma grande dimensão, e às vezes é impossível atingir um senso de si mesmo em relação ao quadro mais amplo e muitas vezes confuso. Você precisa estar no controle de um mundinho seu. Precisa ter uma sensação de domínio sobre a sua própria vida e ser capaz de intervir no seu destino de forma natural e contínua, não por desespero ou urgência, mas por meio do entusiasmo ou do amor pelo trabalho que gera. O *feedback* que você recebe de seu trabalho lhe dá energia, coragem para continuar e uma sensação de estar em contato consigo mesmo. Você tenderá a ver o resto do mundo com menos preconceito quando gosta daquilo que faz e está fazendo o seu melhor.

Tudo isso se resume a dar valor suficiente a si mesmo para pensar, "Se eu gosto disto, isto é bom para mim". O que os outros pensam de suas escolhas não deveria influenciar a sua felicidade. Você tem de viver em seu corpo, em sua mente, experienciando os seus sentimentos, vivendo a sua vida. Você também poderia agradar a si mesmo. As reações dos outros são apenas comentários.

Então confie em si mesmo quando sentir vontade de voltar ao caminho de um sonho que foi abandonado há muito tempo. Você pode ficar questionando se não está enganando a si mesmo ao acreditar que um sonho antigo poderia ser possível. Talvez você nunca tenha acreditado que pudesse ser bem-sucedido.

É nesses momentos difíceis que você mais precisa acreditar em si mesmo. Você precisa encontrar a coragem para acreditar na necessidade daquilo que está fazendo ou para fazer, para poder ir adiante sem hesitação. Em vez disso, por causa do medo de descobrir o seu verdadeiro valor, é habitual você evitar dar o seu melhor e fracassar.

Entenda que o medo que você tem do sucesso é principalmente o receio de que qualquer sucesso que tenha seja um golpe de sorte e assim possa acabar. Além disso, embora você reclamasse que ninguém notava o seu trabalho, também tinha uma sensação de segurança, uma liberdade para cometer erros, e você pode não ter apreciado totalmente essa liberdade. Quando você é um sucesso, tudo o que faz é notado e tem importância. No fim das contas, a excelência que os outros esperam de você deve dar lugar a seus próprios padrões para medir a si mesmo. Quando você tem sucesso, tem de trabalhar ainda mais para agradar a si mesmo. E apenas as pessoas que são seguras o suficiente para tolerar a própria solidão preservam o sucesso.

Todos os dias você deveria se dedicar a encontrar a vida correta. Você deveria sempre ter em mente a decisão daquilo que irá fazer a seguir. Quando você tem medo de não saber o que virá a seguir, corre o risco de se apegar a uma vida estruturada e previsível que apenas lhe dá uma sensação de segurança. A estrutura é ótima desde que o seu objetivo não seja apenas proteger você do mundo mas lhe dar a coragem para assumir os riscos que você precisa.

Cabe a você criar uma vida que funcione, que lhe pareça correta e o torne feliz.

Ninguém pode fazer isso para você. Nenhum programa de educação pode prepará-lo para isso. Por maior que seja o apoio de seus pais, nada assegura que você irá encontrar a vida certa. E por maiores que tenham sido o abuso ou a negligência, nada poderá impedi-lo, se você for determinado. A vida certa não acontece a você. Nenhum professor bate no seu ombro e lhe conta o que você pode se tornar. Na verdade, milhares de pessoas passam pela vida sem saber o que podem se tornar. Você precisa encontrar a vida certa para si mesmo.

Aqui estão algumas pistas:

A vida certa é aquela em que na maior parte do tempo você está fazendo aquilo que ama.

Só porque você tem de varrer o chão, controlar o talão de cheques, ou fazer tarefas para outras pessoas, isso não quer dizer que esteja vivendo uma vida errada. Mas se tudo o que você faz é controlar o talão de cheques, varrer o chão ou realizar coisas para os outros, deveria se questionar a respeito do que está fazendo.

A vida certa é confortável na maior parte do tempo.

Embora você possa se questionar a respeito de seu destino e do significado da vida, e deva se perguntar se está vivendo a vida certa, essas questões não o enchem de medo quando está vivendo a vida certa. Elas são apenas autoquestionamentos que se repetem e medem o seu progresso.

Você está sempre preparado para assumir riscos quando está vivendo a vida certa.

Você tem segurança quando sabe que não tem de jogar tudo para o alto para fazer uma grande mudança. A vida certa lhe dá calma e conforto. Mesmo que tudo não esteja perfeito, nem tudo estará errado. Numa vida certa você tem espaço para acrescentar ou excluir coisas, para cometer erros sem ser ridicularizado, para fracassar sem ser um perdedor, para ser bem-sucedido sem ter necessidade de alardear vitória, e para trabalhar duro sem insistir que o mundo todo lhe dê gratificações extras, e sem forçar os outros a andar na ponta dos pés perto de você. Você se sente à vontade para dizer o que sente e para expressar o que pensa.

A vida certa traz uma sensação de otimismo.

Você está avançando com seus planos e mantendo o olho em seu objetivo. A sua vida tem vontade própria, pois você é independente.

A vida certa é o lugar onde você pode dar o melhor de si mesmo. A vida certa traz a sensação de liberdade.

O "eu" criativo: o seu talento verdadeiro

Um mundo de pessoas livres e felizes não é um sonho vazio, mas uma herança natural. O mundo precisa de todos os talentos que gera para fazer as coisas estarem certas. Cada um de nós é uma faceta de uma energia grandiosa. No melhor de todos os mundos possíveis, essa energia combinada deveria ser dirigida para um objetivo positivo, em direção à sobrevivência da espécie em seu melhor aspecto. O desenvolvimento do talento de cada indivíduo precisa ser visto não apenas em termos de realização e felicidade pessoais mas também como um passo evolutivo vital para suprir as necessidades do planeta.

O mundo é enriquecido quando da sua descoberta de si mesmo. Você é uma parte inseparável da evolução que o trouxe a este lugar e é também um elo para o mundo melhor que virá. O seu desenvolvimento e a sua busca do melhor dentro de si mesmo não são um acontecimento pessoal isolado mas uma necessidade evolutiva integral, que corporifica os objetivos de uma consciência coletiva. Existem todas as razões do mundo para viver a sua vida como o seu melhor eu. Se todas as pessoas fizessem isso, o reino grandioso passaria a existir da noite para o dia. Os problemas do mundo ainda estariam ali, mas finalmente seriam abordados com confiança, sinceridade e otimismo.

Como foi mencionado no início deste livro, todos nós somos essencialmente artistas criativos — nosso talento e nosso dom definem o nosso eu verdadeiro. Tudo o que fazemos é algo da criação, e ao usar a nossa criatividade demos forma ao mundo e o fizemos como é hoje.

Criamos plantas híbridas, desenvolvemos países, construímos naves espaciais e sonhamos um sonho interplanetário. Aspiramos alcançar os limites da galáxia, embora às vezes percamos contato com a própria natureza da nossa humanidade que foi o que deu início a nossa atividade, e que existe no âmago de nossa busca expansionista pelo domínio do universo. Nossas mentes sondam os blocos constituintes da matéria, e buscamos nos expandir até alcançar Deus nos pontos mais distantes da existência. Quem a não ser um artista poderia sonhar esses sonhos?

Aquilo que vemos em nossa mente se transforma na realidade que criamos. O poder da visualização não é nada mais do que o sonho de nossa criação.

Quando agimos como artistas, somos mais parecidos com o nosso "eu" infantil, inocente das limitações da realidade, livre na busca de nosso sonho. Qual é esse sonho? Qual é a coisa definitiva que buscamos?

Buscamos a coisa que amamos. A coisa que amamos é, numa palavra, os nossos sentidos. Amamos o corpo que é a casa desses sentidos, e amamos a alma que pulsa como vida por esse corpo. O que nos compele a criar é o desejo de tornar conhecido aquilo que ouvimos, sentimos, vemos, pensamos ou saboreamos. Queremos comentar o mundo ao criar de novo uma parte dele.

Esse é o nosso destino. Não importa o tamanho nem quantas partes do mundo criemos, desde que criemos a nossa parte. A escala de nossas vidas combina bem com o nosso talento e o nosso senso de felicidade e completude não vem do tamanho daquilo que fazemos mas de quanto nos parecemos conosco mesmos, quanto aquilo que fazemos é nosso.

Você é uma pessoa incompleta se não puder manifestar o anseio de seu espírito e o comando de sua imaginação. As pessoas podem pensar muito bem de você, você pode ser um grande empresário ou um excelente líder de grupo, mas se o destino evolutivo da raça não avançar por seu intermédio, você será deficiente de algum modo.

É claro que não precisamos ganhar a nossa vida como artistas para ter a psicologia de um artista, para ter uma atitude criativa na solução de problemas, e para ver o mundo como uma possibilidade esperando ser criada. A atitude básica do artista é a confiança, a esperança de criar algo a partir do nada, de criar ordem, encontrar o equilíbrio, superpor um senso de plano ao caos, e trazer o mundo para a harmonia consigo mesmo. Um cético poderia argumentar que o mundo estava bem até que os humanos pusessem as mãos nele. Um idealista poderia responder criando um senso de beleza em algum lugar e deixando que a criação fale por si mesma.

Os três papéis criativos

Em nossa vida adulta, expressamos os nossos "eus" criativos em uma ou mais entre três formas. Somos o criador, o executor e/ou a audiência. Não importa qual desses papéis escolhamos, todos eles têm uma parte vital para assegurar o desenvolvimento da raça e para promover o florescimento contínuo da consciência artística.

O criador

A maioria das pessoas encara o papel de criador como muito distante de si mesmas. Isso se deve parcialmente ao fato de nossa sociedade devotar adoração e assombro aos grandes artistas. Além disso, ficamos atordoados só em pensar que George Frideric Haendel compôs *O Messias* em três semanas e que Mozart, aos catorze anos, compôs doze sinfonias em um ano. Como podemos começar a competir com uma criatividade como essa? Por comparação, nos sentimos intimidados e extremamente sem talento criativo, com nossa experiência e entendimento de adultos. Essa atitude se origina em parte de nossa falta de educação significativa. Uma educação significativa é aquela que se relaciona com o seu trabalho quando este está relacionado com o compartilhar o seu talento. Quanto do que aprendemos na escola é utilizado e faz diferença em nossa vida hoje? A triste verdade é que muitas pessoas inteligentes se tornam profissionais infelizes que alcançam grande sucesso apenas para descobrir que a felicidade real fugiu delas. É difícil manter a satisfação quando a inteligência e a escolaridade são mais importantes para uma profissão do que a habilidade nata. Você gostaria de sentir que o seu trabalho é especial.

Por causa de nossas concessões para sobreviver perdemos a habilidade simples das crianças de ter prazer na criação. Para desempenhar o papel do criador, precisamos retomar nossa capacidade para a espontaneidade e expressão, nossa disponibilidade para tentar sem temer o fracasso, para fazer aquilo que amamos meramente porque o amamos, e para confiar em nós mesmos. Só então seremos capazes de dar vazão plena e livremente ao nosso talento. Só então todos teremos nossos momentos como criadores verdadeiros.

O executor

Poucos de nós podemos viver a vida inteira como criadores, mas o traço artístico ainda pode ser expresso no papel do executor. Os executores são todas aquelas pessoas que tomam parte na apresentação e a tornam possível, não apenas a pessoa que vai ao palco e conquista o coração da audiência: a equipe de apoio, as pessoas de publicidade e propaganda, o departamento de *marketing* que torna a idéia acessível ao público, os advogados que escrevem os contratos para a apresentação, e aqueles que planejam a acústica da sala, instalam as luzes, organizam o mecanismo do palco e constroem a estrutura que abriga tudo isso.

Na verdade, em nossa civilização, quando as pessoas têm um senso duradouro e significativo de realização em seu trabalho, normalmente este se origina de sua associação com uma apresentação artística — a causa mais elevada. O imperativo da criação, que é nosso por direito de nascimento como uma raça de artistas, nos dá uma necessidade poderosa de tomar parte na manifestação de alguma energia nobre. Amamos participar numa causa maior que nós mesmos, nos identificar com o todo, e extrair algum senso de valor por fazer parte disto. Amamos executar as instruções de algum plano grandioso de proporções cósmicas e encontrar em nossa participação algum senso de nossa própria imortalidade.

Como executores todos devemos ter algum sentimento de orgulho por criar um mundo melhor. Em nossa época aflita, é difícil ligar um significado religioso ou espiritual à construção de um arranha-céu, mas cada um de nós ainda tem necessidade de ver o impacto de nosso trabalho na sociedade em que vivemos. Todos precisamos ser executores plenamente atentos à expressão artística que colocamos em tudo o que fazemos. Caso contrário, estaremos apenas ganhando a vida e sentindo-nos distantes do significado de nossa vida.

A audiência

O papel da audiência é familiar a todos nós, mas talvez não no contexto de ser um elo vital na corrente criativa da civilização. A audiência é também o apreciador, o benfeitor e patrocinador, o incentivador, o preservador e o colecionador, o crítico e o entusiasta, o fã e aquele que dá apoio por toda a vida. O criador pode ter a idéia, o executor pode dar vida a ela, mas é a audiência que a mantém viva ao demonstrar sua necessidade ou a apreciação de um trabalho ou de um executor. Aquilo que é bom no mundo existe porque a audiência lhe dá apoio.

Como audiência precisamos ser incentivados a mostrar apreciação por aquilo de que gostamos e a oferecer críticas àquilo que nos perturba. Precisamos assumir um papel ativo no governo ao expressar nossas opiniões em cartas e ao falar aquilo em que acreditamos. Essas virtudes são simples, mas se todos nós as exercermos, poderemos mudar o mundo.

Deve ficar claro que existe uma ligação poderosa entre todas as formas de arte, a criação, a execução e a audiência. Esse denominador comum são os sentimentos contidos na arte. Comunicamos os sentimentos em nosso trabalho como artistas. E podemos obter um retrato de nós mesmos, apreciar a nossa própria imortalidade, e sermos incentivados a assumir riscos para nos expressar, quando participamos naquilo que passou pelo teste do tempo.

Nossa abertura com nossos sentimentos limita a nossa compreensão da arte, mas ainda assim é também pela arte que a nossa habilidade de sentir é aprimorada. A arte nos ensina novas formas de perceber e nos dá consciência das realidades emocionais ocultas do mundo. Tornamo-nos mais conscientes do mundo, quando experienciamos esses sentimentos por intermédio do artista.

A arte é o pai que a civilização nos dá para confortar e assegurar que não estamos sozinhos e temos valor como pessoas, meramente por estarmos presentes em algum lugar da corrente criativa.

A arte nos torna humanos.

Lembre-se de seu eu verdadeiro — o eu criativo — à medida que der os passos seguintes para encontrar o seu talento.

O quadro de ação

O esquema a seguir o ajudará de várias formas. Primeiro o ajudará a descobrir o seu talento. Talvez você sinta que já encontrou o seu. De qualquer modo passe por esse processo. Repetindo, encontrar a vida certa deve ser seu objeto de estudo todos os dias, e usar o Quadro de Ação poderia levá-lo a ver o seu talento por uma nova luz, revelar um talento do qual você não está consciente, ou apenas confirmar que você está levando a vida certa para você. Uma vez que você tenha encontrado o seu talento, poderá continuar usando o esquema; ele lhe mostrará como desenvolver o talento e organizar a sua vida eficientemente para alcançar os seus objetivos e dar a sua contribuição.

O Quadro de Ação é um esquema visual simples que o ajudará a direcionar-se e lhe dirá o que fazer agora, hoje. Ele lhe permitirá ver a sua vida de um modo organizado. E também lhe dirá quando você não tem nada a fazer para aproveitar e relaxar sem sentir-se culpado.

Quando você tiver completado o seu Quadro de Ação, terá uma coleção de cartões num quadro mural organizado para mostrar aquilo que deve fazer a seguir.

Para a primeira parte deste exercício você precisará de um quadro mural, de um pincel atômico e de muitos cartões de 9 x 15 cm.

1. Descobrindo o seu talento

Você já tem alguma idéia de qual é o seu talento, mas pode ser difícil enxergá-lo no início pois ele é muito natural para você e faz parte do seu modo de ser. Por esta razão, as pessoas têm uma sensação de alívio e um profundo senso de familiaridade quando finalmente encontram a si mesmas e descobrem o seu propósito e os seus objetivos.

Num certo sentido, quando você encontra o seu talento, percebe que sempre o conheceu. Ele se encaixa. Ele parece certo. A sua primeira reação quando descobre a si mesmo é: "Claro!". Você nunca esquece a sua direção quando encontrou a si mesmo, embora às vezes possa ser desviado por outras pessoas quando a sua confiança falha.

Junte a informação

Você deve estar numa sala tranqüila, onde possa trabalhar sem ser interrompido. Não deve haver qualquer distração, televisão ou música.

Escreva as palavras EU AMO em letras grandes num pedaço de papel e grude na parede.

Depois, escreva os pensamentos que completam esta frase, cada pensamento num cartão, tão rapidamente quanto eles surgirem em sua mente. Empilhe os cartões, com o lado escrito voltado para baixo.

As respostas típicas podem incluir os seus *hobbies*, algumas atividades que você faz em seu trabalho ou em casa, e diversões e viagens. Seja específico. Divertir-se com quem, quando, como? Viajar para onde, para ver o quê?

Dedique tanto tempo quanto você precisar para fazer isso. Você não precisa pensar em tudo. O mais comum é que as respostas fluam rapidamente nos primeiros quinze minutos e depois comecem a diminuir. Permaneça com isto por pelo menos uma hora. Mesmo que as respostas sejam lentas no início, continue com o exercício por uma hora. É importante. Escreva todas as suas respostas mesmo que pense que elas são triviais. Não corte nada. Não julgue. Apenas escreva as suas respostas. Sinta-se livre para acrescentar cartões à sua coleção em qualquer momento depois do exercício.

Classifique os cartões

Para esta parte você precisará de uma mesa grande. Classifique os cartões em grupos separados.

Um grupo deve conter cartões que parecem semelhantes para você. Você é o juiz. Qualquer modo em que decida agrupá-los está correto. Sinta-se livre para mudar esta classificação a qualquer momento. Apenas separe a pilha em categorias separadas. Se tiver mais idéias enquanto estiver fazendo isso, escreva-as em cartões separados e os inclua na categoria em que eles se encaixarem melhor.

Quando tiver terminado, deverá ter várias categorias de cartões — desde três até 25.

Defina os grupos

Examine os cartões em cada grupo.

Responder as perguntas a seguir vai ajudá-lo a definir cada grupo. Escreva as suas respostas num cartão separado.

- O que esses cartões têm em comum?
- Quais são os objetivos necessários para realizar aquilo que está escrito na pilha de cartões?

Escreva esses objetivos num cartão.

Pense numa palavra ou frase que resuma esse grupo de objetivos.

Pegue o seu cartão-resumo e tente definir um único objetivo que contenha todos os objetivos do grupo inteiro. Se acabar com mais do que um objetivo, pode ser que tenha mais do que um grupo. Se isso for verdade, divida o grupo em partes menores e trate cada parte como um grupo diferente.

Defina cada grupo com uma palavra ou frase que descreva o objetivo comum do grupo.

Escreva esse objetivo comum num cartão (A). Os outros objetivos relacionados a cada grupo devem ser escritos num outro cartão (B).

Faça isso com cada um dos grupos que você tiver.

Examine os grupos

Prenda todos os cartões de objetivos no quadro mural e coloque os seus cartões-resumo diretamente abaixo deles.

O que esses cartões de objetivos têm em comum?

Se perceber qualquer semelhança entre os cartões de objetivos, coloque um ao lado do outro. Por exemplo, objetivos que têm riscos em comum devem estar juntos.

Agora coloque os objetivos que são mais importantes para você do lado direito do quadro mural. Coloque do lado esquerdo aqueles objetivos menos importantes. Preencha o meio com os outros objetivos. Use o tempo que precisar para fazer isso.

Quando tiver terminado esta parte, organize os cartões em cada uma das três seções colocando os objetivos que são mais importantes para você no alto de cada seção. Sinta-se livre para fazer mudanças.

Mantenha esses cartões no quadro por uma semana. A cada dia, passe dez minutos olhando para o quadro, acrescentando, retirando, rearrumando e corrigindo para que os objetivos reflitam os seus desejos de modo mais preciso.

Exemplo de quadro de ação — Christopher

Christopher é um excelente organizador e gerencia os vendedores de uma companhia que lida com acessórios modernos para cozinha. Os seus catálogos ganharam prêmios e ele tem sido bem remunerado financeiramente. Ele se sente preso na companhia. Não importa quanto dinheiro tenha, isso não significa muito para ele. Ultimamente o seu sentido de satisfação pessoal parece ter-se evaporado no que diz respeito a sua carreira. Ele quer uma mudança, mas não sabe que direção tomar.

Note como Christopher adaptou o método do Quadro de Ação a seu próprio estilo. Não fique frustrado com a estrutura — ela é só um modelo. Use-a para criar uma adaptação que seja adequada a suas necessidades.

Cartões EU AMO de Christopher

Grupo #1

Morar no campo.
Vermont.
Vegetação.
Bosques.
Pousadas junto a natureza.
Os bosques na primavera.
Lojinhas nas cidades pequenas.
Lareiras no inverno.

Objetivo: Estar próximo à natureza.

Objetivo: A vida amigável e de estilo antigo.

Objetivo resumido: Viver em Vermont ou New Hampshire.

Grupo #2

Dar festas.
Cuidar das pessoas.
Fazer com que as pessoas se sintam bem-vindas.
Encontrar pessoas.
Ser cicerone.

Objetivo: Lidar diretamente com pessoas.

Objetivo resumido: Ser anfitrião.

Grupo #3

Ser meu próprio chefe.
Trabalhar em casa.
Ser independente.
Dormir tarde.
Ter tempo para pensar.
Desenvolver meu próprio negócio.
Ter tempo para mim mesmo.

Objetivo: Ter mais qualidade de tempo para mim mesmo.

Objetivo: Ser independente.

Objetivo resumido: Desenvolver meu próprio negócio.

Grupo #4

Ler.
Ir a leituras de poesia.
Folhear livros em livrarias.
Ler poesia.
Escrever poesia.

Objetivo: Ser um poeta.

Objetivo resumido: Estar envolvido com a vida literária.

Grupo #5

Tênis.
Esqui.
Corrida.
Caminhada.
Camping.

Objetivo: Estar mais ao ar livre.
Objetivo: Encontrar mais tempo para os esportes.
Objetivo resumido: Estar mais próximo a instalações esportivas.

Grupo #6

Ser feliz no meu trabalho.
Sentir que não desperdicei a minha vida.
Estar satisfeito.
Objetivo resumido: Ter uma vida significativa.

Objetivos resumido de outros Grupos:
Estudar mais.
Ter uma casa no campo.
Ensinar algo.

Esses nove cartões-resumo ficaram no quadro por algumas semanas até que Christopher teve a idéia de que deveria ter uma pousada. Parecia uma idéia maravilhosa, mas financeiramente impossível, e havia alguns grandes problemas. Ele teria de convencer sua esposa e seus filhos. Dezenas de questões vieram a sua mente.

Christopher escreveu um novo objetivo resumo — "Ter minha própria pousada" — e pregou-o no quadro, e escreveu os passos seguintes, objetivos parciais individuais que precisava explorar para poder realizar seu grande objetivo.

Quando Christopher escreveu seu novo objetivo resumido foi capaz de ser mais específico e de focalizar sua direção: "Possuir ou administrar uma pousada em Vermont, talvez próxima de uma colônia de artistas ou de uma universidade, talvez próxima de um local de esqui; e talvez ter uma pequena livraria nessa pousada, com leituras de poesia".

Os Objetivos Resumidos de Christopher

Então, depois de passar mais algum tempo, ele viu que o objetivo ainda não estava suficientemente claro, e então o dividiu em vários novos objetivos resumidos.

1. Christopher's: Uma Pousada na Montanha

Dar um nome real a seu projeto o ajudou a focalizar-se ainda mais.

Estes são os objetivos que Christopher colocou abaixo de #1 em seu Quadro de Ação. Abaixo de alguns desses objetivos listou os próximos passos que teria de dar para chegar a eles:

Investigar a dinâmica de custos;

Descobrir os riscos colaterais;

Momento certo (Quando será o melhor momento para fazer uma mudança, e como eu o reconhecerei?).

(Quem financiaria isto? Quanto custará?);

O que seria necessário para manter uma pequena pousada?

(Avaliar as pousadas que existem — quem teve sucesso, quem fracassou, por quê?);

Investigar cursos sobre administração hoteleira;

Descobrir a melhor oportunidade;

(Localizar áreas de esqui e universidades, visitar esses locais).

Impacto familiar (O que fazer com a escola das crianças?)

E Barbara?! Será que eu estou sendo egoísta demais?

2. A vida ao ar livre

3. A livraria de poesia: Paisagens interiores

Localizar associações de poesia;

Localizar livrarias;

Localizar colônias de artistas na Nova Inglaterra;

Fazer um curso de poesia.

Observe que Christopher acrescentou a seu Quadro de Ação algumas questões que o incomodavam. Quando você coloca uma questão no Quadro de Ação, mantém-se consciente dela. Isso o ajudará a ter uma visão clara dos problemas. Repetindo, o objetivo do Quadro de Ação é lhe dar uma perspectiva visual de sua direção e de seus planos atuais. Afirme os seus problemas. Faça as perguntas e as afixe no quadro. Escreva os seus objetivos. Resuma. Condense. Acrescente cartões com comentários dizendo: "Quero realmente fazer isto?", em relação a objetivos duvidosos; "Isto não faz sentido", para idéias que não estão claras; "Ainda não", para pensamentos incompletos. Use o quadro para estruturar o seu pensamento. Veja-o como um editor visual de seu processo mental.

Observe que Christopher não seguiu o plano exato sugerido neste capítulo. A sua vida e seus objetivos são únicos e o seu Quadro de Ação precisará ser adaptado a você. Sinta-se livre para brincar com o modelo e faça-o funcionar para você. Não se atole nos detalhes. Se não estiver seguro sobre um cartão ou um objetivo, coloque-o em seu Quadro de

Ação e olhe para ele por uma ou duas semanas. Finalmente, ele se encaixará como importante ou irrelevante.

O Quadro de Ação é um processo. Aprenda a confiar nele.

Não importa como você use o Quadro de Ação, estará acrescentando e retirando cartões, objetivos e resumos durante anos. O objetivo aqui é ajudá-lo a começar.

2. Examine o quadro

Depois de uma semana, prepare-se para passar uma hora com o quadro. Sente-se tranqüilamente e responda a estas questões:

- Quem é a pessoa refletida por esses objetivos?
- O que é importante para essa pessoa?
- Essa pessoa é determinada? Quanto?

Existem tarefas domésticas, coisas a fazer, lembretes no quadro? Se houver, remova-os do quadro. Esses lembretes cotidianos não devem estar aqui, e a presença de trabalho a fazer no seu quadro, neste momento, só reflete a sua falta de direção e sua necessidade de dar foco a sua vida.

Assuma que no quadro estão os objetivos que irão fazê-lo feliz:

- O que esta pessoa quer da vida?
- O que esta pessoa realizou?
- O que deixaria esta pessoa orgulhosa?
- O que esta pessoa mais precisa fazer?

Você está levando uma vida que o conduzirá aos objetivos neste quadro?

O que você terá de mudar em sua a vida para se comprometer com ou alcançar esses objetivos?

Se as respostas a estas perguntas o fazem pensar em novos objetivos, escreva-os e os coloque também no quadro. Durante a próxima semana olhe diariamente os cartões e acrescente ou corrija, como fez anteriormente.

Redefina os seus objetivos

Volte ao Quadro de Ação e reescreva tantos objetivos (A) quanto possível, tornando-os o mais distinto e específico possível. Agora cada objetivo é um projeto. Escreva o nome do projeto no alto de um cartão separado em letras maiúsculas. Seja específico. Se um de seu objetivos é ser um fornecedor de alimentos, defina o tipo de comida em que você quer se especializar. Quanto mais claramente vir o seu objetivo, maiores probabilidades terá de alcançá-lo. E também mais fácil será avaliar o quanto ele é realista, e você poderá revisá-lo se for necessário.

Logo abaixo do nome do projeto, se for apropriado, escreva em letras menores o(s) nome(s) e número(s) de telefone das pessoas-chave que acredita que sejam as mais importantes a envolver neste projeto.

Faça isto para cada projeto e substitua todos os cartões (A) com essas versões redefinidas dos cartões de objetivos.

Liste os passos em direção a seus objetivos

Agora considere os objetivos relacionados (B) a cada um dos objetivos principais:

1. Examine os objetivos relacionados resumidos em cada cartão (B) e use-os como um guia para criar uma série de passos lógicos, completando os espaços em branco que o levam em direção ao objetivo principal.

2. Ordene esses passos e os escreva em um cartão (C).

3. Escreva o primeiro passo, e talvez também o segundo, num cartão separado (D). Isso define o próximo passo que você precisa dar para se aproximar da realização de seus projetos.

4. Afixe esse cartão (D) no quadro, abaixo do projeto ao qual ele corresponde. Você pode usar notas adesivas em vez de cartões e colocar os passos um e dois bem abaixo do nome e do número de telefone de seus contatos-chave em cada cartão de objetivo. Coloque data nos cartões e guarde-os para poder acompanhar o seu progresso.

5. Afixe o cartão que contém a lista de passos (C) atrás do cartão de objetivo correspondente. Esse é o seu cartão de referência. Quando quiser avaliar onde está e quanto progresso está fazendo, recorra a esta lista de passos.

Faça esse processo para todos os seus objetivos principais. Simplesmente pegue todos os seus objetivos para projetos que considera importantes, que quer iniciar, ou nos quais está trabalhando atualmente, e os organize em cartões de projetos ou de objetivos. E então crie cartões (C) e (D) para cada um do modo descrito acima e comece o seu Quadro de Ação a partir deste ponto.

3. O processo do quadro de ação

Quando o seu Quadro de Ação estiver completo, conterá muitos cartões, cada um representando um projeto único, com os dois primeiros passos a serem dados, afixados logo abaixo.

Os objetivos mais importantes estarão do lado direito, os menos importantes do lado esquerdo. À medida que cada projeto amadurece e se aproxima de seu objetivo, mude-o do lado esquerdo para o lado direito do quadro.

Remova o cartão do quadro quando o objetivo for alcançado.

Abaixo está um bom modelo para o seu Quadro de Ação.

Para ser completamente honesto, o seu Quadro de Ação pode não se parecer nada com isto. Ele pode conter uma grande variedade de objetivos e preferências que aparentemente não têm relação uns com os outros. Você poderá amar alguns projetos, mas não ter a menor idéia de como iniciá-los. Outros projetos podem ser menos apaixonantes, e ter uma dúzia de passos bem definidos. Não se preocupe com isso neste momento. Tudo isso pertence ao quadro, mesmo que tudo não se encaixe. (Se a sua vida se encaixasse numa estrutura organizada como esta, você não precisaria do Quadro de Ação.) A idéia é começar a imitar uma estrutura como a do modelo. Adapte os seus objetivos a um Quadro de Ação que reflita as suas necessidades.

I **Algo acontece**	Novas idéias. Projetos que você está examinando. Sonhos. Perguntas. Comentários.
II **Fazer ou não fazer**	Projetos que estão sendo investigados. O seu compromisso é examiná-los mais cuidadosamente.
III **Começando**	Projetos com os quais você acabou de se comprometer. O estágio de organização dos projetos.
IV **Fazer agora**	Você está trabalhando ativamente nestes projetos. O seu trabalho cotidiano está aqui.
V **Concluindo**	Projetos em fase de acabamento. Toques finais, implementação.

Altere o quadro

Você terá uma boa visão de para onde está indo quando os seus cartões estiverem ordenados. Você terá uma mostra visual de sua direção atual. Ele sempre parecerá incompleto. O seu trabalho é preencher os espaços em branco.

Leva pelo menos um ano para que o Quadro de Ação amadureça, represente o que você realmente quer, e o guie para encontrar o que o tornará feliz e produtivo. Leva um ano para separar o pensamento carregado de desejo e a realidade. Seja paciente.

Durante a primeira semana, olhe para o seu Quadro de Ação quinze minutos todos os dias. Questione-se a respeito de cada objetivo e de quanto você realmente o deseja.

Altere e rearrume os cartões continuamente no quadro.

Espere sempre alguns dias antes de retirar um objetivo. Quando você vir projetos que não se encaixam mais, coloque-os embaixo da primeira coluna. Esse projeto é um candidato a ser removido do quadro.

Se você quer muito um objetivo mas pensa que ele é impossível, deixe-o no quadro, no alto da coluna I. Você nunca sabe o que pode acontecer se for estimulado a pensar sobre ele por um ou dois anos. O Quadro de Ação funciona como um lembrete silencioso para realizar o seu sonho.

Uma mulher tinha colocado o seu Quadro de Ação na porta da geladeira com ímãs, para vê-lo e pensar sobre a sua vida enquanto estivesse na cozinha. O problema era que ela não conseguia definir um objetivo porque tinha medo dos efeitos perturbadores que ele poderia ter sobre a manutenção de sua casa. Ela passou meses sem solução. De vez em quando rearrumava-o, mas sem constância. Um dia, durante uma discussão acalorada no telefone da cozinha, ela integrou todos os cartões presos na porta da geladeira, num projeto que subitamente percebeu que sempre tinha querido fazer. Em um mês havia começado o seu negócio; em um ano tinha alcançado um grande sucesso financeiro. O seu Quadro de Ação tinha estimulado o seu processo criativo, sem que ela tivesse consciência disso. O Quadro de Ação criou o cenário para que a transformação acontecesse, ao deixar continuamente as peças do quebra-cabeças à vista.

Não subestime o valor básico do Quadro de Ação como um lembrete visual para que a sua mente trabalhe nos problemas de sua vida. O Quadro de Ação redirige o seu pensamento e o incentiva a fantasiar soluções para os problemas colocados nele, quer você esteja pensando na direção de sua vida ou não. Como a vida, o quadro é um processo contínuo. Um Quadro de Ação funcional deve ser uma bandeira visual de sua intenção e deve lembrá-lo de sua direção e de suas necessidades.

Ele funciona!

Sinta-se livre para acrescentar novos objetivos, a qualquer tempo. Acrescentar um objetivo significa apenas que você está pensando nele. Apenas coloque as idéias em teste à esquerda, e os objetivos mais importantes à direita.

À medida que você progride, os papéis com os próximos passos irão mudando continuamente. Para manter a sua direção e avaliar os problemas, é útil manter um arquivo com os cartões ou notas de próximos passos (D), passados e presentes. Você pode colocá-los todos juntos e ver onde algo deu errado, ou o que você deixou de lado, e essa é uma forma muito boa para avaliar o seu progresso. É uma boa idéia trabalhar por cinco minutos todos os dias no Quadro de Ação, e retirar esses próximos passos à medida que os realizar. Substitua-os assim que possível.

É útil manter um outro quadro mural para tarefas rotineiras e recados. Evite usar o espaço do precioso Quadro de Ação para tarefas triviais que estariam melhor encaixadas num livro de recados. O seu Quadro de Ação é o seu organizador de objetivos de vida, não um diário, nem uma lista de compras, nem um lembrete de datas. Ele necessita de atenção e ajustes contínuos. Ele é uma representação viva de sua vida. Se existem espaços em branco em sua vida, deverão existir espaços em branco em seu Quadro de Ação. A sua criatividade deve ser dirigida para completar esses espaços vazios. Não sinta que você precisa ter um quadro totalmente preenchido. O valor real do quadro é que ele define os seus espaços vazios. E nesses espaços você encontrará o seu futuro. Tente manter um relacionamento natural com o seu Quadro de Ação. Não faça dele a sua vida. Ele está aí para ajudá-lo a encontrar e preencher a sua vida com o que você ama. Uma vez por semana reorganize os cartões dos próximos passos; uma vez por mês passe uma hora editando o quadro — atualizando-o, reescrevendo cartões e mudando os números de telefone das pessoas-chave.

Faça a si mesmo as seguintes perguntas enquanto estiver revisando o seu Quadro de Ação:

- "O que está faltando neste quadro?"
- "O que é mais necessário que eu faça?"
- "Que outras opções eu não estou percebendo?"
- "O que eu quero que aconteça? Por quê?"
- "Isto está indo do jeito que eu quero?"

• "Este é o jeito certo de fazer isto?"
• "Como eu vou me sentir quando tiver realizado isto?"
• "Quem mais deveria estar envolvido com isto?"
• "Quem será mais beneficiado com isto?"
• Que cartão(ões) deveria(m) ser removido(s)?

O seu Quadro de Ação deve ser uma parte de sua vida. Você deve usá-lo para trazer à tona os seus desejos ocultos. Um dos grandes benefícios do Quadro de Ação é permitir-lhe ver todas as facetas de si mesmo. É freqüente que você tenha um talento com o qual está tão familiarizado que quase não o nota. O Quadro de Ação o lembrará de que este talento está lá e o ajudará a encontrar a coragem para arriscar-se a desenvolvê-lo, além de mostrar os meios para fazer isto.

O Quadro de Ação também lhe dá um senso de equilíbrio e de momento oportuno. Quando estiver falando com a pessoa cujo nome você escreveu abaixo de seus projetos, parecerá que você está familiarizado com o problema, focado e atualizado. Você saberá quando pressionar, porque saberá quando algo tem de ser feito. Você também saberá quando é inútil pressionar, e quando isso terá toda a probabilidade de ser visto como inoportuno. Em outras palavras, o Quadro de Ação o tornará mais profissional.

Você precisa ter tantas opções quanto possível abertas para a sua vida. Se a sua felicidade e o seu sucesso dependem de apenas um aspecto de seu talento ou treinamento, você estará mais vulnerável do que se tiver diversos projetos em andamento. O seu Quadro de Ação o torna consciente de todas as suas paixões e interesses, e lhe dá uma direção e um método para realizar os seus sonhos. Ele o ajudará a descobrir novos relacionamentos entre os seus diversos interesses e a criar uma vida que seja unicamente sua.

Você merece encontrar a si mesmo!

17
Epílogo

Ser apenas você mesmo, sem a necessidade de provar nada é o sentido mais elevado de consciência que você pode atingir. Uma consciência elevada não significa alcançar um estado exagerado de consciência e de sensibilidade, mas apenas estar consciente de si mesmo como sendo você mesmo. Se fizer isso plenamente, se sentirá tão natural a esse respeito, que nem mesmo terá consciência de estar consciente.

Parece tão simples, mas alcançar esse plano é muito difícil.

As instruções estão claras.

Conheça a si mesmo e esteja consciente das forças que o formaram.

Saiba que a sua fraqueza é parte de sua força. Quando estiver em dúvida, apóie-se em sua força, mas nunca esqueça a sua fraqueza.

Fale de modo simples e aberto sobre os seus sentimentos, no momento em que eles acontecerem e os compartilhe com a pessoa que mais precisa ouvi-los.

Liberte-se da sua mágoa e perdoe.

Esta é uma verdade simples: você vive a sua melhor vida ao compartilhar o seu talento. O seu talento é sempre parte de sua paixão pela vida e é dado com amor.

Você precisa julgar as suas ações, perguntando-se como seria o mundo se todos fossem como você e fizessem aquilo que faz. Você não tem direito de pedir mais do mundo ou dos outros. Você educa mais ao ser um modelo, não um crítico.

A sua missão neste planeta é melhorar a parte do mundo pela qual você é responsável. Você mantém esse mundo livre ao viver e falar a verdade.

Mais do que qualquer outra coisa em que você acredite, é essa atitude que o levará a encontrar a felicidade e a plenitude.

Sua busca é encontrar a unidade entre o "eu" que vive no momento e o "eu" universal. O seu objetivo é buscar este "eu" mais elevado em tudo o que faz. Seja reverente em relação às criações artísticas de outras pessoas e que chegaram até você, pois elas atingiram este objetivo e passaram pelo teste do tempo. Eles lhe mostram os caminhos para crescer.

Os talentos de todos os artistas que já viveram constituem uma evidência irrefutável. O propósito de sua vida é entender o que esta evidência prova.

É fácil perder-se em atalhos neste caminho mais elevado. Você é tentado por escolhas que prometem gratificações fáceis. Você é empurrado para baixo por um mundo indiferente e sem cuidados. As posses e as dependências o prendem e alimentam a sua indiferença. Você é levado a provar o seu valor ou o valor de seus pais, em vez de simplesmente ser você mesmo. Ainda assim, é responsável por aquilo que lhe acontece, pela vida que aceita, pelo modo como respeita e desenvolve o seu talento.

Ouça as instruções de sua voz interior.

Confie em seus sentimentos para confirmar a correção ou os enganos de suas ações.

Quando você se agarra a emoções do passado, coloca mais um véu que obscurece a sua habilidade de sentir esses direcionamentos interiores.

Com o tempo a voz interior se torna mais fraca por causa do murmúrio dos sentimentos não-resolvidos no débito emocional.

Se isso continuar, você perde a habilidade de ouvir o seu chamado interior, e logo perderá a sua crença na existência dessa voz. O seu senso de direção perde a nitidez, e você fica perdido.

Então você está sem rumo, e sozinho. O significado de sua vida não é reforçado, porque você não vive como uma parte de apoio de um todo maior e mais universal.

Quando você é emocionalmente livre, só precisa fazer a pergunta e ouvir a resposta que ecoa interiormente para entender o que deve fazer a seguir.

O seu sonho pode ser encontrar a si mesmo e desenvolver o seu talento, mas de algum modo o seu sonho deve refletir também os melhores interesses do planeta que a vida lhe deu. Todos os talentos devem ser compartilhados em harmonia com o sonho de um mundo. Para ter significado e ser um apoio por natureza própria, cada sonho individual precisa acrescentar algo ao sonho universal. E então, quando você tiver realizado o seu sonho, terá tudo.

Você não tem nada a provar. Só tem de ser o melhor de si mesmo para fazer a sua parte. Não se compare com os outros nem deseje o que acumularam. Não imite os passos dos grandes homens e mulheres, mas busque os ideais deles. Não tente realizar aquilo que fizeram, mas encontre o seu próprio caminho.

A sua vida tem a sua própria escala. A sua imortalidade está em ser verdadeiro com as dimensões de sua própria alma. Só então você desenvolverá uma confiança real e um trabalho capaz de tocar os outros, porque só então o que criar será uma extensão de seu "eu" real, não uma imitação.

Não existe um método definitivo para alcançar essa meta, apenas lampejos da luz encontrada por outras pessoas, à medida que buscam as respostas para si mesmas. Este livro foi uma tentativa de lhe dar a coragem para olhar para dentro e se tornar o mestre do seu mundo interior, do qual fluem todo o amor e toda a criatividade.

Existe um método aqui, mas ele é humilde, não é novo e nem desconhecido.

Aproveite aquilo que é bom.
Confie em si mesmo.
Expresse os seus sentimentos.
Acredite em seu valor, mesmo que às vezes se esqueça dele.
Encontre motivos para ser grato.
Venha com amor.
E dê amor.

Espero que este trabalho o tenha ajudado a chegar mais perto de seu "eu" especial e tenha lhe dado a coragem para dar o próximo passo.

Mais do que nunca, o mundo precisa daquilo que você tem para dar.

David Viscott

Psiquiatra, psicoterapeuta e autor de diversos *best-sellers*, entre os quais *A Linguagem dos Sentimentos* e *Eu Te Amo! E aí?*, publicados pela Summus Editorial, e *The Making of a Psychiatrist*, indicado para o prêmio Pulitzer.

Completando seu trabalho de terapeuta e autor, apresenta um programa de rádio extremamente popular na Rede ABC, e um programa de televisão chamado *"Getting in Touch"*.

Formado pelo Dartmouth College e pela Tufts Medical School, o dr. Viscott foi consultor psiquiátrico do estado de Massachusetts. Reside atualmente em Los Angeles, Califórnia, com sua mulher Katharine Random e quatro filhos.

Impresso na
press grafic
editora e gráfica ltda.
Rua Barra do Tibagi, 444 - Bom Retiro
Cep 01128 - Telefone: 221-8317

dobre aqui

ISR 40-2146/83
UP AC CENTRAL
DR/São Paulo

CARTA RESPOSTA
NÃO É NECESSÁRIO SELAR

O selo será pago por

summus editorial

05999-999 São Paulo-SP

dobre aqui

summus editorial

CADASTRO PARA MALA-DIRETA

Recorte ou reproduza esta ficha de cadastro, envie completamente preenchida por correio ou fax, e receba informações atualizadas sobre nossos livros.

Nome:______ Empresa:______
Endereço: ☐ Res. ☐ Coml. ______ Bairro:______
CEP: ______-______ Cidade: ______ Estado: ______ Tel.: ( ) ______
Fax: ( ) ______ E-mail: ______ Data de nascimento: ______
Profissão:______ Professor? ☐ Sim ☐ Não Disciplina: ______

1. Você compra livros:

☐ Livrarias ☐ Feiras
☐ Telefone ☐ Correios
☐ Internet ☐ Outros. Especificar:______

2. Onde você comprou este livro?

______

3. Você busca informações para adquirir livros:

☐ Jornais ☐ Amigos
☐ Revistas ☐ Internet
☐ Professores ☐ Outros. Especificar:______

4. Áreas de interesse:

☐ Educação ☐ Administração, RH
☐ Psicologia ☐ Comunicação
☐ Corpo, Movimento, Saúde ☐ Literatura, Poesia, Ensaios
☐ Comportamento ☐ Viagens, Hobby, Lazer
☐ PNL (Programação Neurolingüística)

5. Nestas áreas, alguma sugestão para novos títulos?

______

6. Gostaria de receber o catálogo da editora? ☐ Sim ☐ Não

7. Gostaria de receber o Informativo Summus? ☐ Sim ☐ Não

Indique um amigo que gostaria de receber a nossa mala-direta

Nome:______ Empresa:______
Endereço: ☐ Res. ☐ Coml. ______ Bairro:______
CEP: ______-______ Cidade: ______ Estado: ______ Tel.: ( ) ______
Fax: ( ) ______ E-mail: ______ Data de nascimento: ______
Profissão:______ Professor? ☐ Sim ☐ Não Disciplina: ______

summus editorial
Rua Cardoso de Almeida, 1287 05013-001 São Paulo - SP Brasil Tel (011) 3872 3322 Fax (011) 3872 7476
Internet: http://www.summus.com.br e-mail: summus@summus.com.br

cole aqui